장애인복지론

이정숙

KNOWLEDGE COMMUNITY 공동체

머리말

오랜 기간동안 장애인복지와 관련된 강의를 해 오면서 사회복지를 공부하는 학생들에게 꼭 필요한 내용으로 교육해야 할 책임감을 늘 갖고 있었고, 장애인복지 실천 현장에서 열정적인 사회복지사가 되길 간절한 바람이었다.

이 한 권의 책 안에 장애인복지의 모든 것을 담아내기는 어렵지만 장애인복지 실천 현장에서 기본적으로 알아야 할 것들을 전반적으로 담고 있으며, 미시적인 수준에서 거시적인 수준에 이르기까지 다양하게 이해할 수 있도록 유용한 주제들을 이 책에 싣고자 했다.

장애인복지의 기본이념은 "장애인의 완전한 사회 참여와 평등을 통하여 사회통합을 이루는 데에 있다".

우리사회에서 완전한 사회통합이 빠른 속도로 이루어지기를 바란다.

이 책을 집필하겠다고 실행에 옮겼지만 부족하고 좀 더 살펴봐야 할 부분이 있다.

앞으로 좀 더 많은 연구와 현장 경험을 통해 장애인복지에 대한 이론적 체계를 확실히 하기 위해 보완과 개선을 해 나갈 것이다.

부족함이 많음에도 불구하고 이 책을 만들어 주신 도서출판 공동체 가족 여러분께 감사드린다.

2022년 3월

이 정 숙

차 례

CHAPTER 05 장애인복지의 역사

CHAPTER 06 장애인복지와 관련된 법

CHAPTER 07 장애인과 사회보장

차 례

CHAPTER 13 장애인의 차별

한국 장애인 인권 헌장

1975년 12월 9일에 국제연합 총회에서 채택된 장애인 권리 선언을 근거로, 1998년 12월 9일 대한민국의 특수성을 감안하여 국회에 의하여 헌장으로 채택되고 전 국민과 국가에 의하여 존중되기를 열망하면서 장애인 인권 헌장을 선포하였다.

1. 장애인은 모든 인간이 누리는 기본인권을 당연히 누려야 하며 그 인격의 존엄성은 충분히 존중되어야 한다. 장애인이라는 이유로 같은 시대의 같은 사회의 다른 사람이 누리는 권리, 명예, 특전이 거부되거나 제한되어서는 아니 된다.
2. 장애인에게는 다른 모든 사람과 마찬가지로 가능한 한 정상적이고 원만하게 인간다운 삶을 영위할 수 있도록 모든 기회와 편의가 제공되어야 한다.
3. 장애인은 다른 사람들과 동일한 정치적 권리를 가지며 사회가 제공하는 모든 기회와 편의를 이용할 수 있다.
4. 국가는 장애인이 혼자 힘으로 행동하고 생활할 수 있도록 조치를 할 의무가 있으며 모든 장애인은 그것을 요구하고 이용할 권리가 있다.
5. 장애인은 자신이 가진 능력을 최대한으로 개발하고 가능한 한 빨리 그리고 쉽게 사회에 적응할 수 있도록 하기 위하여 필요한 각종 보조기구 모든 의료혜택, 의학적 및 사회적 재활 교육, 직업훈련 및 직업알선, 상담 등 각종 사회서비스를 받을 수 있어야 한다.
6. 장애인은 인간다운 생활과 사회활동의 안정을 보장받기 위하여 자신의 능력에 따라 직업을 선택하여 생산적인 경제활동을 할 수 있고 응당한 보수를 받을 권리가 있으며, 노동조합에 가입할 권리가 있다.
7. 국가가 수립하고 시행하는 사회, 경제, 교육, 문화 등 제반분야의 정책과 교통, 교육, 문화 등 각종시설에 장애인들이 가지고 있는 특수한 필요와 상황이 반드시 감안되어야 한다.

8. 장애인은 가족과 동거할 권리가 있으며 사회의 각종활동에 차별대우를 받지 않고 참여할 권리가 있다. 장애인의 이익을 위한 경우 이외에는 주거환경에 있어 차별대우를 받아서는 아니 되며, 장애인의 이익을 위하여 필요하다고 인정되는 별도의 주거지역은 같은 연령의 다른 사람들이 정상적인 생활을 하는 곳에 가능한 한 가까워야 한다.
9. 장애인은 모든 종류의 착취로부터 보호를 받아야 하며, 어떤 종류간 어떠한 명목이든 차별 대우나 천대를 받아서는 아니 되며, 누구를 막론하고 장애인 복지를 빙자하여 개인적 부를 축적하여서는 아니 된다.
10. 혼자 힘으로 의사결정을 할 수 없는 장애인이나 그 가족들의 인간다운 삶을 보장하기 위하여 국가는 그에 알맞은 특별한 정책배려를 하여야 한다.
11. 장애인은 자신의 권익을 보호받기 위하여 필요한 경우에는 상당한 법률적 도움을 받을 수 있어야 한다.
12. 장애인의 권리와 복지에 관한 모든 시책이 제정되고 시행되는 경우, 장애인들의 의사가 충분히 반영되어야 하며, 장애인들이 자발적으로 참여하는 조직체의 자문을 받아야 한다.
13. 모든 교육기관과 언론매체들은 장애인에 대하여 가지고 있는 우리 사회의 오해와 편견을 제거하는 데 앞장서야 하며, 장애인에 대한 부정적인 표현을 삼가야 한다.
14. 장애인과 그 가족 그리고 장애인 단체들은 이 선언에 포함된 모든 권리에 대하여 충분한 정보를 얻을 수 있어야 한다.

출처 : 한국장애인총연맹.

CHAPTER 01

장애와 장애인의 개념과 모델

1. 장애와 장애인의 개념
2. 장애개념의 분류
3. 장애의 개념적 모델

CHAPTER 01

장애와 장애인의 개념과 모델

1. 장애와 장애인의 개념

장애의 개념은 다양하게 정의되어 일률적으로 정의하기가 어렵다. 장애의 개념은 그 나라의 정치적 · 경제적 · 사회적 · 문화적 환경 및 수준에 따라 정의할 수밖에 없다. 사회의 변화에 따라, 각 시대에 맞게 정의되고, 시대의 변천과 사회복지의 발전에 따라 많은 영향을 받게 된다. 장애라는 용어의 본뜻은 '가로막아서 거치적거리는 것'이지만 사회복지용어사전(서강훈, 2013)에서는 '다른 사람들이 보통 행하는 기능에 대한 개인의 능력을 방해하거나 제한하는 신체적 또는 정신적인 손상'으로 정의하고 있으며, 사회복지 영역에서는 '신체 기관이 본래의 제대로 기능하지 못하거나 정신 능력에 결함이 있는 상태'라고 정의하고 있다.

그러나 산업재해보상보험법, 자동차손해배상보장법에서는 '장애'라는 용어를 사용하지 않고 '장해'라는 용어를 사용하여 장해등급, 장해급여라고 한다. 장해의 뜻은 '어떤 일을 하는 데 거치적거리며 방해함'이라는 뜻으로 의미상으로는 장애와 큰 차이가 없다고 할 수 있다.

장애의 정의에 따라 장애인에 대한 정의도 변화되어 가고 있다.

현재 장애를 가진 사람을 호칭할 때 장애인이라고 한다. 1989년 개정된 장애인복지법 제2조에서는 '장애인이란 신체적 · 정신적 장애로 오랫동안 일상생활이나 사회생활에서 상당한 제약을 받는 자'로서 '대통령령이 정하는 장애의 종류 및 기준에 해당하는 자'로 정의하며, 국제연합(UN : The United Nations)의 '국제장애인권리협약'(2006) 제1조에서는 '장애인을 선천적 · 후천적 여부에 상관없이, 신체적 능력 또는 정신적 능력의 부족 때문에 보통의 개인생활이나 사회생활에 필요로 하는 것을 혼자서 충족할 수 없는 사람'이라고 정의하고 있다.

또한 국제노동기구(ILO : International Labour Organization) 제99조에서는 '장애인은 신체적 또는 정신적 결함의 결과로 적당한 직업을 확보 · 유지해 나갈 전망이 없는 상당한 손상을 받은 사람'이라고 정의하고 있다.

이처럼 다양한 장애인의 정의에 따라 장애인에 대한 인식도 변화되어 장애인은 '장애를 가진 사람', '불편한 것을 하나 또는 그 이상 지니고 있는 사람'으로 보며, '장애인도 비장애인과 같이 동등한 시민으로서의 삶을 영위할 수 있어야 한다'로 점차 바뀌어 가고 있다.

장애인복지법에 의한 '장애인'이란

① "장애인"이란 신체적 · 정신적 장애로 오랫동안 일상생활이나 사회생활에서 상당한 제약을 받는 자를 말한다.

② 이 법을 적용받는 장애인은 제1항에 따른 장애인 중 다음 각 호의 어느 하나에 해당하는 장애가 있는 자로서 대통령령으로 정하는 장애의 종류 및 기준에 해당하는 자를 말한다.

1. "신체적 장애"란 주요 외부 신체 기능의 장애, 내부기관의 장애 등을 말한다.
2. "정신적 장애"란 발달장애 또는 정신 질환으로 발생하는 장애를 말한다.

③ "장애인학대"란 장애인에 대하여 신체적 · 정신적 · 정서적 · 언어적 · 성적 폭력이나 가혹행위, 경제적 착취, 유기 또는 방임을 하는 것을 말한다.

2. 장애개념의 분류

1) ICIDH-1(1980년)

세계 보건기구(WHO)에서는 ICD(International Classification of Diseases)를 근간으로 하여 1980년에 장애를 이해하는 새로운 접근으로 국제 장애분류(ICIDH-1 : International Classification of Impairment, Disabilities, and Handicaps)라는 개념을 발표했다.

장애에 대한 가장 일반적인 개념으로 장애는 제1차 장애라고 하는 기능장애(Impairment)로 신체의 생리학적 결손 또는 손상을 뜻하고, 제2차 장애는 능력장애(Disability)로 제1차 장애(Impairment)가 직접·간접적인 원인이 되어 심리적 문제가 직접·간접적 발생할 경우의 인간적 능력(주체적 행동개념)이 약화 또는 손실된 상태를 말하며, 제3차 장애는 사회적인 장애(Handicap)로 제1차 장애와 제2차 장애가 통합된 형태에 다시 사회 환경적 장애(물리적 장애, 문화적 장애, 사회·심리적 장애)가 통합된 형태로 사회적 불리를 의미한다.

하지만 이 3가지 장애는 분리된 것이 아니고 인과적, 시간적 연속관계에 놓여 있다는 것을 강조하고 있다. 즉, 모든 장애요인이 중층적으로 통합되어 사회적으로 정상적인 생활을 할 수 없는 불리한 입장에 처한 상태이다.

세계보건기구가 장애의 개념에 대하여 새로운 접근방법을 채택하는 이유는 손상, 기능제약, 사회적 불리 등의 개념 구분을 통하여 장애를 설명함으로써 손상이나 기능제약의 측면보다는 사회적으로 불이익을 받는 상황을 강조하기 위한 것이었다.

이러한 장애 개념을 따르게 되는 경우에는 원인에 관계 없이 사회적 불이익을 받는다는 결과를 중심으로 장애를 설명하기 때문에 장애에 대한 사회적 책임론이 확장될 가능성이 높아졌다고 볼 수 있다.

이 내용은 아래 <표 1-1>와 같다.

〈표 1-1〉 ICIDH-1에 의한 장애개념

개 념	의 미	차 원
건강상태 (health condition)	병리학적 변화로서의 증상이 있다. 즉, 개인적인 차원에서 어떤 '비정상성'이 발생하였다.	–
손 상 (impairments)	임상적인 질병을 다른 사람이 인식할 수 있게 되었다. 즉, 일반 타인이 개인의 어떤 '비정상성'을 인식하였다.	신체적 차원
기능제약 (disability)	활동상의 능력 제한이 발생했다. 즉, 개인적인 차원에서 활동 수행 능력이 감소되었다.	개인적 차원
사회적 불리 (handicap)	개인의 활동상의 능력 제한에 대하여 사회적 참여의 제한이라는 사회적 반응이 발생했다. 즉, 개인은 다른 사람에 비해 불리한 상황에 처해졌다.	사회적 차원

출처 : WHO(1998). ICIDH : International Classification of Impairments, Disabilities, and Handicaps. Geneva : Author.

첫째, 손상(impairments)은 심리적·생리적·해부학적 구조나 기능의 손실 또는 비정상을 포함한다는 의미에서 질병에 비해 더 포괄적인 개념이다.

기능의 감소를 가져다준 영구적 또는 일시적인 병리적 상태를 말하며, 손상의 차원은 신체 기능 혹은 신체 구조와 관련된 것으로 이러한 기능상의 제한, 신체 일부의 기본적인 기능을 수행하는 데 따르는 기능제한을 손상이라 한다. 예를 들면, 시각장애(visual impairment), 청각장애(hearing impairment) 같은 것으로 말할 수 있다.

둘째, 능력장애(disability)는 기능장애에서 야기된 것으로 인간에게 정상적인 것으로 간주되는 범위 내에서 또는 그러한 방식으로 활동을 수행하는 능력의 제약이나 결여를 뜻하는데, 생산적인 일상생활을 영위함에 있어서 기능적 능력의 감소와 같은 것을 말한다. 이것은 정신적·신체적 손상의 결과일 뿐만 아니라 그 상태에 대한 개인의 적응 결과를 말한다. 예를 들면, 장애인(people with disabilities), 비장애인(people without disabilities) 등이다.

셋째, 사회적 불리(handicap)는 기능장애나 능력장애에서 야기된 것으로 가치가 규범에서 분리될 때 한 개인의 상황 또는 경험에 부여된 가치와 연관된 것으로, 선천적 또는 노령, 질병, 사고 등으로 인하여 그 신체적, 정신적 상태가 일시적 또는 영구적으로 손상되어 그 결과 독립생활, 교육, 취직 결혼 등이 저해되고 있는 상태를 말한다.

ICIDH의 장애개념(WHO, 1980)

Disease/ Disorder	→	impairment	→	Disability	→	Handicap
질병/ 장애		손상		능력		사회적 불리

- 건강조건(health condition) : 병리학적인 변화로의 증상, 개인적 차원에서 '비정상성' 발생
- 손상(impairments) : 임상적인 질병을 타인이 인식할 수 있음, 타인이 개인의 '비정상성' 인식
- 장애(disabilities) : 활동상의 능력 제한 발생, 개인적 차원에서 활동 수행 능력 감소
- 사회적 불리(hadicaps) : 개인의 활동상의 능력 제한에 대해 사회적 참여의 제한이라는 사회적 반응 발생, 개인은 타인에 비해 불리한 상황에 처해 있음.

※ 국제장애분류(ICIDH)에 따라 장애인이라 함은 신체적, 정신적 기능의 손상으로 인하여 일상활동에 제약을 받고 있는 사람으로 규정할 수 있으며 1차적 기능장애, 2차적 능력장애, 3차적 사회적 장애로 구분함에 따라 행동지침도 예방, 재활, 기회균등을 제시하고 있음

2) ICIDH-2(1997년)

1997년 세계보건기구가 장애의 개념, 범주 등에 대하여 새로이 제안하고 있는 ICIDH-2(International Classification of Impairments, Disabilities, and Handicaps -2)는 ICIDH-1에서 언급한 개별적 모델과 사회적 모델의 개념적 차이를 한 체계 안에서 설명하려는 노력의 결과로서, 다음과 같이(표 1-2 참조) 제시하면서 한 개인이 접하게 되는 장애를 3가지(손상, 활동, 참여)축으로 설명하면서 손상(impairment)과 활동(activity)은 개별적 모델의 개념으로 설명하고, 상황요인(contextual factors)과 참여(participation)는 사회적 모델에서의 개념을 설명하고 있다.

〈표 1-2〉 다양한 차원에 따른 장애의 개념

구 분	손상유형 (impairments)	활동 (activities)	참여 (participation)	상황요인 (contextual factors)
기능의 수준	신체 (신체의 부분)	개인 (전체로서의 개인)	사회 (사회와의 관계)	환경적 요인 (기능상의 외부적 영향) 개인적 요인 (기능상의 내부적 영향)
특 징	신체기능 신체구조	개인의 일상활동	상황에서의 관련	신체적, 사회적, 태도적 세계의 형태
긍정적 측면	기능적, 구조적 통합	활동	참여	촉진자
부정적 측면	손상	활동제한	참여제한	장벽, 어려움

즉, 장애라는 현상을 질병, 종양, 건강조건 등에 의해 직접적으로 야기된 '개인'의 문제로 간주하는 것이 개별적 모델로서, 개인의 장애 '문제'에 그 핵심을 두고, 이러한 문제의 원인이 장애가 발생시키는 근본적인 제한 혹은 심리적인 상실에 기인된다고 보고 있다. 반면 사회적 모델은 장애현상을 장애를 가진 사람의 사회통합이라는 관점에서 '사회적인(societal)' 문제로 간주하여, 장애는 개인에게 귀속된 것이 아니고 사회적 환경에 의해 창조된 조건들의 복잡한 집합체로 보는 것이다.

ICIDH-2에서 제시된 정의에 의하면, 손상(impairments)은 신체 구조나 물리적, 심리적 기능상의 상실이나 비정상성을 의미하는 것으로 이러한 기능상의 제한, 신체 혹은 신체의 부분의 기본적인 기능을 수행하는 데 따르는 불능을 말한다. 활동(activity)/ 활동제한(activity limitation)은 개인적 수준에서 기능의 범위와 본질로서 일상생활과 관계된 개인의 활동을 다루는데, 일상의 과업에서 기대되는 개인의 통합된 활동으로서 단순하게는 걷기에서부터 쇼핑, 직무 완수 등의 복합적인 활동을 포함하는 용어이다.

따라서 활동은 행위(action)의 차원을 넘어서는 것이다. 행위는 인간수행(performance)의 기본 단위이며, 장애는 순수하게 생물학적이고 의학적인 현상인 손상과 구별되는 행위 이상의 것과 관련된다고 본다.

활동영역의 분류체계는 보기, 듣기, 인지하기, 학습/ 과업완수, 의사소통,

운동, 이동, 일상생활, 대인 간의 활동, 특정 상황에 대한 반응과 처리, 보조적 도구, 기술적 원조와 다른 관계된 활동의 사용 등을 포함한다.

참여(participation)/ 참여억제(participation restriction)는 손상, 활동, 건강조건, 상황요인과 관련한 생활상황에서 개인의 연관성 정도와 본질로 정의한다. 따라서 참여의 차원은 사회적 현상을 다루며 개인의 참여 정도, 참여를 촉진하거나 방해하는 사회적, 환경적 요인을 포함하는 것이다. 다른 환경은 한 장애인에게 다른 영향을 준다. 따라서 참여는 환경과 장애를 가진 사람 간의 복잡한 상호작용으로 규정될 수 있다.

참여는 생태학적이고 환경적인 모델에 의한 것이다. 이에 해당하는 분류는 개인적인 유지와 보호에의 참여, 이동성의 참여, 정보교환의 참여, 사회적 관계의 참여, 교육·노동·레저와 정신적 영역의 참여, 경제생활의 참여, 도시 및 지역사회 생활의 참여 등이다.

한편 최근에는 장애를 또 다른 가능성이나 능력(The differently abled)으로 표시하고 장애의 긍정적인 강점을 개발하는 장애개념도 있다.

ICF의 장애개념(WHO, 2001)

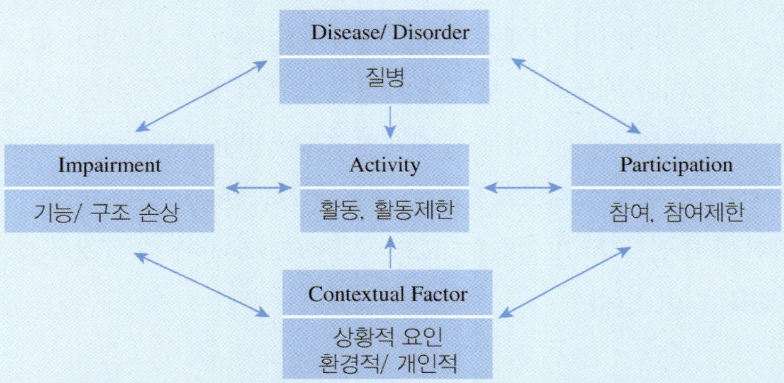

- 활동 및 활동제한 : 일상 과업에서 기대되는 개인의 통합된 활동으로서 단순한 행위 차원 이상(보기·듣기·인지하기, 학습·지식적용·과업완수, 의사소통, 운동, 이동, 일상생활 등)
- 참여 및 참여제약 : 상황적 맥락에서 개인의 참여 정도, 참여 촉진 및 방해하는 사회적 반응(개인적 유지 및 보호참여, 이동참여, 정보교환참여, 사회적 관계 참여, 교육, 노동 등)

3) 국제기능장애건강분류(일명 ICF)

ICF(International Classification of Functioning, disability and health, 2001)는 세계보건기구에 의해 1997년에 제안된 ICIDH-2를 근간으로 5년 동안의 현장검증과 국제회의를 거쳐서 2001년 5월 22일 제54차 WHO 총회에 의해 승인하고, 세계보건위원회(World Health Assembly)는 ICF를 세계적으로 통용될 수 있도록 결의하여 국제적으로 사용하게 되었다. ICIDH 장애모형은 한쪽 방향의 직선적 모형으로 상호작용이 되지 않는 단점을 가지고 있고, 실제 임상에서 구성요소들 간에 가지는 상호작용성을 표현할 수 없었다. ICIDH의 그러한 단점을 보완한 장애모형이 ICF(International Classification of Functioning, disability, and health)이다. 가장 큰 차별성은 ICIDH의 단점을 보완해 구성요소들 간의 상호작용성(양방향의 화살표)을 표현할 수 있게 되었다는 점이다. 또한 '손상(impairment), 장애(disability), 사회적 불리(handicap)'와 같은 부정적인 단어 사용에서 '건강상태, 활동, 참여'와 같은 긍정적인 단어를 사용해 범주화하였다.

ICF는 ICIDH-2에서 제시되고 있는 대부분의 내용을 계승하면서, 장애에 대한 개인적인 특성과 사회환경적인 특성을 통합한 것으로 분류체계와 언어사용을 보다 긍정적이며, 환경지향적인 맥락에서 수정한 결과라고 할 수 있다. ICF는 장애에 대한 개별적인 모델과 사회적 모델의 통합을 위한 노력의 결과라고 할 수 있으며, 국제질병분류 체계인 ICD-10(International Classification of Diseases)과 병행해서 상호보완적으로 사용하도록 만들어졌다. ICD-10은 질병의 진단에 초점을 두고 있다면, ICF는 기능(function)에 대한 풍부한 정보를 제공하도록 되어 있다.

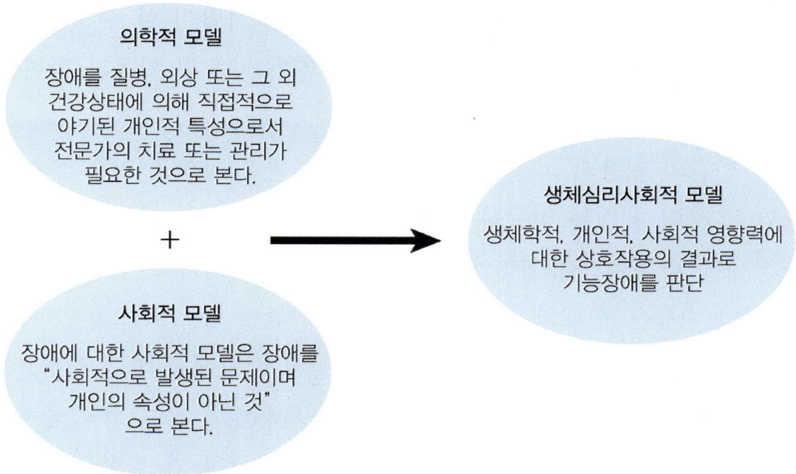

┃그림 1-1┃ ICF에서 제시한 생체심리사회적 모형

ICF는 다양한 전문영역과 실천현장에서 기여할 수 있도록 복합적인 목적을 가지고 있으며 그 내용은 다음과 같이 요약될 수 있다.

① 건강 및 건강과 관련된 상태, 건강 관련 성과, 건강 관련 결정요소 등을 이해하기 위한 과학적 기초를 제공하는 목적이다.

② 건강보호전문가, 연구자, 정책입안자, 장애인을 포함한 일반 대중 등의 서로 다른 집단들의 의사소통을 증진하기 위하여 공통의 언어를 제공하는 목적이다.

③ 국가 간, 건강보호 전문분야 간, 서비스 간, 시기 간의 자료의 비교가 가능할 수 있도록 하는 목적이다.

④ 건강정보 체계에 대한 체계적인 기록 수단을 제공하기 위한 목적이다. ICF는 장애를 가지고 있는 사람들에게 제한되어 적용될 수 있는 것이 아니라, 모든 사람의 건강에 관련된 요소들을 설명해 줄 수 있는 보편적인 적용이 가능한 틀이라고 할 수 있다.

따라서 ICF에는 ① 건강영역 ② 건강관련 영역으로 분류하여 '신체기능 및 구조'와 '활동 및 참여'라는 두 가지 기본 목록에 포함된 신체 및 개인과 사회라는 관점에서 기술되어 있으며, ICF는 어떤 사람에게 주어진 건강상태에 따라서, 예를 들면 질병이나 장애를 갖고 있는 사람이 할 수 있는 것 또는 하고 있는 것으로 분류하고, 기능은 모든 신체기능 및 활동과 참여를 포괄하는 전문용어이다.

ICF는 인간의 기능과 기능의 제한 요소들의 관련 상황을 기술할 수 있도록 도와준다. 이 체계는 정보를 조직화하기 위한 틀로서, 제1영역에서는 기능과 장애를 다루며, 제2영역에서는 상황요인을 제시하고 있다(표 1-3 참조). 개인의 기능은 신체의 기능과 구조, 활동, 참여 등으로 표현된다. 이러한 세 가지 차원의 기능들은 건강조건과 상황적 맥락에 속하는 환경요소(사회의 인식, 건축물의 장애요소 정도 등)와 개인적 요소(성별, 나이, 인종, 습관, 대처양식 등)의 양 측면에서 영향을 받는다. 예를 들어, 호흡기 질환으로 호흡기능에 문제가 있는 상황을 기술하면 다음과 같다. 호흡기능과 호흡기의 구조, 호흡기능의 제한으로 활동제약의 정도, 이로 인한 사회적 참여제한의 정도는 상호작용하면서 기능을 표현한다. 이러한 각 기능은 호흡기 질환의 정도라는 건강조건과 대기의 청정 정도라는 환경요소, 그리고 당사자의 나이나 문제에 대한 대처양식이라는 개인적 요소들의 상호작용에 의하여 규정된다는 것이다.

〈표 1-3〉 ICF에 의한 장애 개념

<table>
<tr><th>구 분</th><th colspan="2">영역 1 : 기능과 장애</th><th colspan="2">영역 2 : 상황적 요소(요인)</th></tr>
<tr><td>구성요소</td><td>신체기능 및 구조</td><td>활동과 참여</td><td>환경적 요소(요인)</td><td>개별적 요소(요인)</td></tr>
<tr><td>영 역</td><td>신체기능
신체구조</td><td>생활영역
(과제, 행동 등)</td><td>기능과 장애에
영향을 미치는
외적 요소들</td><td>기능과 장애에
영향을 미치는
내적 요소들</td></tr>
<tr><td>구성물</td><td>신체기능의 변화
(생리학)
신체구조의 변화
(해부학)</td><td>표준환경에서의
과제수행 능력
현재 환경에서의
과제수행 정도</td><td>물리적, 사회적,
인식(태도)적
측면에서 촉진
또는 방해하는 힘</td><td>개별(사람) 특성에
의한 영향</td></tr>
<tr><td rowspan="2">긍정적
측면</td><td>기능적, 구조적
통합성</td><td>활동과 참여</td><td rowspan="2">촉진 요소들
(촉진자)</td><td rowspan="2">해당 없음
(적용 못함)</td></tr>
<tr><td colspan="2">생활기능</td></tr>
<tr><td rowspan="2">부정적
측면</td><td>손상</td><td>활동제한 및
참여제한</td><td rowspan="2">장벽/방해물들</td><td rowspan="2">해당 없음
(적용 못함)</td></tr>
<tr><td colspan="2">능력장애</td></tr>
</table>

ICIDH, ICIDH-2, 국제장애분류, 국제질병분류

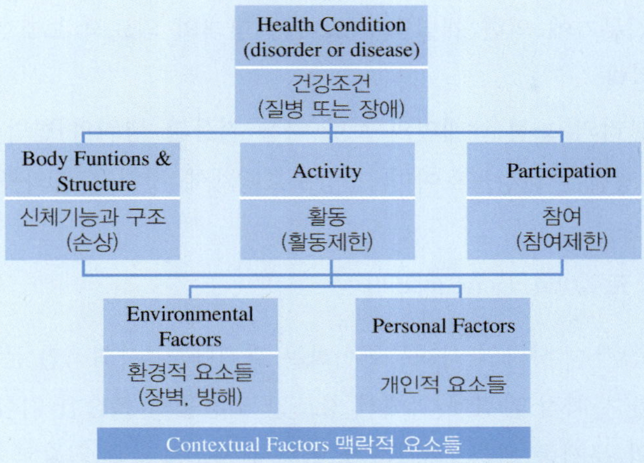

- 영역1 : 기능과 장애(신체기능, 신체구조, 생활영역, 과업행동 등)
- 영역2 : 상황적 요소들(기능과 장애에 영향을 미치는 외적·내적요인 등)

3. 장애의 개념적 모델

장애의 개념적 모델은 장애와 장애인에 대한 관점이나 인식을 기본적인 시각으로 일반적으로 ① 개별적 모델과 사회적 모델 ② 재활모델과 자립생활 모델 2가지로 대분하여 설명할 수 있다.

1) 개별적 모델과 사회적 모델

(1) 개별적 모델(the individual model)

① 장애라는 현상을 질병, 종양, 건강조건 등에 의해서 직접적으로 야기된 "개인의 문제"로 본다.

② 문제원인이 장애가 발생시키는 근본적인 제한 혹은 심리적인 상실에

기인된다고 본다.

③ 개인의 비극이론으로 본다.

④ 의료전문가에 의한 개별적 치료라는 형태의 의료적 보호를 해결책을 제시한다.

⑤ 장애관리의 초점을 개인의 보다 나은 적응과 행위의 변화에 둔다.

⑥ 주된 쟁점은 건강보호이며, 건강보호정책에 정책적 함의를 둔다.

(2) 사회적 모델(the social model)

① 장애를 가진 사람의 사회통합이라는 관점에서 '사회적인 문제'로 본다.

② 장애를 사회적 환경에 의해서 창조된 조건들의 복잡한 집합체로 본다.

③ 장애의 문제를 관리, 해결하기 위해서 사회행동을 필요로 한다.

④ 사회적 변화를 요구하는 태도적이고 이데올로기적인 것이며 정치적인 인권과 관련되어 있다.

⑤ 장애인과 관련된 주요 과제는 장애인들이 직면하고 있는 편견과 차별의 해결이라고 본다.

장애학, 장애의 사회적 모델의 아버지인 올리버(M. Oliver)가 장애학을 집약한 내용을 살펴보면 다음 표와 같다.

〈표 1-4〉 장애학의 개인·사회 모형

개인모형	사회모형
개인적 비극이론	사회적 억압이론
개별적 치료	사회적 문제
의료행위	자조
전문가 우위	집단적 책임
전문지식	경험
돌봄	권리
통제	선택
개인적 적응	사회적 변화

〈표 1-5〉 개별적 모델 vs 사회적 모델 비교

구 분	개별적모델 (the individual model)	사회적모델 (the social model)
관 점	• 장애는 '개인'의 문제 (personal tragedy theory) • 장애가 발생시키는 근본적 제한, 심리적 상실이 근본원인 • 개인적 비극이론(무작위로 불행한 개인에게 발생하는 끔찍한 사건)	• 장애는 사회적 환경에 의해 창조된 조건의 복잡한 집합체(social oppression theory) • 장애는 사회 내에 존재하는 것 • 사회 전체를 통해 체계적으로 제도화된 차별을 통해 전달되는 것
해결책	의료전문가에 의한 개별치료	사회행동을 필요로 함
초 점	적응과 행위의 변화	환경적 변화를 줌
정책적 함의	건강보호정책	편견과 차별을 해결해야 함
유사모델	기능제약 모델	소수집단모델, 사회학적·정치학적 정의

2) 재활모델과 자립생활모델

이 모델은 개별적 모델과 사회적 모델에 비해 보다 실천적이며, 개별적 모델과 사회적 모델이 실제 현장에서 어떻게 나타나고 있는지를 표현할 수 있는 모델이다.

(1) 재활모델(rehabilitation model)

1990년대 이전까지 장애정책을 지배해온 장애이론은 재활모델이었다. 재활모델에 의하면 장애인은 일상적 활동을 부적절하게 수행하여 자신의 능력을 적절히 발휘할 수 없다거나 수입을 얻을 수 있는 직업을 갖기 위한 준비가 충분히 이루어지지 않아 경쟁고용에 의한 유급취업이 부적절한 것으로 정의되어 왔다.

이 경우 모든 문제는 개인에게 국한된다. 변화의 대상은 장애인 개인이며, 장애인들은 자신들의 문제를 극복하기 위하여 의사, 물리치료사, 작업 치료사, 직업재활사의 지도에 따라야 한다. 즉, 장애인 개인은 '환자'나 '클라이언트'의 역할을 하도록 기대될 뿐이다.

신체적 기능의 회복이나 수입이 있는 직업을 얻는 것이 재활의 목적이므로 재활의 성공은 환자나 클라이언트가 이미 규정된 치료체계에 얼마나 잘 순응하는가에 달려 있다. 그렇지만 중증장애인에 있어 재활모델은 한계가 있다(Dejong, 1979).

(2) 자립생활모델(independent living model)

자립생활모델은 장애인의 문제는 장애인 당사자가 가장 잘 이해하고 있으므로 장애인이 삶을 영위함에 있어 스스로 '선택권'과 '자기결정권'을 신장하고, 서비스 제공에 있어서는 장애인의 '주도적인 참여'가 보장되어야 한다는 것이다. 또한 장애인의 문제는 장애인이 가지고 있는 신체적 문제보다는 그러한 요소를 문제화시키는 사회적 환경에서 비롯되므로 자립생활은 물리적 · 심리적 환경의 개선에 관심을 가진 강력한 권익옹호를 지향한다.

자립생활모델의 본질은 중증장애인을 포함하는 모든 장애인들이 자신의 생활전반에서 스스로를 관리하고 자립하려는 것과 이를 위한 능력을 갖는데 있다. 또한 자립생활모델은 장애인 문제의 제거 및 해결, 이를 위한 장애인 당사자의 주체적인 역할과 그것을 위한 지원을 중시한다. 결국 자립생활은 장애인 당사자의 역할을 중시하고 지역사회생활을 지원하는 것이다. 따라서 장애인복지에 있어 전통적으로 중심적인 위치에 있었던 재활패러다임과는 성격을 달리하는 새로운 패러다임으로 이해하고 있다.

데종(Dejong, 1979)은 재활패러다임과 자립생활패러다임에서 가장 중요한 초점은 장애인에 대한 문제의 소재가 장애인 개인에게 내재되어 있는 것이 아니라 장애인을 포함하고 있는 사회환경이라고 보고 있으며, 이러한 의미에서의 환경은 '재활과정을 비롯해서 물리적인 환경 그리고 사회 전반에 산재되어 있는 사회통제의 메커니즘 등을 포함한 환경'을 말한다.

〈표 1-6〉 재활모델 vs 자립생활모델

항 목	재활모델 (rehabilitation model)	자립생활모델 (independent living model)
문제의 정의	신체적 손상, 직업기능의 결핍	사회적 억압, 전문가, 친척 등에의 의존
문제의 위치	개인에게	환경 안에, 재활과정에
문제의 해결	의사, 물리치료사, 작업치료사, 직업재활상담원 등의 전문가 개입	동료 상담원, 권익옹호, 자조, 소비자주권, 사회적 장애제거 등
사회적 지위	환자, 클라이언트	소비자
관리 · 조정자	전문가	소비자 자신
최종목표	최대한의 일상생활활동(ADL) 경제적 자립과 고용, 심리적 적응, 증대된 동기화, 완벽한 신변처리	자립생활 자기관리, 최소한의 제한된 환경, 생산성(사회적, 경제적)

〈표 1-7〉 장애인복지의 시대상에 따른 3가지 패러다임 비교

모델 (model)	의료적 모델 (medical model)	재활적 모델 (rehabilitation model)	자립생활모델 (independent living model)
지원내용	보호감호, 치료	발달심리, 관계치료	개인별/ 지역사회열린지원
개념	보호/ 관리	후원/지원	동반
시기	1960년대 이전	1960년대~1990년대 초	1990년대 중반부터
초점	시설수용	탈시설화	지역사회
대상자	환자/ 수혜자	클라이언트	시민
인간상	생물학적/ 허무주의	교육학적/ 긍정주의	인류사회학적/ 동등한 인성
지원목표/ 우선순위	기본적인 욕구관리 (깨끗하고, 배부름)	경쟁력 강화 (기술습득, 행동조절)	삶의 질 (자기결정권의 영위)
서비스공급범위	시설	그룹홈, 특수학교	가정, 일발학교
전문지원	최고의 모범(사례화) 간호,영양강화	재활훈련계획안 (교육 연속성 강화)	개인별 미래계획 (자기계획수립/ 실천)
제공되는 서비스	관리, 보살핌	후원, 지원/ 프로그램	활동보조, 개인별 동반
지원결정과 통제	전문가 (의학자, 간호사)	상호훈련/ 협동적인 팀 (교육가, 치료사)	개인 (장애인 당사자)
문제정의	장애, 손상, 결여	의존, 비자립	참여를 위한 환경장애
문제해결	관리, 치료	제한된 환경의 최소지원, 후원	사회참여를 위한 환경개선 및 신환경 창조

출처 : Neumann(1994).

CHAPTER 02

장애등급폐지제도 및 장애등록

1. 장애등급폐지제도
2. 장애등록(심사)

CHAPTER 02

장애등급폐지제도 및 장애등록

1. 장애등급폐지제도

1988년 도입된 장애등급제는 15개 장애유형별로 의학적 심사에 따라 중증도를 구분하는 객관적 기준으로 장애인에 대한 각종 복지제도와 지원이 이 기준에 따라 차등적으로 제공되었지만, 장애인복지법 제32조(장애인의 등록), 제32조의4(서비스 지원 종합조사), 제32조의7(민관협력을 통한 사례관리)에 의해 2019년 7월 1일부터 장애등급폐지제도를 시행하게 되었다.

이는 장애인들이 맞춤형 서비스를 받으며 함께 살아갈 수 있도록 하는 취지이다. 기존에는 1~6급으로 장애등급제를 시행하였지만, “장애 정도가 심한 장애인”과 “심하지 않은 장애인”으로 구분하여, 수요자 중심의 장애인 지원체계가 실시되는 것이다.

기존 등급제도는 장애인의 개인 사정을 고려하지 않고, 장애인마다 장애의 특성과 가구 환경이 다르고, 각자 필요한 서비스가 다름에도 불구하고 획일적인 등급제를 시행하여 장애임에도 장애판정을 받지 못하거나, 애매모호한 경우 행정편의적인 결정을 하는 경우가 많았다.

장애등급제 폐지는 장애인 개개인에 필요한 맞춤형으로 장애인 서비스 지원체계의 틀을 개선하고자 하는 것으로, 제5차 장애인정책 종합계획[안](2018~2022)을 수립하여 활동지원 서비스와 같은 일상생활 지원에서부터 시작해

2022년까지 장애인 일자리, 장애인연금 등 단계적으로 확대해 갈 것이다.

장애등급제는 1988년부터 도입되어 장애인 복지서비스의 외연확대에 기여했으나, 의학적 판정에 따른 획일적 기준이라는 지적을 받아옴으로써 이를 보완하고자 개인별 욕구와 사회적 환경 등을 고려하는 종합 판정 도구를 단계적으로 도입하여 맞춤형 서비스 지원체계를 구축하고자 하는 것이다. 의학적 상태에 따라 1급부터 6급까지 세부 등급을 부여하던 장애등급 분류는 폐지되고, 장애인 등록을 위한 심사결과를 장애정도에 따라 2단계로 구분하고, 주요 서비스의 수급자격 확인을 위한 종합조사를 실시하며, 개별 서비스 별로 목적에 부합하는 합리적 기준을 지원하게 된다.

① 장애등급 폐지

의학적 상태에 따라 1급부터 6급까지 세부 등급을 부여하던 장애등급 분류는 폐지되고, 장애인 등록을 위한 심사결과를 장애정도에 따라 2단계로 구분한다.

② 종합판정도구 도입

주요 서비스의 수급자격 확인을 위한 종합조사를 도입하여 개별 서비스별로 목적에 부합하는 합리적 기준을 지원한다.

③ 맞춤형 전달체계 구축

장애인 서비스 누락 발굴 및 연계를 강화하고, 찾아가는 상담을 확대하며 장애인 전담 민관협의체를 설치 · 운영한다.

2. 장애등록(심사)

장애인 등록 심사결과 기존 6개의 장애등급은 '장애정도'로만 구분되며 기 등록된 종합장애등급이 1~3급인 장애인은 '장애의 정도가 심한 장애인'으로, 4~6급인 장애인은 '장애의 정도가 심하지 않은 장애인'으로 표현한다.

종합조사제도 확산이 완료되기 이전까지 장애인연금 등 기존 서비스를 지원하기 위해 과도기적으로 '추가심사사항'을 두어 심사를 면제해 왔던 중증와상 장애 확인은 장애인연금 신청자에게만 해당되도록 하고, 기존에 등록되었던 장애등급 이력정보를 활용한다. 또한 장애인의 서비스 필요도를 파악하여 필요한 서비스를 지원하기 위해 개인의 욕구·환경을 포괄적으로 평가하는 절차인 '서비스 지원 종합조사'를 신규 도입하여 장애인 활동지원 제도에서 운영되던 인정조사는 폐지되고, 일상생활지원 분야 5종 서비스를 지원하는 종합조사를 실시한다.

이 조사표는 아동용(6~8세)과 성인용(19~64세)으로 구분하고 조사지표는 기능제한, 사회활동, 가구환경의 3가지 영역으로 구성되어 있으며, 조사주체는 국민연금공단으로 1회 조사된 내용을 각 서비스별로 선택적으로 활용된다.

장애인, 그 법정대리인 또는 대통령령으로 정하는 보호자(이하 "법정대리인 등"이라 한다)는 장애 상태와 그 밖에 보건복지부령이 정하는 사항을 특별자치시장·특별자치도지사·시장·군수 또는 구청장(자치구의 구청장을 말한다. 이하 같다)에게 등록하여야 하며, 특별자치시장·특별자치도지사·시장·군수·구청장은 등록을 신청한 장애인이 장애인복지법 제2조에 따른 기준에 맞으면 장애인등록증(이하 "등록증"이라 한다)을 내주어야 한다.

특별자치시장·특별자치도지사·시장·군수·구청장은 장애인복지법 제32조 제1항에 따라 등록증을 받은 장애인의 장애 상태의 변화에 따른 장애 정도 조정을 위하여 장애 진단을 받게 하는 등 장애인이나 법정대리인 등에게 필요한 조치를 할 수 있고, 장애인의 장애 인정과 장애 정도 사정(査定)에 관한 업무를 담당하게 하기 위하여 보건복지부에 장애판정위원회를 둘 수 있다.

등록증은 양도하거나 대여하지 못하며, 등록증과 비슷한 명칭이나 표시를 사용하여서는 아니되며, 특별자치시장·특별자치도지사·시장·군수·구청장은 제1항에 따른 장애인 등록 및 제3항에 따른 장애 상태의 변화에 따른 장애 정도를 조정함에 있어 장애인의 장애 인정과 장애 정도 사정이 적정한지를 확인하기 위하여 필요한 경우 대통령령으로 정하는 「공공기관의 운영에 관한 법률」 제4조에 따른 공공기관에 장애 정도에 관한 정밀심사를 의뢰할 수 있다. [신설 2010. 5. 27, 2015. 6. 22, 2015. 12. 29, 2017. 12. 19] [시행일 2019. 7. 1]

또한 장애인복지법 제32조 제6항에 따라 장애 정도에 관한 정밀심사를 의뢰받은 공공기관은 필요한 경우 심사를 받으려는 본인이나 법정대리인 등으로부터 동의를 받아 의료법에 따른 의료기관에 그 사람의 해당 진료에 관한 사항의 열람 또는 사본 교부를 요청할 수 있다. 이 경우 요청을 받은 의료기관은 특별한 사유가 없으면 요청에 따라야 하며, 국가 및 지방자치단체는 예산의 범위에서 공공기관에 제공되는 자료에 대한 사용료, 수수료 등을 지원할 수 있다. [신설 2015. 12. 29, 2017. 2. 8] [시행일 2017. 8. 9]

장애인복지법 제32조 제1항 및 제3항부터 제7항까지에서 규정한 사항 외에 장애인의 등록, 등록증의 발급, 장애 진단 및 장애 정도에 관한 정밀심사, 장애판정위원회, 진료에 관한 사항의 열람 또는 사본교부 요청 등에 관하여 필요한 사항은 보건복지부령으로 정한다.

관련 행정규칙

장애인복지법 제32조의2(재외동포 및 외국인의 장애인 등록)

① 재외동포 및 외국인 중 다음 각 호의 어느 하나에 해당하는 사람은 제32조에 따라 장애인 등록을 할 수 있다. [개정 2015. 12. 29, 2017. 12. 19] [시행일 2018. 3. 20]

1. 「재외동포의 출입국과 법적 지위에 관한 법률」 제6조에 따라 국내거소신고를 한 사람
2. 주민등록법 제6조에 따라 재외국민으로 주민등록을 한 사람
3. 출입국관리법 제31조에 따라 외국인등록을 한 사람으로서 같은 법 제10조 제1항에 따른 체류자격 중 대한민국에 영주할 수 있는 체류자격을 가진 사람
4. 재한외국인 처우 기본법 제2조 제3호에 따른 결혼이민자
5. 난민법 제2조 제2호에 따른 난민인정자

② 국가와 지방자치단체는 제1항에 따라 등록한 장애인에 대하여는 예산 등을 고려하여 장애인복지사업의 지원을 제한할 수 있다.

[본조신설 2012. 1. 26] [시행일 2013. 1. 27]

제32조의3(장애인 등록 취소 등)

① 특별자치시장 · 특별자치도지사 · 시장 · 군수 · 구청장은 제32조 제1항에 따라 등록증을 받은 사람(제3호의 경우에는 법정대리인 등을 포함한다)이 다음 각 호의 어느 하나에 해당하는 경우에는 장애인 등록을 취소하여야 한다.

1. 사망한 경우
2. 제2조에 따른 기준에 맞지 아니하게 된 경우
3. 정당한 사유 없이 보건복지부령으로 정하는 기간 동안 제32조 제3항에 따른 장애 진단 명령 등 필요한 조치를 따르지 아니한 경우
4. 장애인 등록 취소를 신청하는 경우

② 특별자치시장 · 특별자치도지사 · 시장 · 군수 · 구청장은 다음 각 호의 어느 하나에 해당하는 경우에는 제32조 제1항에 따라 등록증을 받은 사람과 법정대리인 등 및 부정한 방법으로 등록증을 취득한 사람 등에게 등록증의 반환을 명하여야 한다.

1. 제1항에 따라 장애인 등록이 취소된 경우
2. 중복발급 및 양도 · 대여 등 부정한 방법으로 등록증을 취득한 경우

③ 제2항에 따라 등록증 반환 명령을 받은 사람은 정당한 사유가 없으면 이에 따라야 한다.

④ 제1항 및 제2항에서 규정한 사항 외에 장애인 등록의 취소, 등록증의 반환 등에 필요한 사항은 보건복지부령으로 정한다.

[본조신설 2017.2.8 종전의 제32조의3은 제32조의4로 이동] [시행일 2017.8.9]

제32조의4(서비스 지원 종합조사)

① 보건복지부장관 또는 특별자치시장 · 특별자치도지사 · 시장 · 군수 · 구청장은 다음 각 호의 서비스 신청에 대하여 서비스의 수급자격, 양 및 내용 등의 결정에 필요한 서비스 지원 종합조사를 실시할 수 있다.

1. 「장애인활동 지원에 관한 법률」 제6조에 따른 활동지원급여 신청
2. 「장애인 · 노인 등을 위한 보조기기 지원 및 활용촉진에 관한 법률」 제8조에 따른 장애인 보조기기 교부 신청
3. 제60조의2에 따른 장애인 거주시설 이용 신청
4. 그 밖에 대통령령으로 정하는 서비스의 신청

② 보건복지부장관 또는 특별자치시장 · 특별자치도지사 · 시장 · 군수 · 구청장은 제1항에 따른 서비스 지원 종합조사를 실시하는 경우 보건복지부령으로 정하는 바에 따

라 다음 각 호의 사항을 조사하고, 조사결과서를 작성하여야 한다. 다만, 제5호의 사항은 수급자격 결정 및 본인부담금 산정 등을 위하여 필요한 경우에만 조사하여야 한다.

1. 신청인의 서비스 이용현황 및 욕구
2. 신청인의 일상생활 수행능력 및 인지 · 행동 등 장애특성
3. 신청인의 가구특성, 거주환경, 사회활동 등 사회적 환경
4. 신청인에게 필요한 서비스의 종류 및 내용
5. 신청인과 그 부양의무자의 소득 및 재산 등 생활수준에 관한 사항
6. 그 밖에 신청인에게 서비스를 지원하기 위하여 필요한 사항으로서 보건복지부령으로 정하는 사항

③ 보건복지부장관 또는 특별자치시장 · 특별자치도지사 · 시장 · 군수 · 구청장은 제2항 각 호의 사항을 조사하기 위하여 필요한 자료를 확보하기 곤란한 경우에는 보건복지부령으로 정하는 바에 따라 신청인, 그 부양의무자 또는 그 밖의 관계인에게 소득 · 재산, 건강상태 및 장애 정도 등의 확인에 필요한 자료의 제출을 요구할 수 있다.

④ 보건복지부장관 또는 특별자치시장 · 특별자치도지사 · 시장 · 군수 · 구청장은 제1항 및 제2항에 따라 서비스 지원 종합조사를 실시하기 위하여 필요하다고 인정하는 경우에 국세 · 지방세, 토지 · 주택 · 건축물 · 자동차 · 선박 · 항공기, 국민건강보험 · 국민연금 · 고용보험 · 산업재해보상보험 · 보훈급여 · 군인연금 · 사립학교교직원연금 · 공무원연금 · 별정우체국연금 · 기초연금 · 장애인연금, 출국 또는 입국, 교정시설 · 치료감호시설의 입소 또는 출소, 병무, 매장 · 화장 · 장례, 주민등록 · 가족관계등록 등에 관한 자료의 제공을 관계 기관의 장에게 요청할 수 있다. 이 경우 자료 제공을 요청받은 관계 기관의 장은 정당한 사유가 없으면 요청에 따라야 한다.

⑤ 제1항 및 제2항에 따라 서비스 지원 종합조사를 하는 사람은 그 권한을 표시하는 증표 및 조사기간, 조사범위, 조사담당자, 관계 법령 등 보건복지부령으로 정하는 사항이 기재된 서류를 지니고 이를 관계인에게 보여주어야 한다.

⑥ 보건복지부장관 또는 특별자치시장 · 특별자치도지사 · 시장 · 군수 · 구청장은 제1항 각 호의 서비스 신청과 관련하여 신청인과 그 밖의 관계인이 제2항에 따른 조사에 필요한 서류 · 자료의 제출 및 조사 · 질문 또는 제3항에 따른 자료 제출 요구를 두 번 이상 거부 · 방해 또는 기피하는 경우에는 제1항 각 호의 서비스 신청을 각하할 수 있다. 이 경우 서면으로 그 이유를 분명하게 밝혀 신청인과 그 밖의 관계인에게

통지하여야 한다.

⑦ 제2항에 따른 조사의 절차 등에 관하여 필요한 사항은 대통령령으로 정한다.

[본조신설 2017.12.19 종전의 제32조의4는 제32조의6으로 이동] [시행일 2019.7.1]

제32조의5(업무의 위탁)

① 보건복지부장관 또는 특별자치시장 · 특별자치도지사 · 시장 · 군수 · 구청장은 제32조의4에 따른 서비스 지원 종합조사 업무 중 일부를 대통령령으로 정하는 바에 따라 「공공기관의 운영에 관한 법률」 제4조에 따른 공공기관에 위탁할 수 있다.

② 국가와 지방자치단체는 제1항에 따라 업무를 위탁받은 공공기관에 대하여 예산의 범위에서 사업 수행에 필요한 비용의 전부 또는 일부를 지원할 수 있다.

[본조신설 2017.12.19 종전의 제32조의5는 제32조의8로 이동] [시행일 2019.7.1]

절차	담당
(1) 장애인등록 상담 및 구비서류 안내	읍 · 면 · 동
▼	
(2) 장애정도 심사용 진단서 및 구비서류 발급	의료기관
▼	
(3) 장애정도심사 구비서류 확인 및 접수 타 법령상 중증여부, 보행상 장애 여부 추가심사 진행 사전 고지	읍 · 면 · 동
▼	
(4) 국민연금공단으로 장애정도심사 요청	읍 · 면 · 동
▼	
(5) 자문회의 개최 및 장애정도심사, 장애정도결정	국민연금공단
▼	
(6) 시 · 군 · 구(읍 · 면 · 동)에 심사결과 통보	국민연금공단
▼	
(7) 심사결과 확인 및 장애인등록	시 · 군 · 구(읍 · 면 · 동)
▼	
(8) 신청인에게 심사결과 통지	시 · 군 · 구(읍 · 면 · 동)
▼	
(9) 민원상담 및 사후관리	시 · 군 · 구(읍 · 면 · 동)

그림 2-1 장애등록절차

출처 : 경기도 특수교육지원센터.

〈표 2-1〉 일상생활지원 5종서비스

구분	활동지원	보조기기 교부	거주시설 입소 (중증, 장애유형별)	응급안전 알림	주간활동 지원
서비스 개요	장애인이 일상생활 또는 사회생활을 원활히 할 수 있도록 필요한 서비스 제공	저소득 장애인에게 장애의 예방·보완과 기능 향상 또는 일상생활의 편의 증진을 위해 사용할 수 있는 생활용품을 교부	일반가정에서 활하기 어려운 장애인에게 일정기간 거주·요양·지원 등의 서비스를 제공	혼자서 일상생활과 사회생활을 하기 어려운 장애인 가정에 가스·화재 감지기 및 응급 호출 버튼 등을 설치하여 응급 상황발생 시 119와 연계	발달장애인이 지역사회 다양한 장소와 기관에서 낮 시간을 의미 있게 보낼 수 있도록 지원하는 서비스
지원 근거	장애인활동지원에 관한 법률 제3조	장애인·노인 등을 위한 보조기기 지원 및 활용 촉진에 관한 법률 제8조	장애인복지법 제57조	장애인 활동지원에 관한 법률 제19조의2	발달장애인 권리 보장 및 지원에 관한 법률 제29조
지원 대상	등록장애인 중 활동지원을 신청하여 자격을 인정받은 자	기초생활수급자 또는 차상위계층 중에서 종합조사 결과가 장애유형별 보조기기 교부 적격 기준을 충족하는 자	종합조사 결과 장애로 인해 일상생활에 어려움이 있어 거주시설입소가 필요한 장애인	상시보호가 필요하고 응급상황 발생 시 신속한 대처가 필요한 장애인	만 18세 이상 성인 발달장애인 (취업 및 직업훈련 등 다른 공공 및 민간서비스 이용자 제외)
선정 기준	종합조사 결과에 따라 산출된 종합점수에 따른 활동지원등급 판정을 받은 자	장애유형별 관련 항목 종합조사 점수에 따른 보조기기 최소 적격기준 이상	(중증장애인) 기능제한영역(X1) 점수 성인 240점 이상, 아동 190점 이상 (장애유형별) 기능제한영역(x1) 점수 성인 120점 이상, 아동 110점 이상	활동지원 수급자 중 일정기준 (활동지원등급 13구간) 및 독거·취약가구인 장애인 등 우선순위에 따라 선정	기능제한(X1) 중 일상생활동작 (ADL) 및 수단적일상생활동작(IADL) 점수 활용
신청 서식	사회보장급여 (사회서비스 이용권) 신청서	장애인 등록 및 서비스 신청서	복지대상자 시설입소(이용) 신청서	응급안전알림 서비스신청서	사회보장급여 (사회서비스 이용권) 신청서
신청 기관	읍·면·동	읍·면·동	읍·면·동	지역센터**	읍·면·동

조사 기관	국민연금공단	국민연금공단 (최소기준*)	국민연금공단 (최소기준*)	국민연금공단 (기초사결과값 활용*)	국민연금공단
보장 기관	시·군·구	시·군·구	시·군·구	시·군·구	시·군·구
제공 기관	활동지원기관	(직접교부) 시·군·구 (위탁교부) 지역보조기기센터 혹은 보조기기업체	중증장애인 거주시설, 장애유형별 거주시설	지역센터**	시·군·구에서 공모를 통해 적정수의 제공기관 지정

* 보조기기, 거주시설 입소, 응급안전 알림의 경우 지원우선순위 고려, 적합성 평가 등 지자체 여건에 따라 지역센터 등을 활용하여 추가적인 조사를 실시 할 수 있음.

** 관할 지자체장으로부터 응급안전알림서비스 수행기관으로 지정받아 응급관리요원이 상주하며 응급안전알림 서비스를 제공하는 센터

〈표 2-2〉 장애등급 폐지

구 분	현 행	변 경
심사결과	장애등급	장애정도
	1급, 2급, 3급	장애의 정도가 심한 장애인
	4급, 5급, 6급	장애의 정도가 심하지 않은 장애인
	등급 외	장애정도 미해당
추가심사사항	–	보행상장애/ 장애인연금/ 장애인고용 장애정도 해당 여부
서비스 재판정	활동지원, 장애수당, 장애아동수당 신청자	장애수당, 장애아동수당 신청자
장애심사 면제대상 (중증와상 장애 확인)	• (기준) 기등록 장애인 중 두 팔과 두 다리에 모두 마비가 있어 뇌병변 또는 지체장애 1급인 자 • (대상) 장애인연금, 활동지원서비스 신청자 • (확인방법) 장애등급 및 진단서상 소견 확인	• (기준) 좌동 • (대상) 장애인연금 신청자 • (확인방법) 기존 장애등급이력 및 등록된 진단서 조회·확인
장애인 등록증	• (명칭) 복지카드 • (주요 표기 내용) 장애등급, 유효기한	• (명칭) 좌동 • (주요 표기 내용) 장애정도, 유효기한 등

주요 서식 변경 및	• (명칭변경) 장애진단서, 장애진단의뢰서	• (명칭변경) 장애정도 심사용 진단서, 장애정도 심사용 진단 의뢰서 - 그 외 서식은 장애등급 대신 장애정도로 일괄 수정
	• (기재사항 변경) 장애인 증명서 : 종합장애등급 표출, 재취득 등록일자 기재	• (기재사항 변경) 장애인 증명서 : 주·부장애의 장애정도 및 종합장애 정도 각각 표출, 최초 및 재취득 등록일자 기재
	• (불필요 서식) 장애등급 조정신청서	• (삭제) 장애정도 조정신청서 * 장애인등록 및 서비스신청서에 통합

03

CHAPTER

장애유형별 이해 및 에티켓

1. 장애유형별 이해
2. 장애유형별 에티켓

CHAPTER 03

장애유형별 이해 및 에티켓

1. 장애유형별 이해

장애와 관련하여 우리나라에서 기준이 되는 법은 장애인복지법이다.

장애인의 정상화를 위해 1981년 6월 시행된 심신장애자 복지법이 1989년 12월 '심신 장애자'라는 용어를 장애인으로 변경하여 장애인복지법으로 개정되었으며, 1999년 2월 장애 유형에 따른 재활 서비스를 제공하고자 하는 목적을 주요 골자로 전부 개정되었다. 2004년 3월에는 실무 위원회(장애인 복지 종합 정책을 총괄하는 장애인복지조정위원회가 업무를 효율적으로 추진할 수 있도록 장애인 복지 정책과 관련된 부처별 업무 추진 상황을 점검하고 성과를 평가하며 그 결과를 정책에 반영하는 업무를 수행)를 장애인복지조정위원회에 설치하는 한편, 지방 자치 단체 차원에서도 장애인 복지 관련 정책의 수립 · 조정 · 평가 등을 담당하는 지방 장애인 복지 위원회를 설치하도록 하는 근거를 마련하였다.

장애인의 유형에 따른 장애의 종류는 지체 장애, 뇌병변 장애, 시각 장애, 청각 장애, 언어 장애, 지적 장애, 자폐성 장애, 정신 장애, 신장 장애, 심장 장애, 호흡기 장애, 간 장애, 안면 장애, 장루 · 요루 장애, 뇌전증 장애 등 총 15가지 유형이 있다. 이러한 장애는 장애의 경중에 따라 등급이 분류되며, 각 장애의 등급과 유형에 따라 복지에 대한 지원이 달라질 수 있다.

〈표 3-1〉 장애인복지법의 장애유형

<table>
<tr><th colspan="2">분 류</th><th>유 형</th><th>특 징</th></tr>
<tr><td rowspan="13">신체적 장애</td><td rowspan="6">외부신체 기능장애</td><td>지체장애</td><td>절단장애, 관절장애, 지체기능장애, 변형 등의 장애</td></tr>
<tr><td>뇌병변장애</td><td>중추신경의 손상으로 인한 복합적인 장애</td></tr>
<tr><td>시각장애</td><td>시력장애, 시야결손장애</td></tr>
<tr><td>청각장애</td><td>청력장애, 평형기능장애</td></tr>
<tr><td>언어장애</td><td>언어장애, 음성장애, 구어장애</td></tr>
<tr><td>안면장애</td><td>안면부의 추상, 함몰, 비후 등 변형으로 인한 장애</td></tr>
<tr><td rowspan="7">내부기관 장애</td><td>신장장애</td><td>투석치료 중이거나 신장을 이식받은 경우</td></tr>
<tr><td>심장장애</td><td>심장의 기능부전으로 인한 호흡곤란 등의 장애</td></tr>
<tr><td>장루·요루 장애</td><td>배변기능이나 배뇨기능의 장애로 인하여 장루 또는 요루를 시술한 경우</td></tr>
<tr><td>간장애</td><td>간의 만성적 기능부전과 그에 따른 합병증 등으로 인한 간기능 장애</td></tr>
<tr><td>호흡기장애</td><td>폐나 기관지 등 호흡기관의 만성적 기능부전으로 인한 호흡기능의 장애</td></tr>
<tr><td>뇌전증장애</td><td>뇌전증에 의한 뇌신경세포의 장애로 인하여 일상생활이나 사회생활에 상당한 제약을 받아 다른 사람의 도움이 필요한 사람</td></tr>
<tr><td rowspan="3">정신적 장애</td><td rowspan="2">발달장애</td><td>지적장애</td><td>• 정신 발육이 항구적으로 지체되어 지적 능력의 발달이 불충분하거나 불완전하고 자신의 일을 처리하는 것과 사회생활에 적응하는 것이 상당히 곤란한 경우
• 지능지수와 사회성숙성지수가 70 이하인 경우</td></tr>
<tr><td>자폐성장애</td><td>소아기 자폐증, 비전형적 자폐증에 따른 언어·신체표현·자기조절·사회적응 기능 및 능력의 장애</td></tr>
<tr><td>정신장애</td><td>정신장애</td><td>지속적인 조현병, 분열형 정동장애, 양극성 정동장애 및 반복성우울장애에 따른 감정조절·행동·사고 기능 및 능력의 장애</td></tr>
</table>

1) 지체장애

지체장애란 사지(팔과 다리)와 몸통의 운동기능장애를 말하는 것으로서, 사람의 몸 중 골격, 근육, 신경 중에서 어느 하나의 일부나 전체에 질병이나 외상으로 인한 기능장애가 발생하는 경우이다. 운동기능장애란 운동기관이 있는 중추신경계, 근육, 뼈, 관절 등의 부상이나 질병으로 인하여 장기간 일상생활에서 활동하는 것이 곤란한 상태에 있는 것을 말하는데 이 곤란이 일시적이 아닌 영구적으로 장애가 남아 있을 경우에 지체장애가 된다(문선화 외, 2009). 원인은 매우 다양한데, 선천적 원인은 바이러스 감염이나 유전적인 문제 때문이고, 후천적인 원인은 각종 질병이나 교통사고, 산재로 인한 경우가 많다.

지체장애의 범위는 매우 넓은데, 척수손상장애, 절단장애, 관절장애, 지체기능장애, 변형 등이 해당된다. 척추손상장애인의 대다수는 휠체어를 사용하고 있으며, 팔다리가 절단된 경우가 절단장애이다. 지체기능장애는 팔다리가 있어도 팔과 다리의 전체 또는 일부를 움직일 수 없거나 움직이더라도 자유롭게 조절되지 않는 경우에 해당하며, 관절장애는 특정 관절이 강직 또는 약화, 마비된 경우이다. 변형으로 인한 장애는 척추나 팔, 다리가 변형되어 척추가 굽거나, 팔다리가 짧거나, 체구가 작은 왜소증이 나타나는 장애이다.

지체장애인들은 운동기능상의 어려움을 경험한다. 우리 몸은 근육과 관절의 움직임을 통해 운동하는데, 지체장애인들은 이 기능을 오래 사용하지 않게 되면서 근경직이나 관절경직이 나타난다. 또한 척수손상장애는 절단이나 신체 변형과 같은 지체장애와는 달리 신경계의 손상인데, 뇌로 운동신호나 감각신호가 제대로 전달되지 않아 합병증을 불러올 수도 있다. 지체장애인의 경우, 팔다리를 자유롭게 사용하지 못해 영·유아기의 탐색활동이 제한되고, 학령기 때 학습활동에 제약을 경험하기 쉽다. 그러나 뇌손상이 없는 경우라면 지능발달과 무관하므로 주변의 이해와 도움만 있다면, 비장애아와 다르지 않게 성장한다.

장애아동들에게는 장애로 인하여 부정적인 자아상을 갖지 않도록 지지할 필요가 있다. 또한 후천적으로 지체장애인이 된 경우에는 성인인 경우가 많은데, 장애를 갖기 이전의 생활방식과 신체이미지를 현재 상황과 비교하고 상실감을 크게 느끼므로 스스로 장애를 수용할 수 있도록 기다려주는 것이 필요하다.

장애인복지법 시행규칙에 의한 장애 정도 〈개정 2021. 4. 13.〉

가. 신체의 일부를 잃은 사람
  1) 장애의 정도가 심한 장애인
    가) 두 손의 엄지손가락과 둘째손가락을 잃은 사람
    나) 한 손의 모든 손가락을 잃은 사람
    다) 두 다리를 가로발목뼈관절(Chopart's joint) 이상의 부위에서 잃은 사람
    라) 한 다리를 무릎관절 이상의 부위에서 잃은 사람
  2) 장애의 정도가 심하지 않은 장애인
    가) 한 손의 엄지손가락을 잃은 사람
    나) 한 손의 둘째손가락을 포함하여 두 손가락을 잃은 사람
    다) 한 손의 셋째손가락, 넷째손가락 및 다섯째손가락을 모두 잃은 사람
    라) 한 다리를 발목발허리관절(lisfranc joint) 이상의 부위에서 잃은 사람
    마) 두 발의 발가락을 모두 잃은 사람
나. 관절장애가 있는 사람
  1) 장애의 정도가 심한 장애인
    가) 두 팔의 어깨관절, 팔꿈치관절, 손목관절 중 2개 관절기능에 상당한 장애가 있는 사람
    나) 두 팔의 어깨관절, 팔꿈치관절, 손목관절 모두의 기능에 장애가 있는 사람
    다) 두 손의 엄지손가락과 둘째손가락의 관절기능에 현저한 장애가 있는 사람
    라) 한 손의 모든 손가락의 관절기능에 현저한 장애가 있는 사람
    마) 한 팔의 어깨관절, 팔꿈치관절, 손목관절 중 2개 관절기능에 현저한 장애가 있는 사람
    바) 한 팔의 어깨관절, 팔꿈치관절, 손목관절 모두의 기능에 상당한 장애가 있는 사람
    사) 두 다리의 엉덩관절, 무릎관절, 발목관절 중 2개 관절기능에 현저한 장애가 있는 사람
    아) 두 다리의 엉덩관절, 무릎관절, 발목관절 모두의 기능에 상당한 장애가 있는 사람

자) 한 다리의 엉덩관절, 무릎관절, 발목관절 모두의 기능에 현저한 장애가 있는 사람

2) 장애의 정도가 심하지 않은 장애인

가) 한 손의 둘째손가락을 포함하여 3개 손가락의 관절기능에 상당한 장애가 있는 사람

나) 한 손의 엄지손가락의 관절기능에 상당한 장애가 있는 사람

다) 한 손의 둘째손가락을 포함하여 2개 손가락의 관절기능에 현저한 장애가 있는 사람

라) 한 손의 셋째손가락, 넷째손가락, 다섯째손가락 모두의 관절기능에 현저한 장애가 있는 사람

마) 한 팔의 어깨관절, 팔꿈치관절, 손목관절 모두의 기능에 장애가 있는 사람

바) 한 팔의 어깨관절, 팔꿈치관절 또는 손목관절 중 하나의 기능에 상당한 장애가 있는 사람

사) 두 발의 모든 발가락의 관절기능에 현저한 장애가 있는 사람

아) 한 다리의 엉덩관절, 무릎관절, 발목관절 모두의 기능에 장애가 있는 사람

자) 한 다리의 엉덩관절 또는 무릎관절의 기능에 상당한 장애가 있는 사람

차) 한 다리의 발목관절의 기능에 현저한 장애가 있는 사람

다. 지체기능장애가 있는 사람

1) 장애의 정도가 심한 장애인

가) 두 팔의 기능에 상당한 장애가 있는 사람

나) 두 손의 엄지손가락 및 둘째손가락의 기능을 잃은 사람

다) 한 손의 모든 손가락의 기능을 잃은 사람

라) 한 팔의 기능에 현저한 장애가 있는 사람

마) 한 다리의 기능을 잃은 사람

바) 두 다리의 기능에 현저한 장애가 있는 사람

사) 목뼈 또는 등·허리뼈의 기능을 잃은 사람

2) 장애의 정도가 심하지 않은 장애인

가) 한 팔의 기능에 상당한 장애가 있는 사람

나) 한 손의 둘째손가락을 포함하여 세 손가락의 기능에 상당한 장애가 있는 사람

다) 한 손의 엄지손가락의 기능에 상당한 장애가 있는 사람

라) 한 손의 둘째손가락을 포함하여 두 손가락의 기능을 잃은 사람

마) 한 손의 셋째손가락, 넷째손가락 및 다섯째손가락 모두의 기능을 잃은 사람

바) 두 발의 모든 발가락의 기능을 잃은 사람

사) 한 다리의 기능에 상당한 장애가 있는 사람

아) 목뼈 또는 등 · 허리뼈의 기능이 저하된 사람

라. 신체에 변형 등의 장애가 있는 사람(장애의 정도가 심하지 않은 장애인에 해당함)

1) 한 다리가 건강한 다리보다 5센티미터 이상 짧거나 건강한 다리 길이의 15분의 1 이상 짧은 사람

2) 척추옆굽음증(척추측만증)이 있으며, 굽은각도가 40도 이상인 사람

3) 척추뒤굽음증(척추후만증)이 있으며, 굽은각도가 60도 이상인 사람

4) 성장이 멈춘 만 18세 이상의 남성으로서 신장이 145센티미터 이하인 사람

5) 성장이 멈춘 만 16세 이상의 여성으로서 신장이 140센티미터 이하인 사람

6) 연골무형성증으로 왜소증에 대한 증상이 뚜렷한 사람

2) 뇌병변장애

1999년 개정된 장애인복지법 시행령에서 뇌병변장애가 기존의 지체장애에서 별도로 분리되어 새로운 장애범주로 추가되었다. 현행 시행령에서 규정하고 있는 뇌병변장애인이란 "뇌성마비, 외상성 뇌손상, 뇌졸중(腦卒中) 등 뇌의 기질적 병변으로 인하여 발생한 신체적 장애로 보행이나 일상생활의 동작 등에 상당한 제약을 받는 사람"으로 정의되고 있다.

뇌성마비(CP : Cerebral Palsy)에서 cerebral은 뇌를, palsy는 운동이나 자세의 장애를 말하는 것으로 뇌성운동장애, 즉 말초신경이나 근육, 관절 등은 정상이지만 중앙에서 조절이 안 되어 일어나는 것이다(권선진, 2005). 또한 만 3세

이전 임신, 출산, 육아기의 뇌손상이 원인이 되어 발생하며, 뇌의 손상 부위에 따라 마비의 유형이나 정도가 달라지고 마비뿐만 아니라 언어, 인지, 지각, 감각 등의 중복장애를 가져올 수도 있으며, 마비의 부위나 운동특성에 따라 다양하게 분류한다.

외상성 뇌손상(TBI : Traumatic Brain Injury)은 외상에 의한 뇌 손상으로 뇌 구조의 이상을 초래하지 않는 뇌의 일시적인 기능 부전을 말하는데 주로 의식 소실을 동반하고, 최근에는 광범위한 뇌진탕의 정의에 의식 소실이 없는 경우도 포함하고 있다. 즉, 뇌에 충격이 가해져서 '뇌가 놀랐다'라는 상황을 말하는 것이다.

현대사회에 접어들면서 교통사고, 산업 재해, 스포츠 손상 등 각종 사고에 의한 외상성 뇌 손상 환자가 증가하고 있고 이러한 외상성 손상은 뇌 손상의 원인 중 대부분을 차지하고 있으며, 교통사고로 인한 대다수의 외상성 뇌 손상은 폐쇄성 뇌 손상에 해당하는데, 이 경우 뇌는 다발성 또는 미만성 손상을 받게 되므로, 다양한 신체적, 신경 행동학적 장애가 나타난다. 외상에 의한 뇌 손상의 주 증상은 의식 소실이다. 처음에는 증상이 없다가, 수분 또는 수 시간 후에 증상이 나타날 수도 있고 두통, 어지럼증, 집중력 저하, 기억 상실, 피로 및 자극 과민성, 구토 등이 나타날 수 있다(출처 : 질병백과).

뇌졸중은 뇌의 일부분에 혈액을 공급하는 혈관이 막히거나(뇌경색) 터짐(뇌출혈)으로써 그 부분의 뇌가 손상되어 나타나는 신경학적 증상을 말한다. 뇌졸중은 뇌혈관 질환과 같은 말이며, 우리나라에서는 흔히 '중풍'이라는 말로도 불린다.

뇌졸중은 크게 두 가지로 나눌 수 있다. 첫째는 혈관이 막힘으로써 혈관에 의해 혈액을 공급받던 뇌의 일부가 손상되는 것인데, 이를 뇌경색(Infarction)이라고 하고 허혈성 뇌졸중(Iscemic stroke), 경색성 뇌졸중이라고도 불린다.

둘째는 뇌혈관이 터짐으로써 뇌 안에 피가 고여 그 부분의 뇌가 손상된 것으로, 뇌출혈(Hemorrhage) 또는 출혈성 뇌졸중(Hemorrhagic stroke)이라고 한다. 서양에서는 전자가 후자보다 3배 이상 많으며, 우리나라에서도 허혈성 뇌졸중이 약 85% 정도로 출혈성 뇌졸중보다 더 많은 것으로 알려져 있다.

우리의 뇌는 수없이 다양한 기능을 하고 있다. 뇌혈관이 막히거나 터져서 뇌 일부분이 죽으면 이 부분이 담당하던 기능에 장애가 오는데 이것이 곧 뇌졸중의 증상이다. 비교적 흔한 뇌졸중의 증상은 다음과 같다.

① 반신마비

팔과 다리를 움직이게 하는 운동 신경은 대뇌에서 내려오다가 뇌간의 아랫부분에서 교차하는데 따라서 한쪽 뇌에 이상이 생기면 대개는 그 반대쪽에 마비가 오고 뇌간 뇌졸중이 생기면 사지가 모두 마비되기도 한다.

② 반신 감각 장애

감각 신경도 운동 신경과 마찬가지로 교차하여 올라가는데 따라서 손상된 뇌의 반대쪽 얼굴, 팔, 다리에 감각 장애가 발생하고 이는 대개 반신 마비와 같이 온다. 감각 이상이 심해진 경우라면 몹시 불쾌하게 저리거나 아플 수 있다.

③ 언어장애(실어증)

정신이 명료한데도 갑자기 말을 잘하지 못하거나 남의 말을 이해하지 못한다. 90% 이상 사람들의 언어 중추는 좌측 대뇌에 있으므로, 좌측 대뇌에 뇌졸중이 오면 우측 반신 마비와 함께 실어증이 나타날 수 있고 병변의 위치에 따라 글을 읽거나 쓰는 데 어려움이 있다.

④ 발음장애(구음 장애)

말을 하거나 알아들을 수는 있지만, 혀, 목구멍, 입술 등의 근육이 마비되어 정확한 발음을 할 수 없고 음식을 삼킬 때 장애가 동반되기도 한다.

⑤ 운동실조

마비되지는 않았지만, 손발이 마음대로 조절되지 않고 걸을 때 자꾸 한쪽으로 쏠려 넘어진다.

⑥ 시야, 시력장애

갑자기 한쪽 눈이 안 보이거나 시야의 한 귀퉁이가 어둡게 보이고 후두엽(대뇌의 가장 뒷부분)에 뇌졸중이 생기면 반대쪽 시야에서 증상이 난다.

⑦ 복시

한 물체가 명료하게 보이지 않고 두 개로 겹쳐 보일 수 있고 뇌간 뇌졸중이 생기면 이러한 증상이 나타날 수 있다.

⑧ 연하 장애

음식물을 잘 삼키지 못하고 사레가 잘 들고 때로는 침을 삼키지 못하여 침을 흘리곤 한다.

⑨ 치매

대개 두 번 이상의 반복적인 뇌졸중이 생기면 기억력, 판단력 등 지적 능력이 떨어지고 동작이 서투르게 되고 대소변도 잘 못 가리게 된다. 감정 조절이 잘되지 않아 괜히 울거나 쓸데없이 웃을 수 있다.

⑩ 어지럼증

특히 뇌간 뇌졸중인 경우 어지럼증이 잘 나타나는데 흔히 다른 신경학적 증세를 동반한다. 다른 신경학적 징후 없이 세상이 빙빙 돌고 메스껍고 토할 것 같다가 곧 좋아지는 증상은 뇌졸중보다는 내이의 가벼운 질환일 가능성이 크다. 그러나 일반인들은 이를 쉽게 구별하기 어렵기 때문에 신경과 전문의의 세심한 진찰이 필요하다.

⑪ 의식장애

뇌졸중의 정도가 심한 경우 또는 뇌간 뇌졸중인 경우 의식장애가 나타나는데 가장 심각한 의식장애의 상태는 혼수상태이고 이런 경우 아무리 자극을 주어도 환자가 깨지 못하며, 대체로 예후가 매우 좋지 않다.

⑫ 식물인간 상태

심한 뇌졸중에 의해 혼수상태에 놓였다가 생명을 건졌다 하더라도 식물

인간 상태로 남는 경우가 있다. 눈도 뜨고 잠도 자지만 인식 능력이 없어서 사람 구실을 하지 못하고 오랫동안 누워 지내게 되고 의식은 깨어나 인식은 할 수 있지만, 심한 언어장애, 완전 사지 마비로 꼼짝없이 누워 지내야 하는 경우도 있다(감금 증후군 : Locked In Syndrome).

⑬ 두통

두통은 뇌경색보다는 뇌출혈일 때 더 많이 나타나는데 특히 뇌동맥류 파열에 의한 지주막하 출혈의 경우, 난생 처음 경험하는 극심한 두통이 갑자기 발생하며, 의식을 잃기도 한다. 일반적으로 수년 이상 지속되는 만성적인 또는 간헐적인 두통의 원인은 뇌졸중이 아니지만 평소의 두통과 그 강도와 양상이 달라졌을 때는 세심한 진찰이 필요하다.

뇌병변장애인은 운동마비 또는 감각마비 등으로 인한 배뇨·배변 등이 어렵고, 근육의 협응이 어려우며, 통상적 운동발달을 경험하기 어렵다. 운동발달의 속도가 매우 느리거나 특정 발달 단계에서 더 이상 발달이 이루어지지 않는 경우도 있다. 장애가 심한 경우 적절한 관리와 치료가 제공되지 않는다면 척추측만이나 탈골 등 골격계의 결함을 나타낼 수 있으므로 조기에 물리치료가 필요하다. 그 밖에 경련장애로 인한 약물복용이 다양한 후유증을 가져올 수 있으며, 욕창이나 변비 등의 문제를 겪을 수도 있으므로 생활에서의 적절한 관리가 요구된다.

뇌병변장애인의 경우, 발음상의 장애로 인하여 의사소통에 어려움이 있어서 사람들이 지적 기능도 부족한 것으로 오해하기도 하지만, 사실 지능에는 문제가 전혀 없는 경우가 다수이다. 뇌병변장애인들은 배변, 배뇨, 경련의 어려움을 경험한다.

용변문제까지 타인의 도움을 받아야 하는 경우 무기력감에 빠지기도 하고 자기불신이나 불안증을 보이기도 하며, 타인과의 접촉을 꺼리게 될 수도 있다. 그러나 뇌병변장애인이라고 해서 성격상 장애까지 나타난다고 오해해서는 안 된다. 뇌병변장애인 개인이 자신의 장애를 어떻게 받아들이는가에 따라, 주변 환경이 얼마나 지지적인지에 따라 장애인의 심리적 어려움은 해소될 수 있다.

장애인복지법 시행규칙에 의한 장애 정도 〈개정 2021. 4. 13.〉

가. 장애의 정도가 심한 장애인
　1) 보행 또는 일상생활동작이 상당히 제한된 사람
　2) 보행이 경미하게 제한되고 섬세한 일상생활동작이 현저히 제한된 사람
나. 장애의 정도가 심하지 않은 장애인
　보행 시 절뚝거림을 보이거나 섬세한 일상생활 동작이 경미하게 제한된 사람

3) 시각장애

시각장애인이란 시 기능의 현저한 저하 또는 소실에 의해 일상생활 또는 사회생활에 제약이 있는 사람을 말하는 것으로, 장애인복지법의 '장애정도 판정지침'에서는 시각장애를 시력감퇴에 의한 시력장애와 시야결손에 의한 시야결손장애로 구분하고 있다. 이때 시력이란 물체의 존재 및 그 형태를 인식하는 눈의 능력을 말하며, 시야(visual field)란 눈으로 한 점을 주시하고 있을 때 그 눈이 볼 수 있는 외계의 범위를 말한다.

시각장애의 선천적인 원인으로 유전을 언급할 수 있으나 정확히 알려진 것은 없다. 후천적인 원인으로는 백내장, 녹내장, 망막과 시신경 이상, 당뇨, 영양결핍, 결핵, 매독 등의 질병이나 산업재해, 교통사고 등을 들 수 있다. 시각장애인은 시력을 완전히 잃고 깜깜한 세계에서 생활하고 있다고 생각하는 경우가 많으나, 사실 그런 사람은 소수에 불과하다. 시각장애인의 상당수는 명암을 구분할 수 있는 광각이 있거나 희미하게나마 색깔을 구분할 수 있으며, 여러 가지 정도의 잔존 시각기능을 일상생활에 중요하게 활용하고 있다.

시각장애를 시력장애와 혼동하는 경우도 많다. 먼 곳이나 작은 물건이 보이지 않는 시력의 장애를 시각장애로 착각하는 사람이 있으나 시력장애는

시각장애의 일부에 불과하다. 의학적으로 시각장애에는 시력, 시야, 광각, 색각, 굴절, 조절 등 모든 시각 분야의 이상 현상이 포함된다. 그러나 법적으로는 시력과 시야의 이상만을 장애로 정하고 있다.

시각장애아동의 특성으로는 충분한 정보를 접하는 데 제약을 받기 때문에 학습에 문제가 있을 수 있으며, 시각적 경험의 범위가 제한됨으로써 지적 기능에도 다소 영향을 받을 수 있다. 이들의 경우에는 시각을 제외한 청각이나 촉각과 같은 다른 감각을 통해서만 환경과 상호 작용할 수 있는데, 지능에 있어서는 일반아동과 의미 있는 차이가 없는 것으로 알려지고 있다.

시각장애인은 60대 이후에 많이 발생하며 선천성 시각장애 인구는 5.7%에 불과하다. 시각 장애인들은 장애로 인한 잔존감각에 대한 자신감의 상실, 환경과의 현실적 접촉 능력의 상실, 시각적 배경의 상실, 이동 능력의 상실, 개인적 독립성의 상실 등을 보일 수 있다.

장애인복지법 시행규칙에 의한 장애 정도 〈개정 2021. 4. 13.〉

가. 장애의 정도가 심한 장애인
  1) 좋은 눈의 시력(공인된 시력표로 측정한 것을 말하며, 굴절이상이 있는 사람은 최대 교정시력을 기준으로 한다. 이하 같다)이 0.06 이하인 사람
  2) 두 눈의 시야가 각각 모든 방향에서 5도 이하로 남은 사람

나. 장애의 정도가 심하지 않은 장애인
  1) 좋은 눈의 시력이 0.2 이하인 사람
  2) 두 눈의 시야가 각각 모든 방향에서 10도 이하로 남은 사람
  3) 두 눈의 시야가 각각 정상시야의 50퍼센트 이상 감소한 사람
  4) 나쁜 눈의 시력이 0.02 이하인 사람

4) 청각장애

청각장애는 소리를 들을 수 있는 능력이 상당히 떨어져 있거나 전혀 들리지 않는 상태의 장애를 말하며 한쪽 귀에서만 발생할 수도 있고 양쪽 귀 모두

에서 발생할 수도 있다. 어린이에게 청각 문제는 언어를 배우는 능력에 영향을 미칠 수 있으며, 성인에게는 업무와 관련된 문제를 발생시킬 수 있고 일부 나이가 많은 사람들에게 발생하는 청각 장애는 고독감을 느끼게 하기도 한다. 청각 장애는 일시적일 수도 있으나 영구적일 수도 있다. 유전, 노화, 소음, 일부 감염, 출산 합병증, 귀의 외상, 특정 약물이나 독극물 등 다양한 원인에 의해 발생할 수 있고 청각 장애의 가장 일반적인 증상은 이염이다.

청각장애는 크게 청력장애와 평형기능장애로 구분된다.

청력장애는 청력이 저하되거나 손실된 상태로 청각기관의 장애로 발생되어 청력 검사에서 하나 이상의 귀가 25dB 이하의 소리를 들을 수 없을때 청각 장애로 진단한다.

일반적으로 청각장애인을 농인(deaf person)과 난청(가는귀먹기)인(hard-of hea-ring person)으로 분류하고 있는데, 농인은 보청기를 착용하거나 착용하지 않은 상태에서 귀만으로 말을 들어 이해할 수 없을 정도, 즉 일상생활에서 청각을 사용할 수 없는 상태를 말한다(일반적으로는 70dB 이상, ISO : International Or- ganization For Standardization, 국제표준화기구).

난청인은 보청기를 착용하거나 착용하지 않은 상태에서 귀만으로 말을 들어 이해하기가 불가능하지는 않으나 곤란한 정도, 즉 주로 큰소리로 해야만 들리는 경우이고 일상생활에 현저한 장애가 있는 경우의 병적 상태를 말한다(일반적으로는 35~69dB 이상, International Organization For Standardization : ISO, 국제표준화기구).

평형기능장애란 전정의 손상으로 신체의 평형기능에 장애가 있어 생활에 불편이 따르는 경우를 말하는 것이다. 즉, 공간 내에서 자세 및 방향감을 유지하는 능력을 말하는 것으로 쉽게 말해 어지럼증으로 몸의 중심을 잡지 못하는 것을 말하며, 시각, 고유수용감각에 의해 유지된다.

ISO(International Organization For Standardization, 국제표준화기구)

전정기관 : 귀의 가장 안쪽에 위치한 전정기관은 머리의 수평, 수직 선형 가속도, 회전운동을 감지하고 뇌의 중추 평형기관에 전달하여 신체의 균형을 유지하도록 하는 기관이며 중력에 대한 방향을 감지하여 신체가 수직·수평에 대한 올바른 자세를 취하도록 도와준다.

장애인복지법 시행규칙에 의한 장애 정도 〈개정 2021. 4. 13.〉

가. 청력을 잃은 사람

1) 장애의 정도가 심한 장애인

두 귀의 청력을 각각 80데시벨 이상 잃은 사람(귀에 입을 대고 큰소리로 말을 해도 듣지 못하는 사람)

2) 장애의 정도가 심하지 않은 장애인

가) 두 귀에 들리는 보통 말소리의 최대의 명료도가 50퍼센트 이하인 사람

나) 두 귀의 청력을 각각 60데시벨 이상 잃은 사람(40센티미터 이상의 거리에서 발성된 말소리를 듣지 못하는 사람)

다) 한 귀의 청력을 80데시벨 이상 잃고, 다른 귀의 청력을 40데시벨 이상 잃은 사람

나. 평형기능에 장애가 있는 사람

1) 장애의 정도가 심한 장애인

양측 평형기능의 소실로 두 눈을 뜨고 직선으로 10미터 이상을 지속적으로 걸을 수 없는 사람

2) 장애의 정도가 심하지 않은 장애인

평형기능의 감소로 두 눈을 뜨고 10미터 거리를 직선으로 걸을 때 중앙에서 60센티미터 이상 벗어나고, 복합적인 신체운동이 어려운 사람

5) 언어장애

언어장애는 선천적 혹은 후천적 원인으로 인해 의사소통 과정에 문제가 생겨 언어습득 및 발달에 지장을 초래한 경우을 말한다.

언어장애는 어떤 사람이 의사소통상의 방해를 받아 사회생활면에서 정상적인 적응이 불가능한 경우를 말하는 것으로 말이 불완전하거나, 말이 쉽게 이해되지 않거나, 음성이 듣기에 거북하거나, 특정 음성의 변형이 있거나, 발성이 어렵거나 말의 리듬, 음조 혹은 고저에 이상이 있거나, 말이 말하는 사람의 연령, 성, 신체적인 발달정도와 일치하지 않는 특성을 보이는 경우 등을 일컫는다.

언어장애의 유형으로는 조음장애, 음성장애, 유창성 장애와 기타 뇌병변·지적·청각장애에 따른 언어장애, 언어발달지체, 실어증 등이 있다.

(1) 조음장애

조음기관에 이상이 있거나 잘못된 언어학습, 청력손실, 지적장애 또는 심리적·정서적 원인으로 바른 조음을 하지 못하는 경우를 조음장애라고 하는데 조음기관은 혀나 치아, 입술, 입천장 등과 같은 곳으로 조음기관의 기능이나 구조적인 문제로 말소리를 정확하게 조음하지 못할 때 발음 이상이 나타나게 된다.

음운장애라고도 하며 말할 때 생략, 대치, 왜곡 또는 첨가하는 것을 말한다.

우리가 대화를 하고 의사소통을 정확하게 하려면 발음이 또렷하게 나와야 하고, 조음기관이 정상적으로 움직여줘야 하며, 조음기관의 근육과 신경전달이 제대로 이루어져야 하는데 조음기관들이 정상적인 기능을 하지 못하거나 움직임이 제대로 이루어지지 않으면 발음이 이상하게 나오게 된다.

조음장애는 크게 혀의 마비 등 신체상의 기질적 문제로 발생하는 기질 조음장애와 조음을 완전히 소화하지 못하고 혀가 짧거나 윗입술과 아랫입술의 맞물림 장애, 아래턱 이상 등에 의해 발음이 잘되지 않는 기능 조음장애로 나눌 수 있다.

① 기질 조음장애

기질적인 원인으로 인한 발음의 이상은 음성적 장애라고도 불리며 조음기관의 기질적인 구조 결함이나 운동 능력 결여, 신경학적 결함 등이 원인이 되어 나타난다.

입술이나 치아, 잇몸, 입천장, 혀, 턱, 목 등 구강 기관의 구조적인 이상으로 선천적인 파열이나 구조 이상, 후천적인 파열이나 외상으로 인해 발음의 이상이 나타날 수 있고, 조음 기관을 움직이는 신경 근육 기능에 이상으로 인해 마비, 국부적 상해, 염증, 신진대사 장애, 신경계 악성 장애, 뇌종양 등으로 인해 발음의 이상이 나타날 수 있다. 또한 청력 손상이나 청력 손실로 인해 청력 기능에 이상이 생기면 발음하는데 이상이 나타날 수도 있다.

② 기능 조음장애

기질이 원인이 되는 것이 아니라 기능적인 원인에 의해 발음의 이상이 생기는 것으로 조음기관 자체에는 문제가 없어 음이 산출되는 것이 정상이기는 하지만 음소 습득이 늦거나 음운 체계의 인식이 부족하여 발음하는 과정에서 오류가 생기게 되고 소리 체계의 습득이 부족하고 조음 방법의 규칙이 제대로 습득되지 않으면 단어의 음성적인 형태가 올바르게 저장되지 않아 부정확하거나 틀린 발음이 나오게 된다.

기능적인 원인에 의한 발음 이상보다는 기질적인 유형이 고치기 힘들다.

예 생략으로 단어의 일부만 발음되는 경우(아버지 → 아지로 발음).
어떤 음을 다른 음으로 대치하는 경우(가위 → 가뷔로 발음).
단어에 소리를 추가하는 경우(가위 → 가위야로 발음).

(2) 음성장애

주로 목소리를 만들어내는 기관인 성대의 이상이나 호흡량의 조절이 적절하게 이루어지지 않아 발생하는 언어장애를 말한다. 목소리의 크기가 너무 크거나 작은 소리(강도 장애), 지나치게 높거나 낮은 소리(음도 장애), 목쉰 소리, 숨찬 소리, 거친 소리, 과비성(음질 장애) 등이 나타나게 된다. 그 이외에 코맹맹이 소리가 나는 고명 장애, 말소리가 끊겨 나오거나 심하게 떨려 나오는 경련성 발성 장애 등이 있다.

성대의 외상, 이물, 염증, 종양, 신경마비, 기형 등의 기질적 장애에서 나타나며 쉰 목소리나 탁한 목소리가 나고, 심해지면 목소리가 전혀 나오지 않기도 한다. 기능적 장애에 의한 것으로는 히스테리성 발성 장애, 경련성 발성 장애, 음성쇠약증, 심리적·정서적 발성 장애 등이 있다. 대부분 음성의 남용 및 오용과 관계가 있는데 직업적인 원인과 관련된 경우가 많다. 또한 평소에 고함을 많이 지르거나 말을 많이 하는 경우, 헛기침을 많이 하는 경우도 음성질환을 유발한다. 경련성 발성 장애는 신경중추, 즉 기저핵의 미세한 병변에 의해 성대의 움직임이 조절되지 않아 말을 할 때 목소리가 떨리거나 전혀 발성이 되지 않아 대화할 수 없는 경우를 말한다.

(3) 유창성 장애

말의 흐름에는 유창성·속도·리듬 등 세 가지 요소가 포함되는데 이 세 가지 요소 중 일부 또는 전부에 이상이 있으면 말의 흐름에 장애가 있다고 한다. 이를 '말의 흐름장애' 또는 '유창성 장애'라고 하는데 여기에는 말더듬과 속화증이 있다. 말더듬은 말소리, 음절 또는 조음운동을 비정상적으로 반복 또는 연장하는 것이고, 속화증은 말더듬과 유사하나 말더듬과는 반대로 화자가 자기의 말에 주의를 기울이면 개선되고, 이완되어 있을 경우에는 두드러지게 나타난다.

장애인복지법 시행규칙에 의한 장애 정도 〈개정 2021. 4. 13.〉

가. 장애의 정도가 심한 장애인
음성기능이나 언어기능을 잃은 사람

나. 장애의 정도가 심하지 않은 장애인
음성·언어만으로는 의사소통을 하기 곤란할 정도로 음성기능이나 언어기능에 현저한 장애가 있는 사람

6) 안면장애

안면장애는 선천성 기형, 질환 및 사고 등으로 인한 안면부위의 변형(색깔,

모양, 혹 등)으로 인한 장애가 있어 사회생활 활동에 현저한 제한을 받는 사람을 의미한다. 안면변형의 주된 원인은 선천적으로 구순, 구개열, 두개골 조기유합증 및 증후군, 안면부 기형, 반안면왜소증, 안면열, 주거턱 등의 안면변형과 화상으로 인한 질환, 사고로 인한 후천적 원인으로 대별된다.

안면장애는 신체기능상의 장애가 없기 때문에 일상생활에 불편을 느끼지 못하지만, 안면장애인들의 사회활동이 활발하지 못한 이유는 사람들의 불편한 시선 때문이다

장애인복지법 시행규칙에 의한 장애 정도 〈개정 2021. 4. 13.〉

가. 장애의 정도가 심한 장애인
  1) 노출된 안면부의 75퍼센트 이상이 변형된 사람
  2) 노출된 안면부의 50퍼센트 이상이 변형되고 코 형태의 3분의 2 이상이 없어진 사람

나. 장애의 정도가 심하지 않은 장애인
  1) 노출된 안면부의 45퍼센트 이상이 변형된 사람
  2) 코 형태의 3분의 1 이상이 없어진 사람

7) 신장장애

신장장애는 일반적으로 만성신부전을 뜻하는 말로서 신장은 본래 인체의 항상성을 유지하는 기관으로 필수 물질과 수분을 보유하고 신체의 산·염기 균형을 유지함으로써 체액의 성분과 양을 조절하며, 또한 해독을 하고 독성 물질, 외부침입자, 불필요한 물질들을 소변형성 과정을 통해 배출시키는 기능을 하며 또한 혈압조절, 적혈구 생성, 인슐린과 다른 물질들의 신진대사와 같은 여러 기능들과도 관련되어 있다.

신장장애은 회복할 가능성이 극히 희박할 때에 판정하며, 장애인복지법에서는 신장장애를 만성신부전증으로 인하여 1개월 혈액 투석 또는 복막투석을 받고 있는 사람과 신장을 이식받은 사람으로 정의하고 있다.

장애인복지법 시행규칙에 의한 장애 정도 〈개정 2021. 4. 13.〉

가. 장애의 정도가 심한 장애인

만성신부전증으로 3개월 이상 혈액투석이나 복막투석을 받고 있는 사람

나. 장애의 정도가 심하지 않은 장애인

신장을 이식받은 사람

8) 심장장애

심장장애는 '심장의 기능부전으로 인한 호흡곤란 등의 장애로 일상생활에 상당한 제약을 받는 사람'으로 규정되어 있으며, 심장기능장애는 심장수축력의 정도와 운동능력의 정도에 따라 판정하는데 심장수축력은 심초음파의 박출계수로, 운동능력은 활차를 이용하여 측정하게 되며, 다른 장애유형에 비해 비교적 중증인 경우에만 장애로 인정한다. 즉, 심장은 혈액순환의 원동력이 되는 기관으로 수축과 확장을 반복하여 혈액을 신체의 구석구석까지 보내는 펌프의 역할을 한다. 심부전은 심장의 펌프기능이 장애를 일으켜 정맥압을 상승시키고, 충분한 양의 산소를 말초조직에 공급할 수 없는 상태를 말한다.

심장장애는 1년 이상의 성실하고 지속적인 치료 후에 호전의 기미가 거의 없을 정도로 장애가 고착되었을 때에 장애로 판정한다.

장애인복지법 시행규칙에 의한 장애 정도 〈개정 2021. 4. 13.〉

가. 장애의 정도가 심한 장애인

심장기능의 장애가 지속되며, 가정에서 가벼운 활동은 할 수 있지만 그 이상의 활동을 하면 심부전증상이나 협심증증상 등이 나타나 정상적인 사회활동을 하기 어려운 사람

나. 장애의 정도가 심하지 않은 장애인

심장을 이식받은 사람

9) 장루 · 요루장애

장루 · 요루장애는 경장루, 회장루, 요루의 기능 장애로 인하여 일상생활이나 사회활동에 현저한 제한을 받으며, 1년 이상의 충분한 치료가 이루어진 후 장애가 고착되었을 때 장애진단을 한다. 복원 수술이 가능한 장루는 조성술 후 1년이 지난 시점에서 장애를 진단하며 장애인 등록은 3년마다 재판정을 받는데 2회의 재판정에서 동급판정을 받은 경우에는 이후의 의무적 재판정에서 제외될 수 있다.

장루는 대장 또는 직장암 절제술 후 대변을 항문으로 배설시킬 수 없을 때 소장 혹은 대장의 일부를 복벽을 통해 꺼내서 장에 구멍을 내어 복부에 고정한 것을 말하며 인공항문이라고도 한다. 요루는 방광암, 방광 절제술 등으로 소변이 정상적인 경로로 배출되지 못할 경우 회장과 요관을 연결해 복부로 소변이나 액체 노폐물을 배출시킬 관을 새로 만드는 것을 말한다.

장애인복지법 시행규칙에 의한 장애 정도 〈개정 2021. 4. 13.〉

가. 장애의 정도가 심한 장애인
  1) 배변을 위한 말단 공장루를 가지고 있는 사람
  2) 장루와 함께 요루 또는 방광루를 가지고 있는 사람
  3) 장루 또는 요루를 가지고 있으며, 합병증으로 장피누공 또는 배뇨기능장애가 있는 사람

나. 장애의 정도가 심하지 않은 장애인
  1) 장루 또는 요루를 가진 사람
  2) 방광루를 가진 사람

10) 간장애

간장애는 간기능에 장애가 있어 일상생활이나 사회생활 활동에 현저한 제한을 받는다. 간은 사람 체중의 약 3%를 차지하는 인체 내의 최대의 장기로서 물질의 저장에 적합하고, 영양소가 장관에서 흡수되어 문맥이라고 하

는 특수한 통로를 거쳐 직접 간으로 들어가며, 물질의 처리와 저장에 중요한 기능과 역할을 하고 있다.

간의 기능은 다음과 같이 네 가지로 대별된다.

첫째, 대사기능이다. 우리 몸의 구석구석에서 필요로 하는 영양분이나 기타 물질을 적절히 생산해서 저장하고 있다가 필요에 따라 재고를 꺼내어 보내주는 역할을 하는 것이다. 둘째, 배설기능이다. 간에서 만들어진 담즙은 담도를 통해서 소장으로 배출되는데, 그 안에는 간세포에서 직접 생산되어 배설되는 성분과 혈액 속의 찌꺼기 성분이 포함되어 있다. 셋째, 해독·방어기능이다. 외부에서 섭취되거나 체내에서 생성된 동물이나 이물, 약물 혹은 호르몬 등이 간장 내에서 여러 가지 복잡한 화학반응에 의하여 적절히 해독되는 기능이다. 넷째, 순환기능이다. 흐르는 혈액의 많은 양이 간장 속을 통과하는 것은 그만큼 간에서 하는 일이 많기 때문이기도 하지만, 한편으로는 간에서 혈액을 저장하거나 방출하는 기능을 함으로써 몸 전체의 혈류를 조절하는 데 일익을 담당하기 때문이다.

간기능 장애의 질환으로는 간경화, 만성 간염, 간암 등이 있는데 간기능이 상당히 감소하거나 소실되어 일상생활과 사회생활에 상당한 지장을 초래하는 경우 1급에서 3급, 그리고 5급의 장애 판정을 받는다.

간장애의 종류와 원인 및 증상을 살펴보면 다음과 같다.

첫째, 급성간염은 급격한 증상으로 발병되지만 꽤 단기간에 치료되는 간염으로 술이나 약물 때문에 생길 수도 있으나, 가장 빈번한 원인은 간염 바이러스이다.

둘째, 만성간염은 30~40대에 많고 가장 흔한 원인은 B형 간염바이러스이다.

셋째, 간경변증은 B형 간염바이러스와 술이 대표적인 원인으로 간실질세포가 변성되거나 괴사된 후 세포재생이 일어날 때 결합조직의 증식이 심해져 간의 경변이 심해지는 것을 일컫는다.

넷째, 지방간은 여러 가지 원인으로 지방이 비정상적으로 많이 축적된 것이다. 주요 원인으로는 식이로 인한 원인, 술, 내분비 이상, 약물로 인한 원인 등을 들 수 있다.

다섯째, 간암은 거의 간경변 환자에게서 발병한다. 간암은 간 자체에서 발생한 간암 요인에 의해 발생한 것과 타 기관의 암이 전이되어 발생한 전이암 등이 있다.

간장애인은 간의 만성적 기능부전과 그에 따른 합병증 등으로 인한 간 기능의 장애로 인하여 일상생활을 하는 데 상당한 제한을 받는다.

장애인복지법 시행규칙에 의한 장애 정도 〈개정 2021. 4. 13.〉

가. 장애의 정도가 심한 장애인

1) 간경변증, 간세포암종 등 만성 간질환을 가진 것으로 진단받은 사람 중 잔여 간기능이 만성 간질환 평가척도(Child-Pugh score) 평가상 C등급인 사람

2) 간경변증, 간세포암종 등 만성 간질환을 가진 것으로 진단받은 사람 중 잔여 간기능이 만성 간질환 평가척도(Child-Pugh score) 평가상 B등급이면서 난치성 복수(腹水)가 있거나 간성뇌증 등의 합병증이 있는 사람

나. 장애의 정도가 심하지 않은 장애인

간을 이식받은 사람

11) 호흡기장애

우리 인체가 살아있다고 말할 때 무엇보다 중요한 두 가지 중 하나는 심장이 뛴다는 것이고, 다른 하나는 숨을 쉰다는 것이다. 일생을 살아가며 매순간 우리는 숨을 쉬기에 살아 있음을 확인한다. 이러한 호흡의 근원인 폐는 코를 통해 들이쉰 산소를 인체에 제공하고 신진대사를 통해 생긴 찌꺼기를 이산화탄소의 형태로 배설하는 기능을 갖는다.

호흡기장애는 폐나 기관지 등 호흡기관의 기능에 장애가 있고 주로 만성 호흡기질환에 의한 호흡기능의 손실로 오는 장애이며, 일단 장애가 오면 환기 기능의 손실이나 산소-이산화탄소의 가스교환에 이상이 발생하여 호흡기능의 회복이나 호전이 불가능한 내부장애이다.

호흡기장애의 원인을 보면 모든 호흡기질환의 마지막 결과로 폐기능이

저하되어 올 수 있으며, 활동 시에 더욱 심한 호흡곤란을 유발하므로 삶의 질이 현격히 저하된다. 평상시에는 비교적 안정적인 만성 호흡기장애 환자라도 급성 악화의 요인이 생기면 생명을 위협할 수 있는 치명적인 장애이며, 비장애인에게는 큰 문제가 되지 않는 간단한 감기나 그 밖의 호흡기 감염증이 급성악화의 요인이 될 수 있다.

따라서 호흡기 장애인의 재활은 무엇보다도 환자의 폐질환에 대한 이해와 치료에 대한 적극적인 참여가 중요하며 병의 진행 상태를 회복시키는 치료가 이루어져야 한다.

장애인복지법 시행규칙에 의한 장애 정도 〈개정 2021. 4. 13.〉

가. 장애의 정도가 심한 장애인

1) 만성호흡기 질환으로 기관절개관을 유지하고 24시간 인공호흡기로 생활하는 사람

2) 폐나 기관지 등 호흡기관의 만성적인 기능장애로 평지에서 보행해도 호흡곤란이 있고, 평상시의 폐환기 기능(1초 시 강제날숨량) 또는 폐확산능(폐로 유입된 공기가 혈액내로 녹아드는 정도)이 정상예측치의 40퍼센트 이하이거나 안정 시 자연호흡상태에서의 동맥혈 산소분압이 65밀리미터수은주(mmHg) 이하인 사람

나. 장애의 정도가 심하지 않은 장애인

1) 폐를 이식받은 사람

2) 늑막루가 있는 사람

12) 뇌전증장애

뇌전증은 만성적인 신경 장애의 하나로, 이유 없는 발작을 특징으로 한다. 뇌신경 세포의 불규칙한 흥분에 따른 뇌에 과도한 전기적 신호 발생이 원인으로 여겨진다.

뇌전증은 발작(convulsion)과 경련(seizure)을 동반하는 경우와 그렇지 않은

경우 등으로 구분된다.

간질(癎疾) 또는 전간(癲癎)이라고도 하며, 과거에는 간질이 정식 명칭으로 사용되었으나, 2009년 6월 7일 대한간질학회에서 용어를 뇌전증으로 바꾸기로 최종 의결하였다.

간질 자체가 잘못된 용어는 아니지만 사회적 편견이 심하고, 간질이라는 용어가 주는 사회적 낙인이 심하기 때문에 뇌전증이라는 용어로 변경되었다. 용어는 변경되었으나 뇌전증과 관련해서는 명명법 이외에는 바뀐 것이 없으며 진단과 치료에 실질적인 영향을 주지 않는다.

장애인복지법 시행규칙에 의한 장애 정도 〈개정 2021. 4. 13.〉

가. 성인 뇌전증

1) 장애의 정도가 심한 장애인

만성적인 뇌전증에 대한 적극적인 치료에도 불구하고 연 6회 이상의 발작(중증 발작은 월 5회 이상을 연 1회, 경증 발작은 월 10회 이상을 연 1회로 본다)이 있고, 발작으로 인한 호흡장애, 흡인성 폐렴, 심한 탈진, 두통, 구역질, 인지기능의 장애 등으로 요양관리가 필요하며, 일상생활 및 사회생활에서 보호와 관리가 수시로 필요한 사람

2) 장애의 정도가 심하지 않은 장애인

만성적인 뇌전증에 대한 적극적인 치료에도 불구하고 연 3회 이상의 발작(중증 발작은 월 1회 이상을 연 1회, 경증 발작은 월 2회 이상을 연 1회로 본다)이 있고, 이에 따라 협조적인 대인관계가 곤란한 사람

나. 소아청소년 뇌전증

1) 장애의 정도가 심한 장애인

전신발작, 뇌전증성 뇌병증, 근간대(筋間代) 발작, 부분발작 등으로 요양관리가 필요하며, 일상생활 및 사회생활에서 보호와 관리가 수시로 필요한 사람

2) 장애의 정도가 심하지 않은 장애인

전신발작, 뇌전증성 뇌병증, 근간대(筋間代) 발작, 부분발작 등으로 일상생활 및 사회생활에서 보호와 관리가 필요한 사람

13) 지적장애

우리나라 법률에서는 지적장애인을 '정신 발육이 항구적으로 지체되어 지적 능력의 발달이 불충분하거나 불완전하고 자신의 일을 처리하는 것과 사회생활에 적응하는 것이 상당히 곤란한 사람'으로 정의하고 있다. 지적장애인은 지적능력의 결함에 따라 말과 언어의 구사에 많은 어려움이 있다. 또한 주의집중력 및 단기기억력이 부족하고, 이에 따라 적응능력의 부족현상이 나타나기도 한다.

언어의 발달은 지적발달과 밀접하게 연관되어 있기 때문에 지적장애인은 말과 언어의 구사에 많은 어려움을 지니고 있다. 특히 음의 대치와 생략 같은 조음장애가 자주 발생하고, 구어발달의 지연, 제한된 어휘, 그리고 정확하지 않은 문법사용 등을 포함한 언어장애를 갖는 것이 보통이다. 이에 따라 어려운 단어보다는 쉬운 단어를 사용하고, 또한 애매한 표현을 삼가는 등 의사소통에 보다 주의를 기울일 필요가 있다.

지적장애인은 주의집중의 3요소, 즉 주의집중 지속시간, 주의집중의 범위와 초점, 선택적 주의(중요한 자극특성의 변별)에 심한 곤란을 가지며, 일반적으로 장기적으로는 정보를 공유하지만, 단기기억 분야에서의 한계를 가지고 있다. 이에 따라 중문이나 복문보다는 단문을 사용하고, 짧게 이야기하는 것이 바람직하며, 한 문장에서 두 가지 이상을 묻지 않는 것이 바람직하다.

지적장애인의 대인관계가 원만하지 못하고 여러 상황에 적응하지 못할 수 있는 것은 적응능력이 부족하기 때문이다. 특히 자기지향성, 책임감, 사회적 기술 등이 부족하여 부적절한 행동을 하게 되고 이로 인해 주위사람들로부터 거부당하는 것을 볼 수 있는데, 이러한 거부는 비장애인들이 지적장애인에 대한 행동의 부적절성을 의식하는 데서 비롯된다. 이에 따라 보다 경청하려는 자세, 긍정적인 자세가 필요하고, 말을 이해하기 어렵다고 하여도 얼굴을 찡그리는 등의 행동을 삼가는 것이 바람직하다.

장애인복지법 시행규칙에 의한 장애 정도 〈개정 2021. 4. 13.〉

(장애의 정도가 심한 장애인에 해당함)
지능지수가 70 이하인 사람으로서 교육을 통한 사회적·직업적 재활이 능한 사람

14) 자폐성장애

우리나라 장애인복지법에서는 자폐성장애인을 '소아기 자폐증, 비전형적 자폐증에 따른 언어·신체표현·자기조절·사회적응 기능 및 능력의 장애로 인하여 일상생활이나 사회생활에 상당한 제약을 받아 다른 사람의 도움이 필요한 사람'으로 정의하고 있다.

현재 우리나라는 국제질병분류인 ICD−10의 진단지침에 따라 진단명이 전반적 발달장애(pervasive developmental disorders : F84)인 경우에 자폐성장애라고 판정하고 있다. 즉, 소아기 자폐증을 포함하여 비정형 자폐증, 레트 증후군, 아스퍼거 증후군 등을 모두 포괄하고 있다.

■ 소아기 자폐증

3세 이전에 나타나는 비정상 또는 잘못된 발달이 있다. 사회적 상호작용, 소통, 제한되고 상동적이고 반복적 행동 등과 같은 정신병리학상의 세 가지 영역에서의 비정상적 기능수행을 특징으로 한다.

이러한 특이한 진단적 양상에 부가하여 기타 명시되지 않은 문제점을 동반하는 것이 일반적이다. 즉, 공포, 잠이나 먹기장애, 화내는 기질과 공격성(자기를 향한) 등이 일반적으로 동반된다.

또한 유아가 부모 형제까지 포함하여 외부와의 접촉을 거부하는 정신장애를 말하며, 정신적으로 고립 상태가 되어 어떤 행위를 고집하고, 부모의 말을 이해하려고 하지 않는 증상을 나타낸다.

■ 비정형 자폐증

소아기 자폐증과는 발병연령이나 세 가지 분류기준을 만족시키지 못하는 점에서 구별된다. 이것은 3살 이후에 발현되며, 자폐증이란 진단에 요구되는 세 가지 정신병리학적 기준(즉, 사회상호작용의 상반성, 소통의 상반성, 제한되고 상동적이고 반복적인

행동)의 하나 또는 두 개가 부족한 비정상적 발달이나 발달장애이다. 비정형 자폐증은 심한 발육지연자나 중증 수용성 언어의 심하고 특이한 발달장애인에게서 가장 흔히 발생한다.

■ 레트 증후군

초기의 정상 발달 후에 언어의 부분적 또는 완전한 상실, 운동력 상실, 손의 사용 불능, 머리성장의 퇴보 등의 증상이 나타나는 것으로, 발병 시기는 7개월에서 24개월 사이이다. 의도적인 손 움직임의 소실, 손을 비트는 상동성, 그리고 과다환기가 특징이다. 사회적 발달이나 놀이발달은 정지되나 사회적 흥미는 지속된다.

몸통 운동실조와 실행증이 네 살 때부터 생기며 무도형 곰지락모양 움직임이 흔히 뒤따른다. 중증의 정신 발육지연이 거의 예외 없이 나타난다.

■ 아스퍼거 증후군

자폐 스펙트럼을 가진 다른 아이들처럼 비정상적인 사회적 상호작용 및 제한되고 반복적인 행동 문제를 보인다. 행동이나 관심 분야, 활동 분야가 제한되어 있고, 대인관계에 어려움을 겪는다. 그러나 인지 발달 및 언어 발달이 상대적으로 적게 지연되어 늦게 발견되는 경우가 있다. 또래보다는 어른과 어울리거나 홀로 지내는 것을 선호하고, 경직된 사고방식과 타인의 마음을 잘 이해하지 못하는 성향이 합쳐져 오해를 사고, 이로 인해 괴로워하는 경우가 많이 있다.

아스퍼거 증후군과 자폐증의 가장 큰 차이점은 아스퍼거 증후군은 언어 발달의 지연이 두드러지지 않고 지적 능력이 양호하지만 특이한 화법을 쓰고, 목소리의 크기나 억양, 운율 및 리듬이 정상 아동과 차이가 있다. 아스퍼거 증후군 환자는 특정한 주제에 대해 강한 관심을 가지며, 특정한 주제에 대해 듣는 이의 느낌이나 반응을 신경 쓰지 않고 이야기를 한다. 장황하고 말이 많거나, 갑작스럽게 대화의 주제를 바꾼다거나, 문자를 있는 그대로를 이해한다거나, 자기 자신에게만 의미가 있는 은유를 사용하기도 하며, 또래 친구와 사귀는 데 어려움이 있고, 혼자 지내는 경향이 있으며, 독특한 행동을 보이기도 한다. 소리, 빛, 접촉, 감촉, 맛, 냄새, 통증, 온도 및 그 밖의 자극에 대해 지나치게 민감하거나 또는 지나치게 둔감한 경우가 많다.

자폐성장애인의 상당수는 지적장애를 동반하고 있다. 자폐성장애인의 40~ 60%는 IQ가 50 이하이며, 20~30%만이 70 이상이다. 지적장애와 자폐성장애의 주요 특성은 비슷하지만, 지능이 낮은 자폐성장애인의 경우 사회적 발달에서 더 심한 손상을 보이고, 상동행동과 자해행동 등 도전적 행동을 더 많이 하고 있는 것으로 보인다.

자폐증(自閉症, autism)이라는 단어 자체가 대인관계를 회피하고 스스로에 갇힌다는 의미를 내포하고 있듯이, 자폐성장애인은 다른 사람의 눈을 맞추지 않거나 소리를 들을 수 있으면서도 쳐다보지 않는 등 사회적 상호작용이 잘 안 되는 경우가 많다. 일반적으로 자폐성장애인은 다른 사람의 기분이나 존재에 대해 개의치 않는 경향이 있다. 자폐성향이 심한 경우 다른 아동들에 대해 전혀 관심을 보이지 않고 함께 어울리지 않는다. 이에 따라 자폐성장애인에게 활동지원 서비스를 제공할 경우 자폐성장애인이 편안하게 느낄 수 있도록 심리적인 안정감을 주도록 해야 한다.

자폐성장애인은 의사소통의 형태가 매우 독특하고 언어적 장애가 존재한다. 자폐아동의 거의 절반은 말을 사용하지 않으며, 나머지 절반도 상대방의 말을 그대로 따라서 하거나 의사를 전달할 목적으로 하지 않는 경우가 많다. 혼자서 중얼거리기도 하고 노래도 부르지만, 누가 곁에서 말을 걸면 이에 대해 적절하게 답변을 하지 못하는 경우도 있다. 나 또는 너 등의 대명사를 혼동하여 사용하기도 하며, 말을 하더라도 억양이 전혀 없는 등의 장애도 동반된다. 표현성 언어뿐만 아니라 수용성 언어발달에 장애가 있어서 다른 사람의 말을 이해하는 능력이 부족할 수 있다. 이에 따라 경청하려는 노력이 필요하고, 보다 천천히 말하며, 쉬운 용어를 사용하고, 이중적 의미를 최소화하며, 단문으로 말하는 것이 필요하다.

자폐성장애인 중 일부는 강박적인 행동을 보인다. 예를 들어, 물건을 배열할 때 같은 색깔로만 모아 두거나 크기 순서대로 나열만 하며, 이것이 흐트러졌을 때에는 아주 불안한 행동을 보이기도 한다. 또한 똑같은 행동을 계속 반복하는 상동행동이 나타나기도 한다. 상동행동을 하거나 약간 어색한 행동을 하는 것은 환경이 불안정하다고 느끼기 때문인데, 이와 같은 행동에 긍정적인 관심을 갖고 응대할 필요가 있다. 겁을 먹거나 또는 제지하려고 할 경우 오히려 행동이 더욱 커지는 등의 문제가 발생할 수도 있기 때문에 자폐성 장애인이 환경에 보다 적응할 수 있도록 시간을 주고 기다리는 것이 필요하다.

장애인복지법 시행규칙에 의한 장애 정도 〈개정 2021. 4. 13.〉

(장애의 정도가 심한 장애인에 해당함)
제10차 국제질병사인분류(ICD : International Classification of Diseases, 10th Version)의 진단기준에 따른 전반성발달장애(자폐증)로 정상발달의 단계가 나타나지 않고, 기능 및 능력 장애로 일상생활이나 사회생활에 간헐적인 도움이 필요한 사람

15) 정신장애

정신장애는 생물학적 · 심리적 병변으로 인하여 정신기능의 제 영역인 지각, 사고, 기억, 의식, 정동, 성격 등에서 병리학적 현상이 진행되는 것을 말한다. 장애인복지법 시행령에 의하면, 정신장애는 지속적인 정신분열병, 분열형 정동장애(여러 현실 상황에서 부적절한 정서반응을 보이는 장애), 양극성 정동장애 및 반복성 우울장애에 따른 감정조절 · 행동 · 사고 기능 및 능력의 장애로 인하여 일상생활이나 사회생활에 상당한 제약을 받아 다른 사람의 도움이 필요한 사람으로 정의하고 있다.

우리나라는 국제질병분류표 ICD-10(International Classification of Diseases, 10th Version)의 지침에 따라 F20 정신분열병, F25 분열형정동장애, F31 양극성 정동장애, F33 반복성 우울장애로 진단된 경우에 한하여 정신장애 판정을 한다.

비정신장애와 정신장애를 분명하게 구별짓는 정의는 없고 문화에 따라 정의도 약간씩 다르다. 정신장애는 개인의 정서나 생활 모든 면에 해로운 영향을 끼칠 수 있다. 정신장애는 신경증과 정신병으로 분류하는데, 정신병은 망상, 환각, 사고과정의 장애, 판단력과 통찰력의 심한 손상, 현실을 객관적으로 판단하지 못하는 무능력 등의 심한 증상이 있는 주요 정신질환이다. 신경증은 우울신경증, 불안신경증, 강박신경증, 편집증 등으로 사람을 고민하게 만들고 때로 기능장애를 초래하기도 하지만, 현실을 객관적으로 평가할 수 있고 정상적인 일상생활을 영위할 수 있다. 정신질환 환자는 혼합된

증상 또는 정신질환 사이의 중간 형태를 취하고 있다. 정신장애는 전 세계적으로 발생한다. 원인은 유전적 또는 신경전달물질인 특정 화학물질 사이의 불균형, 심리적 요소로 인해 생긴다. 치료요법에는 정신치료·약물요법 등이 있고 심한 경우 수술해야 한다.

장애인복지법 시행규칙에 의한 장애 정도 〈개정 2021. 4. 13.〉

(장애의 정도가 심한 장애인에 해당함)

가. 조현병으로 인한 망상, 환청, 사고장애 및 기괴한 행동 등의 양성증상이 있으나, 인격변화나 퇴행은 심하지 않은 경우로서 기능 및 능력 장애로 일상생활이나 사회생활에 간헐적으로 도움이 필요한 사람

나. 양극성 정동장애(情動障碍, 여러 현실 상황에서 부적절한 정서 반응을 보이는 장애)에 따른 기분·의욕·행동 및 사고의 장애증상이 현저하지는 않으나, 증상기가 지속되거나 자주 반복되는 경우로서 기능 및 능력 장애로 일상생활이나 사회생활에 간헐적으로 도움이 필요한 사람

다. 재발성 우울장애로 기분·의욕·행동 등에 대한 우울 증상기가 지속되거나 자주 반복되는 경우로서 기능 및 능력 장애로 일상생활이나 사회생활에 간헐적으로 도움이 필요한 사람

라. 조현정동장애(調絃情動障碍)로 가목부터 다목까지에 준하는 증상이 있는 사람

16) 중복된 장애의 합산 판정

정도가 심하지 않은 장애를 둘 이상 가진 장애인은 보건복지부장관이 고시하는 바에 따라 장애의 정도가 심한 장애인으로 볼 수 있다. 다만, 다음 각 목의 경우에는 그렇지 않다.

가. 지체장애와 뇌병변장애가 같은 부위에 중복된 경우
나. 지적장애와 자폐성장애가 중복된 경우
다. 그 밖에 중복장애로 합산하여 판정하는 것이 타당하지 않다고 보건복지부장관이 정하는 경우

2. 장애유형별 에티켓

1) 지체장애인에 대한 에티켓

지체장애는 이동 혹은 신체적 과제를 수행하는 능력에 영향을 주는 장애로 개인마다 다르게 나타난다. 지체장애인은 주로 휠체어나 목발 등의 보장구를 사용하게 되는데, 일상생활에 필요한 기술을 잘 파악하여 응대하면 더욱 의미 있는 인간관계를 만들 수 있다.

(1) 출입문과 엘리베이터에서

① 장애인이 오면 문을 열어주거나 문을 잡아준다. 장애인의 팔이나 지팡이, 휠체어를 잡아주는 것보다 문을 잡아주는 것이 더 편리하다. 출입문을 두 사람이 통과하는 것보다는 혼자 통과하는 것이 더 쉽기 때문이다.

② 문을 잡아줄 때는 사람이 완전히 통과할 때까지 잡아주고 문을 닫을 때는 장애인의 손가락이 문틈에 끼이지 않도록 주의한다.

③ 엘리베이터를 잡아주는 것도 출입문을 잡아주는 것과 같은 요령으로, 장애인이 완전히 엘리베이터를 탈 때까지 엘리베이터 문을 잡아준다. 엘리베이터 문을 닫을 때는 보장구가 엘리베이터 문에 끼지 않도록 주의한다. 엘리베이터 밖에서 장애인을 도울 때는 장애인이 엘리베이터 안에 있는 버튼을 누를 수 있는지 버튼까지 손이 닿는지 물어보고, 만약 손이 닿지 않는다면 도와준다.

(2) 휠체어를 밀어줄 때

① 휠체어를 밀어줄 때는 휠체어 사용자에게 도움이 필요한지 먼저 묻는다. 휠체어 사용자에게 밀어주겠다는 의사표시 없이 휠체어를 밀게 되면 두 사람이 휠체어를 조종하게 되어 휠체어가 다른 곳으로 갈 수 있기 때문이다. 내리막길이나 오르막길에서 휠체어 사용자에게 알리지

않고 휠체어를 놓는 것은 위험하므로 주의한다.

② 모터가 장착된 전동 휠체어는 사용자가 조종하도록 고안되어 있으므로 밀어주는 것이 불필요할 수도 있다. 그러나 간혹 전동휠체어가 고장이 나는 경우에는 도움이 필요하다. 램프의 경사가 급해서 모터의 힘이 약할 때나 바닥이 미끄럽거나 길이 울퉁불퉁하여 바퀴가 잘 구르지 않을 때는 다른 사람의 도움이 필요하다.

③ 수동휠체어는 다른 사람의 도움이 절실하다. 수동휠체어는 사용자가 손으로 바퀴를 밀어 움직이기 때문에 피로할 수 있다. 어떤 사람은 휠체어를 타고 두꺼운 카펫 위를 지날 때나 가파른 언덕길을 오를 때, 또는 피로했을 때 다른 사람이 밀어주기를 좋아하는 반면 밀어주는 것을 싫어하는 사람도 있으므로 주의한다.

④ 수동휠체어를 밀어줄 때 생기는 대부분의 문제는 밀어주는 사람이 휠체어의 모양이나 특성을 잘 모르기 때문에 발생한다. 휠체어는 바닥의 작은 돌출물에 부딪혀서 휠체어를 탄 사람이 쉽게 바닥에 떨어질 수 있을 만큼 불안정함을 유의해야 한다.

⑤ 휠체어를 밀어줄 때는 휠체어 크기와 발판이 튀어나와 있음을 주의해야 한다. 옥외에서는 지형에 유의하고, 움푹 파인 곳이나 질은 곳은 피하는 것이 좋다. 휠체어를 밀어줄 때는 천천히 밀어주고 장애인이 어디로 가기를 원하는지를 물어본 후 밀기 시작한다.

(3) 계단과 턱에서

① 하지에 장애를 가지고 있는 사람들에게 계단이나 턱, 도로의 연석은 이동하는 데 커다란 장애물이 된다. 남의 도움 없이 통과할 수 있는 계단은 그 사람의 장애 정도에 따라 다르다. 어떤 사람은 계단이 높지 않으면 휠체어를 타고도 남의 도움 없이 한 개 또는 그 이상의 계단을 올라갈 수 있는 사람이 있는 반면, 도움이 꼭 필요한 사람이 있다. 이러한 차이는 휠체어 사용자의 힘과 휠체어를 다루는 솜씨 그리고 휠체

어 형태에 달려있다.

② 계단을 오를 때는 휠체어를 뒤로 눕혀 앞바퀴가 들리도록 하여 밀고 계단을 내려올 때는 휠체어 사용자에게 앞으로 내려오는 것이 좋은지 뒤로 내려오는 것이 좋은지 물어본 다음 어느 쪽으로 내려오든지 휠체어 앞바퀴가 들리도록 한 상태로 내려온다. 이때 휠체어 사용자의 상체가 휠체어 등받이에 붙도록 하여야 한다.

③ 보행 장애인은 가파른 계단을 이용하기 어렵다. 그러나 잡을 수 있는 견고한 난간이 있으면 남의 도움 없이 계단을 이용할 수 있다.

④ 보행 장애인의 계단 이용을 도와줄 때는 장애인 옆으로 걸으면서 팔을 뻗어 장애인이 팔을 잡아 의지하고 균형을 유지할 수 있도록 한다. 더 큰 도움이 필요한 경우는 팔로 장애인의 허리를 부축하고 계단을 오르내린다. 계단을 오르내릴 때 장애인의 팔을 잡는 것은 균형을 잃어 넘어지게 할 수도 있음을 유의한다.

⑤ 장애인이 남의 도움 없이 계단을 이용하는 경우 내려올 때는 앞에서, 올라갈 때는 뒤에서 만약의 사고에 대비하는 것이 필요하다. 이렇게 함으로써 장애인이 비틀거리거나 넘어지려고 할 때 잡아줄 수 있다.

(4) 넘어졌을 때

① 장애인은 생활하면서 행동의 부자유스러움 때문에 자주 넘어지게 된다. 이를 피할 수 없는 경우도 있지만 대부분의 경우 다른 사람이 건드리거나 다른 사람과 부딪혀 넘어지게 되므로 보행 중인 장애인과 부딪히지 않도록 조심해야 한다.

② 장애인이 넘어지면 본능적으로 팔을 내밀어 도와주게 되는데, 사람에 따라서는 도움이 필요한 경우도 있지만 혼자 일어나는 것이 더 편한 경우도 있다. 그러므로 장애인이 넘어지면 도움이 필요한지를 묻고 팔을 내밀어 필요하면 잡고 일어서도록 하는 것이 좋다.

(5) 만날 장소를 선택했을 때

① 장애가 있는 친구를 만나기 위하여 공공장소를 선택할 때는 미리 건물에 편의시설이 설치되었는지 알아본다. 가능하면 만날 장소에 사람이 직접 가서 보고 장애인에게 건물의 편의시설 설치 정도를 알려, 그로 하여금 접근 가능성을 판단하도록 하는 것이 좋다.

② 전화를 통해 만날 장소의 접근성에 대해 알아볼 수 있다. 그러나 장애를 가지고 있지 않은 사업주나 종업원들은 편의시설이나 편의시설의 중요성을 잘 알지 못하는 경우가 있으므로 되도록이면 장애인에게 어디에서 만나는 것이 좋은지 묻는다.

③ 친구를 집으로 초대하는 것도 좋은 방법이다. 그러나 일반주택이나 아파트가 공공장소보다 더 불편할 수가 있다. 또한 비장애인 친구가 자기 집을 방문하는 것을 더 좋아할 수도 있다.

(6) 교통편

① 장애인이 행사나 모임에 가고 올 때 교통수단이 문제가 되기도 한다. 그러나 이동에 장애가 있다고 해서 불가능한 것은 아니다. 약간의 편의만 제공되면 이동하는 것이 가능하다.

② 휠체어 사용자들은 휠체어 때문에 교통수단을 이용하기가 매우 까다롭다. 수동휠체어는 차량에 실을 수 있도록 접을 수 있다. 차량이나 휠체어 형태에 따라 휠체어를 트렁크나 뒷좌석에 싣거나 차 밖에 특수장치를 장착하여 싣는다.

③ 보통 휠체어 사용자들은 평상시에는 큰 휠체어나 모터가 정착된 전동휠체어를 사용하고 자동차로 여행을 할 때는 작은 휠체어를 사용한다. 휠체어 사용자를 도울 때는 먼저 무엇을 어떻게 도와야 할지를 사용자로부터 알아본 후에 도와주어야 한다. 모든 장애인들에게 적용되는 최선의 방법은 없기 때문이다.

④ 장애인이 차에 타는 것을 도울 때는 머리가 흐트러지거나 옷이 구겨지

지 않도록 조심해서 도와주어야 한다. 최선의 노력을 다했는데도 장애인의 용모가 흐트러졌을 때는 용모를 단정하게 고치는 것까지도 도와주는 것이 좋다.

⑤ 특장차와 같이 휠체어를 타고 램프나 리프트를 이용해 오르내릴 수 있는 차는 휠체어 사용자가 휠체어에서 내릴 필요가 없다. 이러한 특수장치가 되어있는 차를 이용하면 휠체어 사용자가 쉽게 빠르게 여행을 할 수 있다.

⑥ 차가 있는 장애인들은 행사나 모임에 오고 갈 때 자기 차를 이용하는 것을 좋아한다. 장애인들이 이용하는 차는 장애인용 스티커가 부착되어 있는 장애인전용 주차장에 주차시킬 수 있다.

⑦ 차가 없는 장애인들에게는 모임이나 행사 시, 가능한 한 교통편을 제공해 주는 것이 좋다.

(7) 대중음식점

① 대부분의 사교모임은 대중음식점에서 식사를 자주 하게 된다. 장애가 있는 사람 중에는 음식을 씹거나 많은 사람이 있는 데서 대화하는 것이 곤란하여 대중음식점을 싫어하는 경우도 있으므로 유의해야 한다.

② 장애인과 식사 시 음식점을 선택할 때는 식탁이나 의자의 배열이 넓게 되어 있는 곳을 선택하고 만약 음식점이 크다면 현관에서 멀지 않은 테이블에 앉는 것이 좋다.

③ 손과 팔에 장애가 있는 사람은 음식을 먹는 데 어려움이 있으므로 고기를 잘라 주거나 반찬의 배열을 편하게 해주어 음식을 먹기 좋게 해준다.

④ 대부분의 사람들은 공적인 자리에서 이러한 도움을 부탁하기가 쑥스럽기 마련이다. 그러므로 장애인이 부탁하기 전에 도와주겠다고 표현하는 것이 좋다. 그리고 도와주겠다는 표현은 음식을 주문하고 난 후보다 주문하기 전에 하는 것이 좋다. 손이나 팔에 장애가 있는 사람이

음식을 먹을 때 누군가 도와줄 사람이 있으면 먹기 편한 음식을 주문하기보다는 먹고 싶은 것을 주문할 수 있기 때문이다.

(8) 장애인의 사적인 물건에 대한 에티켓

① 장애인이 사용하는 휠체어, 목발, 기타 보장구들은 개인의 사적인 물건이다. 그러므로 사용자의 허락 없이 사용해서는 안 된다. 특히 사용자가 쉽게 닿을 수 없는 곳으로 옮겨 놓아서도 안 된다.

② 어떤 장애인들은 자신의 일상생활을 도와주는 훈련된 개를 데리고 다니는데 이러한 개를 쓰다듬거나 음식을 먹이는 등의 행위는 삼가야 한다.

(9) 대중음식점에서 장애인을 맞을 때

① 대중음식점 고용인들이 이동장애가 있는 고객에게 더 좋은 서비스를 제공하기 위해서는 좌석 선정 시에 넓은 식탁을 배정해 주는 것이 좋다. 다른 사람들이 장애인의 휠체어를 지나쳐 다니거나 목발을 건드릴 위험을 방지하도록 한다.

② 휠체어 장애인에게는 아래에 다리를 둘 수 있는 식탁을 배정하면 좋다.

③ 목발이나 보행기 등을 사용하는 장애인에게는 벽 가까이에 좌석을 배정한다.

④ 앉고 일어서는 데 어려움이 있는 장애인에게는 팔걸이가 있는 견고한 의자를 제공한다.

⑤ 넓거나 여러 층으로 된 음식점에서는 입구에 가까운 곳을 지정해 준다. 가까운 좌석이 바로 없다면 그 고객이 다른 좌석에 앉기를 원하는지 혹은 가까운 좌석에 배정될 때까지 기다릴 것인지를 묻는다.

⑥ 휠체어를 이용하는 장애인은 장애유형, 음식점 의자의 형태, 그리고 자신의 선호도에 따라 음식을 먹기 위해 일반의자로 이동할 수 없을 수도 있다. 장애인이 휠체어에 앉아있고자 한다면 일반의자를 치워주고, 장애인이 휠체어를 밀어주기를 원하는지 확인하며 어디에 앉게 될 것

인지 알려준다.

⑦ 다른 동반인이 아닌 장애인 본인과 직접 의사를 교환한다.

⑧ 고객의 팔에 장애가 있다면 물건들을 그가 접근하기 쉬운 곳에 놓고, 음식을 먹기 편하게 제공하고 음료를 위해서 빨대를 준비한다. 뷔페와 같이 직접 가서 음식을 담아야 하는 경우에는 이를 도와준다.

⑨ 식사가 끝난 후 식탁의 중앙에 청구서를 놓는다. 장애가 없는 사람이 식대를 지불할 것이라고 함부로 추측하면 안 된다.

(10) 휠체어 이용 장애인과 대화

① 휠체어 이용 장애인과 대화할 때는 장애인의 눈높이에 맞는 위치를 잡는다. 대개 앉아서 이야기하는 것이 같은 눈높이를 가지기 때문에 최선의 방법이다.

② 날씨가 좋은 날 외부에 있는 경우 햇볕으로 인해 눈이 부실 수 있으므로 장애인이 해를 등지고 앉도록 하거나 더 그늘진 곳으로 자리를 옮긴다.

③ 대화가 길어지면 좌석에 앉도록 한다. 의자나 앉을 만한 곳이 없다면 다른 곳으로 자리를 옮기도록 제안한다.

④ 서있든지 앉아있든지 간에 다른 사람들과 마주보고 있도록 한다.

(11) 대화의 주제

① 장애인은 신체적인 장애로 인한 좌절감을 수반할 수 있다. 그러나 몇몇 장애인들은 그러한 감정 표현에 반감을 가질 수도 있음을 유의해야 한다.

② 유머는 모든 상황에서 발견될 수 있으며 장애인 역시 예외는 아니다.

③ 화제가 처음에 장애인에 의해 제기된다면 자유롭게 질문할 수 있다. 하지만 그저 얼굴만 알고 있는 관계라면 장애인의 사생활에 대한 대화는 삼가는 것이 좋다.

2) 뇌병변장애인에 대한 에티켓

(1) 사시가 있는 뇌병변장애인과 대화할 때

① 사시를 가진 사람과 대화를 나눌 때는 반드시 눈을 마주치며 대화를 나눈다. 자신과 눈을 마주치지 않고 말을 한다고 대화 자체에 대해서 불안해하지 않도록 한다.

② 사시를 가지고 있더라도 대화에 대한 일반적인 에티켓을 지키며, 대화를 들었다는 의사를 확인할 경우에는 고개를 끄덕여 달라든가 하는 다른 방법으로 확인한다.

③ 대화의 자세에 있어서도 처음 대화를 나누거나 중요한 대화를 나눌 때는 비스듬히 앉아서 대화하는 것보다는 정면으로 앉아서 대화를 나누는 것이 집중하기 좋다. 아주 친한 경우에는 비스듬히 앉아서 대화를 나누기도 하지만 이는 어느 정도 친해진 후에 하는 것이 좋다.

(2) 뇌병변장애인에 대해 혼동하는 것

일반적으로 뇌병변장애인은 흔히 뇌에 이상이 있어 지적 기능이 낮을 것이라 생각하는 경향이 있다. 뇌병변장애인의 20% 정도는 지적장애를 동반하고 있다는 연구결과가 있으나, 뇌성마비인 전원을 지적장애를 가진 것으로 생각하는 것은 금물이다. 일반적으로 사지마비 등 심한 운동 장애, 소뇌증, 전간 등의 증상이 있을 때 지적장애가 있을 가능성이 더 높다는 연구결과가 있다. 따라서 뇌병변장애가 있더라도 어떤 부위에 영향을 미치는지에 따라 지적장애의 정도가 다르다.

3) 시각장애인에 대한 에티켓

시각장애인은 완전히 시력을 상실한 전맹과 일부 시력을 가지고 있는 약시로 나누어진다. 시각장애인들은 시력의 교정을 위해서 안경을 착용하기도 하며 빛에 대한 감각을 느끼기 위해서 색깔 있는 렌즈(색안경)를 착용하기도 한다.

시각장애인은 이동을 위해서 안내견이나 지팡이를 사용한다. 안내견은 시각장애인이 걷는 방향을 따라 안전하게 길을 안내하도록 특수하게 훈련받는다. 안내견은 보통 개를 묶는 긴 끈 대신에 짧은 견장을 두른 견복을 입고 있다. 지팡이는 장애물을 감지하고 앞 방향을 찾는 데 사용되는데, 보통 흰색이나 연한 색이며 끝의 뾰족한 부분이나 빨간색이나 노란색으로 되어 있기도 하다.

(1) 길 알려주기

① 시각장애인에게 길을 가르쳐 줄 때 가장 중요한 것은 정말 그 위치를 정확하게 알고 있는지를 생각하여야 한다. 만일 적절한 도움을 제공할 수 있다고 생각되면 가능한 한 정보를 구체적으로 알려준다. 도움을 줄 때는 숫자를 사용해서 위치를 정확하게 설명한다.

② 길의 모든 상황을 상세히 설명하며, 특히 도로상태 도로에 설치된 것 등 안전을 위협할 수 있는 것들을 상세히 설명해 준다.

(2) 걸을 때

① 시각장애인과 함께 걸을 때는 팔을 시각장애인에게 내준다. 팔을 잡고 걸으면 훨씬 수월하게 걸을 수 있다. 팔은 팔꿈치 부분이나 팔꿈치 위를 잡게 하는 것이 좋다. 반대로 시각장애인의 팔을 잡는 것은 실례되는 행동이다.

② 만일 시각장애인이 당신의 팔을 잡는 것을 좋아하지 않으면 시각장애인이 만질 수 있을 정도로 가깝게 붙어서 걷는다.

③ 시각장애인이 팔을 잡을 때는 갑자기 돌거나 움직이는 행동을 하지 않는다. 계단, 엘리베이터 또는 예외적인 어떤 곳에 접근할 때는 우선 멈춰 서서 처한 상황을 설명한다.

④ 뒤로 돌 때는 팔을 잡은 채로 같이 돌지 말고 시각장애인에게 방향을 바꾼다는 것을 먼저 이야기하고 잡은 팔을 놓게 한 다음 앞으로 얼굴을 마주보면서 방향을 바꾸고 다시 팔을 잡도록 한다.

⑤ 문이 닫힌 곳에 있을 때는 돕는 사람이 문을 열어주거나 또는 시각장애인의 손을 손잡이에 갖다 대주어 시각장애인이 직접 열도록 한다. 그런 다음 안으로 안내해 준다.

⑥ 회전문의 경우에는 어느 쪽으로 열리는지 말해주어야 한다.

(3) 지팡이

① 지팡이는 안내견과 마찬가지로 많은 기능을 할 수 있는 시각장애인을 위한 재활용구이다. 지팡이의 뾰족한 끝으로 땅을 더듬으면서 걷고 턱을 찾고 장애물을 탐지한다.

② 시각장애인의 허락을 받지 않고 지팡이를 만지지 않는다. 시각장애인이 지팡이를 가지고 돌아다닐 때는 천천히 그리고 불완전하게 이동한다. 그러나 반드시 도와주어야 할 필요는 없으므로 큰 어려움이 보일 때까지는 방해하지 않는다.

③ 시각장애인이 지팡이를 사용하여 걸을 때는 지팡이가 있는 쪽의 반대편에 서서 팔을 내준다.

(4) 소음

① 시각장애인은 그들의 주변 환경에 관한 정보의 대부분을 소리를 통해서 얻는다. 지나치게 큰 소음은 목소리, 교통신호 등과 같은 중요한 소리를 듣는 데 혼동을 준다.

② 시각장애인이 다 지나가거나 소리를 완전히 파악할 때까지는 큰 소음을 통제해 주는 것이 좋다. 예를 들면, 시각장애인이 사무실에 들어올 때는 복사기 소리를 내지 않는다든가, 안전하게 거리를 건널 수 있도록 경적을 울리지 않는다든가, 시각장애인이 처음으로 집을 방문했을

때 음악 소리를 줄여주는 등 배려를 해주는 것이 좋다.

③ 만일 공사장의 작업소리, 비행기 지나가는 소리 등 부득이하게 소리를 통제하지 못하는 경우에는 친구나 지나가는 사람이 소리에 대해 설명해 주면 도움이 된다.

(5) 택시 기사가 시각장애인을 대할 때

① 시각장애인이 택시를 타고자 할 때 도로의 가장자리에 차를 세우고 자신이 누구인지를 이야기하고 시각장애인을 문으로 안내하고 문을 열어주며 차가 서 있는 방향을 말해 준다. 이때 차를 세운 뒤 경적을 울려 시각장애인이 차로 달려올 것을 기대해서는 안 된다.

② 시각장애인이 행선지를 말하고 가고자 하는 방향을 설명하면 가능한 한 이것을 무시하지 말고 그가 원하는 방향으로 가는 것이 좋다.

③ 시각장애인이 내려야 하는 곳에 정확히 내려주어야 하고 시각장애인이 목적지를 가기 위해 택시에서 내려 길을 건너야 한다거나 코너를 돌지 않도록 내려주어야 한다.

④ 큰 공공장소 또는 건물에서는 특별한 사유가 없는 한 정문에 내려 주며 행선지에 도착했을 때 말해주고 가능한 한 내려서 문을 열어주면 큰 도움이 된다.

(6) 버스운전기사가 시각장애인을 대할 때

① 만일 시각장애인이 당신의 차가 정차하는 곳에서 차를 타려고 기다리고 있다면, 문을 열고 버스 노선을 알려주고 시각장애인이 그 차를 탈 것인지 다른 버스를 기다리는 것인지를 물어본다.

② 당신의 버스를 탄다고 하면 버스에 타라고 이야기하고 카드기와 요금함이 어디에 있는지 이야기해 준다.

③ 시각장애인이 질문을 해오면 고개를 끄덕이거나 손으로 가리키지 말고 정확하게 대답해 준다.

④ 시각장애인이 행선지를 먼저 이야기하지 않을 경우 먼저 물어보는 것도 좋다.
⑤ 버스가 만원일 경우 자리를 양보해 줄 수 있도록 양해를 구한다.
⑥ 시각장애인이 내리는 역을 혼동하지 않도록 안내 방송을 해 준다.
⑦ 시각장애인이 내릴 때는 통로에 이르는 데에 있는 모든 장애물에 대해서 말해 준다.
⑧ 만일 차를 갈아탈 경우 갈아타는 데 필요한 사항들을 자세히 알려주어야 하며, 함께 내리는 승객에게 시각장애인이 다른 교통편을 이용할 수 있도록 안내를 부탁한다.

(7) 음식점에서

① 시각장애인과 함께 식사를 계획할 때는 음식점을 선택하기 전에 시각장애인에게 먼저 어떤 특별한 욕구가 있는지를 물어본다.
② 만일 시각장애인이 약간의 시력을 갖고 있다면 시각장애인은 어두운 분위기를 싫어할 것이다.
③ 테이블에 도착했을 때 시각장애인이 자신의 의자에 앉을 수 있도록 돕는다. 테이블 위에 촛불, 꽃병 같은 것은 시각장애인으로부터 멀리 놓아 두는 것이 좋다.
④ 테이블 위에 이미 놓여진 음료나 과자, 빵 또는 먹을 수 있는 것이 있다면 시각장애인에게 그것들에 대해 자세히 이야기해 준다.
⑤ 메뉴를 결정할 때 시각장애인에게 다양한 메뉴와 가격을 읽어준다. 음식을 먹는 것을 도와주려면 주문을 하기 전에 미리 시각장애인에게 말을 해주어 시각장애인의 메뉴 선택의 폭을 넓게 해 준다.
⑥ 음식이 도착하면 시각장애인에게 음식에 대해 설명해 준다. 어떤 시각장애인은 간단한 설명으로도 알아들을 수 있지만 어떤 시각장애인은 자세히 설명을 해주어야 알아들을 수도 있다.
⑦ 주문한 음식에 이상한 것이 들어 있거나 또는 먹어서는 안 될 장식용

물건이 있을 수도 있기 때문에 이러한 것들은 처음부터 끝까지 알려주어야 한다.

4) 청각장애인에 대한 에티켓

(1) 대화를 나눌 때

청각장애인을 만나면 우선 수화법, 지화법(체계화된 몸짓이나 손짓으로 의사를 전달하는 방법), 필담 중 가장 좋은 의사소통방법을 확인하는 것이 좋다.

① 적당히 크고 일정한 소리로 약간 느린 속도로 분명하고 바른 입모양으로 간략하게 이야기한다.

② 말끝을 흐리지 않도록 유의한다.

③ 한 문장을 말하고 약간 쉰 후 다음 문장을 말한다. 새로운 주제에 대해 이야기하고자 할 때 어느 정도 텀을 두고 이야기한다.

④ 이야기 도중 다른 상황(초인종이나 전화벨이 울린 경우 등)에 처한 경우 이를 설명해준다.

(2) 글로 의사소통하기

① 글로 의사소통하는 방법은 구화법을 사용할 수 없는 경우나 주소, 열차 시간, 의약품명 등 중요한 정보를 제공할 때 매우 유용하다.

② 청각장애인에게 글을 쓸 때는 필체에 유의한다.

③ 글뿐 아니라 지도 도표 그림 등을 제공할 때 이용한다.

④ 장애인이 내용을 읽고 있는 동안 그의 표정을 관찰하여 그가 내용을 이해하고 있는지 확인한다.

(3) 대화 시 몸짓과 얼굴 표정

① 구화법을 모르는 청각장애인들에게 몸짓 및 얼굴표정은 매우 유용하다.

② 색안경이나 커다란 챙이 달린 모자는 전체 얼굴, 특히 눈을 가릴 수 있

기 때문에 의사소통에 오해가 있을 수 있다.

③ 과장된 얼굴표정과 몸짓을 보일 필요는 없다.

④ 입 모양이 바로 보이도록 머리를 움직이거나 지나친 얼굴표정을 짓지 않는다.

5) 언어장애인에 대한 에티켓

(1) 의사소통(경청)

① 많은 언어장애인들은 언어장애에도 불구하고 말로써 의사소통을 한다.

② 언어장애인의 대화 속도는 비장애인만큼 빠르지 않으며 청각장애를 함께 지닌 경우 상대방의 대화를 이해하는 데 더욱 시간이 걸림을 인식하여야 한다.

③ 얼굴, 눈을 바라보고 대화에 충분한 주의를 기울여야 한다.

④ 소음이 있는 곳에서는 가까이 앉는다.

⑤ 장애인의 말이 확실히 끝날 때까지 기다린 다음 천천히 말을 한다.

⑥ 장애인이 오랫동안 이야기할 때는 고개를 끄덕이고 몇 마디 말을 하여 여전히 경청하고 이해하고 있음을 알린다.

⑦ 장애인이 말하는 동안 지치지 않도록 너무 길게 이야기하지 않는다.

⑧ 언어장애인이 말하는 것이 힘들어 보이더라도 그가 말하고자 하는 것을 끝낼 때까지 기다린다.

⑨ 장애인의 말을 완전히 이해할 때까지 듣고 함부로 추측하지 않는다.

(2) 수화 및 수화통역

① 수화는 단어나 생각을 나타내기 위해 손동작을 이용하는 의사소통방법으로 많은 청각장애인들과 일부 언어장애인들이 사용한다.

② 수화통역을 통해 의사소통하는 경우 대화는 더욱 천천히 진행된다.

③ 대화를 하는 동안 대화하는 장애인을 바라보며 이야기한다.

④ 통역자는 모든 말을 그대로 수화로 통역하므로 통역되기 원치 않는 말은 하지 않는다.
⑤ 통역자의 개인적인 견해를 묻거나 대화에 포함시키려 하지 않는다.
⑥ 장애인과 개인적인 대화를 원할 때는 통역자에게 잠시 자리를 비켜 주도록 양해를 구한 후 글이나 다른 방식으로 의사소통할 수 있다. 그러나 비밀보장은 통역자의 의무이기 때문에 이러한 방법은 대개 불필요하다.
⑦ 다른 언어로 통역될 때는 본래의 의미가 왜곡되기 쉬우므로 되도록 명백하고 직접적인 표현을 쓴다.
⑧ 여러 사람의 대화에서 통역자는 한 번에 한 가지만을 통역하도록 한다.
⑨ 아동이 통역을 하는 경우 복잡한 표현은 쓰지 않는다.

6) 안면장애인과 함께할 때

화상으로 장애를 입은 안면장애인의 경우 주변의 시선이 불편해서 한여름에도 긴 상의를 입거나 모자, 장갑 등을 착용하는 사람들이 있다. 이들에게 무리하게 모자나 장갑 등을 벗게 하는 행동을 삼가야 한다.

7) 신장장애인과 함께할 때

갑작스럽게 힘을 주어 혈액투석을 하는 팔목에 무리가 가지 않도록 해야 한다. 또 복막투석을 하는 복강부분을 잡거나 밀치는 일이 없도록 주의해야 한다.

8) 심장장애인과 함께할 때

① 심장에 무리가 될 수 있는 과격한 운동이나 활동은 하지 않도록 해야 한다.

② 식사할 때 심장장애인의 건강에 무리가 되지 않는 메뉴를 선택할 수 있도록 배려하는 것이 필요하다.

9) 장루 · 요루장애인과 함께할 때

장루 · 요루장애인의 경우 괄약근이 약하기 때문에 수시로 본인의 의지와 상관없이 가스가 배출되는 경우가 있다. 이 경우 장애특성으로 이해하고 자연스럽게 대하는 것이 좋다.

10) 간장애인과 함께할 때

간장애인의 경우 피부가 누렇게 되는 황달증상이 나타날 수 있다. 이 경우 이상하다고 피하지 말고 장애특성으로 이해하며 자연스럽게 대하여야 한다.

11) 호흡기장애인과 함께할 때

쌕쌕거리는 소리인 천명음이 날 수 있으니, 소리가 날 경우 피곤한지 물어보고 쉬게 하는 것이 좋다.

12) 뇌전증장애인과 함께할 때

발작이 일어나면 주변의 위험한 물건을 치우고 안경을 벗겨주며, 넥타이 · 단추 · 허리띠 등을 풀어주고 기도를 유지할 수 있도록 해주어야 한다.

13) 지적장애인에 대한 에티켓

지적장애인은 신체적으로 건강하여 비장애인과 의견상의 차이는 없으므로 이들이 장애인이라는 인식을 거의 하지 못한다. 따라서 지적장애인을 도와주기 위해서는 먼저 이들을 정신질환자로 오인하거나 외견상의 장애인만 장애인이라는 인식에서 벗어나야 이들을 진정으로 이해할 수 있다.

(1) 대화할 때

① 지적장애인이 사용하는 말의 발음이 불명확하고 단어 선택이 미숙하더라도 끝까지 주의 깊게 들어주어 이들이 말하고자 하는 의사를 정확히 파악해야 한다.
② 비장애인은 발음을 분명히 하고 천천히 쉬운 단어를 선택하여 자신의 의사를 표현해야 하며, 필요하다면 몸짓 등의 행동을 덧붙여 이해를 도울 수도 있다.
③ 지적장애인이 지능이 부족하다고 해서 무조건 반말을 하거나 나이 어린 사람으로 대하지 말고 생활연령에 맞게 존칭어를 사용해 주어야 한다.

(2) 레크리에이션할 때

① 비장애인은 지적장애인의 지능수준이 저하되어 있기 때문에 이들의 정서 감정 오락적 유희감각까지도 저하되어 있다고 생각하기 쉬우나 오히려 이들의 정서수준이 더 민감하다고 할 수 있다. 따라서 이들에게 레크리에이션을 지도할 때는 무엇보다도 이들의 발달정도를 파악하여 이들의 수준에 맞는 프로그램을 선정하여야 한다.
② 프로그램 진행 시 비장애인에게 할 수 있는 농담 "아 돌아버리겠네", "그것도 못하냐", "지능이 그것밖에 되지 않아" 등의 말을 조심하여야 한다.
③ 새로운 프로그램을 가르쳐 줄 때는 이들이 알 수 있을 때까지 천천히 반복해주어야 한다.

(3) 대중음식점에서

지적장애인이 메뉴를 읽지 못할 때는 메뉴를 읽어주는 것이 좋으며 가능하다면 글씨로만 되어 있는 메뉴에서 음식을 선택하게 하기보다는 음식 그림을 보면서 선택할 수 있게 해주는 것이 더 좋다.

(4) 외부장소에서 만날 때

지적장애인은 교통수단 이용이 한정적이고 제한적이기 때문에 이들이 잘 아는 장소에서 만나는 것이 좋고 사전에 보호자에게 허락을 받고 늦지 않게 귀가할 수 있도록 한다. 그리고 안전하게 귀가하였는지 확인전화를 하는 것도 좋은 방법이다.

(5) 돈 계산할 때

지적장애인의 가장 큰 어려움의 하나가 돈 계산이므로 비장애인이 대신 계산해주고 반드시 영수증을 보여주며 설명을 하거나 보호자가 확인할 수 있도록 한다.

14) 자폐성장애인과 함께할 때

낯선 장소, 낯선 사람, 예측하지 못했던 상황에 불안해 할 수 있으므로, 사전에 충분한 설명을 해주어야 한다.

15) 정신장애인과 함께할 때

정신과 약이 갈증을 유발하는 경우가 많으므로 식음료의 반입이 금지되는 경우라도 정신장애인의 요청이 있는 경우 음료수를 마실 수 있도록 해주어야 한다.

16) 다운증후군을 가진 장애인에 대한 에티켓

(1) 의사소통할 때

다운증후군을 가지고 있는 장애인의 대표적인 특징 중 하나는 혀를 자주 내미는 것이다. 다운증후군을 갖고 있는 아이가 혀를 내미는 이유는 혀 크기에 비하여 구강내부가 좁은 것이 가장 큰 이유이다. 또 다른 이유로는 혀 근육의 긴장도 부족으로 혀를 입안으로 당기지 못하는 경우도 있고, 입안의 감각 기관이 약해서 혀의 위치를 정확히 뇌에 전달하지 못하거나 감각기관과 뇌의 협응이 잘 안 되어 혀의 위치를 조절하지 못하기 때문이다.

따라서 우리가 혀를 내미는 것을 비언어적 의사소통이라고 하는데, 다운증후군을 가진 사람의 혀 내미는 동작은 이런 비언어적인 의사소통이라기보다는 장애로 인한 특이한 행동으로 생각한다.

그리고 조음이 불분명하므로 의사소통을 할 때 지장을 받을 수 있고 말을 끄는 경우가 있는데 그럴 때 "똑바로 이야기 해"라고 말해서는 안 되며, 못 알아들었을 때는 반복하여 물어보거나 단답식으로 유도하는 것이 좋다.

(2) 이런 점을 신경 써 주세요

다운증후군 장애인은 운동을 좋아하기도 하지만 무리한 운동은 해가 될 수도 있다. 같이 운동할 일이 있으면 운동 능력에 대해서 미리 귀뜸을 받아두는 것이 좋다. 약 50% 정도의 다운증후군을 가진 아이에게 심장기능의 이상이 발견된다고 한다. 따라서 격렬한 운동을 할 때는 몸의 상태를 체크해 주는 것이 좋다.

CHAPTER 04

장애인복지에 대한 이해

1. 장애인복지의 개념
2. 장애인복지의 이념
3. 장애인복지의 필요성
4. 장애인복지의 원칙
5. 장애인복지의 특성
6. 장애인과 관련된 이론

CHAPTER 04

장애인복지에 대한 이해

1. 장애인복지의 개념

사회복지의 한 영역으로서 장애인복지는 그 대상이 장애인이며, 장애인이 가지고 있는 잔존능력을 최대한 활용하여 사회적으로 가능토록 하고 지역사회복지를 통해 장애인을 지역사회에 통합시켜야 한다는 정상화 이념에 기초로 하고 있으며, 세계보건기구(WHO)는 장애인 복지를 의료적 · 사회적 · 교육적 · 직업적 서비스를 통합적으로 사용하여 개인을 훈련시켜 개인의 기능적 능력을 가능한 한 최고의 수준으로 높이는 것으로 정의하였다.

장애인복지의 개념에는 두 가지 시각이 있다.

첫째, 장애인에게 있어서 바람직한 상태(사회적 상황)를 가리키는 것으로서 이념이나 목표라고 하는 목적 개념이다. 이것은 의학적, 사회적 불리를 갖는 상태에 있다고 하더라도 인간의 생명 그 자체가 가치인 것이며, 능력껏 살며 충실한 생활을 영위하는 것이 이상인 것이다. 그러기 위해 인간의 전체적 발달의 기회를 보장한다는 것이 장애인복지의 이념이며 목표가 된다.

이 개념하에서의 장애인복지는 장애인이 인간의 존엄성을 보장받으며, 인간으로서의 권리를 회복하게 하고, 재활과 정상화 그리고 '완전참가와 평등' 같은 주요 가치가 주요 이슈로 자리매김하고 있다.

둘째, 실체 개념으로서 정책, 제도, 원조활동 등의 사회적 체계를 가리키며, 이것은 다시 현행의 복지 정책, 제도, 원조활동 등 협의의 장애인복지와 협의의 장애인복지에 교육, 위생, 일자리 등의 관련시책을 포함하는 광의의 장애인 복지로 구분하여 사용된다.

이 두 가지의 시각은 분리되어 존재하는 것이 아니라 서로 관련되어 있어야만 장애인복지가 실현된다.

따라서 장애인복지란 장애인의 인격의 존엄성과 인간적 권리의 회복, 그리고 자립에의 노력과 사회참가에의 기회 보장 등에 입각하여, 장애인 스스로의 노력뿐만 아니라 국가 및 지방 공공단체가 장애인의 재활을 원조함으로써 필요한 보호를 행하고 국민도 그의 재활에 협력하는 책무를 짐으로써 장애인의 사회적 불리를 가능한 한 경감시켜 비장애인과 같은 생활 조건과 생활 안정을 누릴 수 있도록 하는 것이라고 할 수 있다.

2. 장애인복지의 이념

장애인복지가 추구하는 목적은 모든 국민의 인간다운 생활을 보장하는 것으로 장애와 관련하여 각 영역에 내포되어 있는 중요한 이념들은 대개는 몇 가지, 즉 인간의 존엄성 확보, 인간의 건강한 성장과 발달의 보장, 정상화, 사회적 통합 등으로 세분화하여 설명할 수 있다. 권도용(1996)은 장애인복지 이념을 크게 기본적 권리(개인주의적 이념)와 시민적 권리(집합적 이념)의 두 가지 범주로 제시하고 있다. 정진모(2002)는 장애인복지의 이념을 기본가치와 실천과정 및 얻어야 할 결과로 구분하여 장애인복지의 출발점 혹은 정당성은 권리이며, 이의 가시적 목표는 장애인의 통합이고 기본가치와 이의 구현을 위한 실천과정은 제도적 또는 거시적 측면과 기능적 또는 미시적 측면으로 구분하고 있다.

그렇지만 장애인복지 이념을 구성하고 있는 장애인의 인간적 기본권리(인간적 존엄성 존중, 생명존중, 생존권 존중)는 장애인 당사자가 권리를 행사할 수 있는 능력을 가질 때 실현 가능한 권리이며, 사회적 존재로서 장애인의 시민적 권리(사회접근권, 기회균등권, 사회보장)는 사회가 장애인을 받아들일 수 있는 능력을 가지고 있을 때 실현이 가능할 것이다.

1) 인간의 존엄성

장애인복지의 가장 중요한 목적은 인간의 인격을 존중하는 데 있다. 인간은 다양한 개성을 가지고 살고 있지만, 모두 인간으로서의 존엄성을 인정받아야 하는 존재로서 인간이 어떤 상황이나 차이를 가지든 존귀한 생명과 인격을 가지고 생존하는 존재라는 인간 이해로부터 출발한다.

이러한 가치는 인권사상에 기초한 것으로 인권은 어떤 자격과 조건을 필요로 하지 않는다. 그에게 권리가 있다는 것은 단지 인간이라는 것, 그 사람이 존재하고 있다는 것으로 '인간은 누구나 인간으로서 존엄하고, 인간으로서의 평등한 가치를 갖는다'라는 인식을 기반으로 하고 있다.

특히 우리나라 헌법 제10조에서 '모든 국민은 인간으로서의 존엄과 가치를 가지며, 행복을 추구할 권리를 갖는다'고 선언하고 있다. 이는 사회복지에 있어서 가장 기본적인 사상과 가치라고 할 수 있다.

따라서 장애인복지는 인간의 존엄성과 인권의 존중에서 비롯되며, 불평등과 차별에 대항해서 인간존엄과 평등사회를 달성하기 위한 원리이며, 가치라고 할 수 있다. 역사적으로 볼 때, 사회적으로 비가치화되고, 사회의 편견, 멸시, 차별 속에 있는 장애인은 비장애인과 똑같은 인격체로서 대우받지 못하는 데서 어려움이 반복되고 있기 때문에 인권의 회복과 인간 존엄성의 회복 없이는 장애인복지는 성취될 수 없다.

2) 인간다운 생활의 보장

헌법 제34조에서 '모든 국민은 인간다운 생활을 갖는다'라고 규정하고 있다. 인간다운 생활이란 인간의 존엄성에 대응하는 '건강하고 문화적인 생활'

을 할 권리를 말하는 것이다. 건강이란 육체적 건강, 정신적 건강, 사회적 건강이라고 하는 다의적 개념으로 WHO(세계보건기구)의 건강 헌장에서도 건강이란 육체적, 정신적, 사회적으로 완전히 좋은 상태라고 규정하고 있다.

전통적인 인권으로는 소유권, 참정권, 자유권에 새로운 인권인 사회권(인간다운 생활권)을 더하고 있다. 문화적 생활의 문화는 창조가 반복되는 것으로 인간의 지식, 삶의 방향, 교양과 같은 의미를 갖는다. 그리고 건강하고 문화적인 생활, 즉 인간다운 생활은 인간의 육체적, 정신적, 사회적 곤란을 치료하고, 예방하며 건전성을 육성하는 다양한 시책으로서 창조적이고 인간의 행복을 파괴하지 않는 교양 있는 생활양식을 추구하는 것을 말한다.

3) 자립생활의 이념

자립생활 이념은 장애인 스스로가 타인에게 의존하지 않고, 자신의 삶을 선택하고 결정하며 자신의 생활전반에 대한 통제력을 가지고 있음을 나타내는 것이다. 즉, 장애인 스스로가 자신이 어디에서 살 것인지, 누구와 함께 살 것이지, 어떤 생활방식을 택할 것인지, 자신의 시간과 경제적 상황 등을 어떻게 활용하고 소비할 것인지를 결정한다는 것이다. 기존 장애인복지 접근들에서 보여 왔던 '장애' 자체를 문제의 원인으로 설정하고 그것을 해결하기 위하여 장애인 자신의 잔존기능을 회복하고, 장애상태를 극복하고 해결하는 것이 최우선의 과제로 여겨지는 것들에서 탈피하여 '장애'보다는 장애를 야기하는 '제반 조건'들을 문제로 가정하고 이러한 문제(제약조건 · 환경)를 해결하기 위한 접근을 강조하는 이념이다(정무성, 2010).

특히 사회복지에서 자립은 경제적 자립과 더불어 서비스 대상자에게 내재하고 있는 잠재적 능력을 발전시키기 위한 끊임없는 노력과 스스로의 독자적이고 선택적인 주체적인 삶, 스스로 선택하고 결정한 삶에 대해 책임을 질 수 있는 삶이라는 관점을 강조하는 것이며, 사회복지의 목표는 모든 국민이 자기결정 원칙에 의한 자립생활을 영위해 갈 수 있게 촉진하고 그와 같은 생활의 조건을 확보해 나아가는 데 있다.

4) 정상화 이념

1950년대 후반 북유럽에서 시설 처우 중심의 장애인복지 접근을 비판하면서 출발된 정상화 이념은 이후 뉴리에(Nirje, 1969)가 정신지체인도 동시대의 일반주류의 사람들과 동일한 생활방식과 환경에 가깝도록 처우되어야 함을 강조하면서 개념이 정의되었다. 이후 울펜스버거(Wolfensberger, 1983)가 '사회의 일상생활에서 장애인이 사회의 보편적인 흐름에 합류하기 위하여 문화적인 수단'을 이용하여야 한다는 것과 그 문화적인 수단으로 '가치 있는 사회적 역할 강화'를 제시함으로써 사회복지에 적용되기 시작하였다. 즉, 정상화 이념에서는 장애인의 정상적인 발달경험, 장애인 자신의 삶에 중요한 영향을 미치는 일상 사건에의 참여와 선택의 중요성을 강조하며 사회에서 가치가 발달된 위기에 있는 사람들을 위해 '가능한 한 사람들에게 내재화된 사회적 역할을 창조하고 지원하며 방어해 주는 것'이 가장 확실한 복지라고 주장하고 있다(정영숙 · 이현지, 2003).

장애인복지의 목표는 정상화 이념을 확보하는 것이며, 장애인이 지역사회를 기반으로 타인과 더불어 살아갈 수 있게 하는 그 자체가 인간다운 사회로서 정상적인 사회의 참모습이라고 할 수 있다. 따라서 사회복지는 일반국민이 갖고 있는 장애인에 대한 편견, 차별의 이데올로기를 감소시켜서 정상화의 이데올로기를 사회에 정착시켜 나아가는 데 목적이 있다.

5) 사회통합의 이념

장애인복지의 궁극적 목적은 장애인으로 하여금 사회성원의 일원으로서 타인과 마찬가지로 사회생활에 적극적으로 참여하고 살아갈 수 있게 보장하는 데 있다.

사회통합은 사회복지 대상자를 사회적으로 배제하는 것이 아니라 이들을 전체 사회체계 속에 적극적으로 참여하게 하고 통합시켜 가는 것이 전체 사회의 발전을 위하고 모든 국민으로 하여금 인간다운 생활을 확보하는 신념이 내포되어 있다.

장애인의 사회통합은 정상화 개념에 기반을 두고 있다. 무엇보다도 장애인을 장애와 사회적 불리(social handicap)를 가진 인간으로 보기보다는 장애로 인한 어려움을 지닌 사람으로 이해하여야 한다. 사회통합은 사회적 상호작용의 달성을 의미하는 것으로서, 이를 위해서는 장애인이 생활하는 데 익숙한 환경에서 행해지는 것을 전제로 한다. 따라서 지역사회에서의 물리적인 통합이 전제되며, 이를 위해서는 주거지 마련이 결정적이다. 또한 지역사회 자원과의 활발한 교류도 매우 중요하게 작용한다.

1990년대 중반까지 장애인이 사회로부터 배제되어온 채 의료적 조치를 필요로 하는 특정 형태로 장애에 대한 이해가 이루어져 왔다. 그 후 후기 자본주의 과도기에는 장애인들의 사회통합에 대한 욕구가 생겨나기 시작하였다. 그 결과 개인의 의료적 문제로 간주되던 장애의 생산에 대한 견해는 비판을 받게 되었고 장애를 이해하는 데 있어 적절한 사회적 통합의 형태가 논의의 의제로 등장하게 되었다. 장애인의 사회통합에 관해서는 몇 가지 차원에서 논의될 수 있다.

첫째, 사회통합의 이념은 사회구성원인 장애인이 개인의 기본적인 시민권을 추구하는 개인주의적 이념과 사회를 장애인이 공존할 수 있는 집합체로 규정하고 이를 추구하는 집합주의적 이념으로 분석할 수 있다. 개인주의 복지이념이나 집합주의적 복지이념은 장애인복지과정에서 함께 추구하지 않으면 안 되는 이념으로서 이들 두 이념이 통합된 것이 통합주의적 복지이념이다. 통합주의적 복지이념은 장애인복지과정에서 추구해야 하는 궁극적인 목표, 즉 장애인의 사회통합을 의미하는 것으로 기본적인 시민의 권리를 실현함과 장애인이 공존할 수 있는 사회실현을 동시에 추구하는 이상적 가치관념이다. 그러므로 사회통합은 장애인복지이념의 결정체이며 복지실현의 목표인 것이다.

둘째, 통합이란 한 개인이 가치 있는 방법에 의해 정상적인 지역사회 안에서 인격적인 개인으로서 성공적으로 참여하게 하는 것이다. 여기서 중요한 개념은 개인(personal)과 참여(participation)이다. 개인이라고 하는 것은 통합이 이루어지기 위해서는 가치가 저하된 사람들의 집단이 아닌 개인 그 자체의 관점에서 보아야 한다는 것을 의미한다. 그리고 참여는 단지 해당 장소에 몸이 간다는 의미가 아니라 사회적으로 인정받는 방식으로 개인적으로 참여하는 것을 의미한다.

또한 통합이란 필요한 지원도 없이 어떤 지역사회로 사람을 밀어 넣는 것을 뜻하는 것이 아니다. 이러한 행위는 일반적으로 가치를 떨어뜨리는 결과를 초래하게 된다. 예를 들어, 일반학교에 다니는 지적장애를 갖고 있는 아동이 필요한 사회적 기술을 배우지 못하고 필요한 지원을 받지 못한다면 다른 아이들로부터 소외되고 분리될 것이다. 또한 특수학급에 정상적인 지적능력을 가진 아동이 함께 교육받는 경우, 다시 말해 가치 저하된 사람들이 분리된 채로 집단화되어 있는 세팅(환경)에 가치를 인정받는 사람이 초청되어지는 경우도 아니다. 이러한 경우를 역통합이라 부른다.

진정한 통합이란 가치 있는 활동과 접촉 그리고 관계 속에서 사람들의 개인적인 참여를 의미한다. 이러한 통합의 정의는 한 사람이 지역사회에 참여하는 일원이 되기 위해서 모든 필요한 기술을 가져야 한다는 것을 의미하지는 않는다. 사회통합은 교육과 훈련의 과정이 참여의 과정과 동시에 일어날 것을 요구한다.

셋째, 장애인 복지의 통합체계의 개념으로 살펴보면 장애인이 생물학적으로나 기능적으로 가지는 장애(impairment)와 능력장애(disability)는 있을지라도 사회적 불리(social handicap)를 제거해 줌으로써 사회통합을 촉진시킬 수 있다는 것이다. 더불어 개인적으로 느끼는 신체장애나 의식장애, 사회적으로 느끼는 불리, 문화적 장애 등 환경적인 장애의 두 가지 영역을 모두 극복하도록 의료, 교육, 직업, 심리, 사회재활 영역의 개발과 물리적 환경, 문화적 환경, 사회 심리적 환경의 개선을 수단으로 사회통합을 촉진시킬 수 있다는 것이다. 한편 장애에의 적응문제에 있어서 주관적(내면적 혹은 정신적) 측면과 객관적(사회적 혹은 환경적) 측면을 통합하려는 시도는 인간의 행동이 인간과 환경 간의 관계적 기능의 산물이라는 공식에서 발전되었다.

라이트(Wright, 1980)에 의해서 재활의 통합이론이 개발되었다. 행동적 반응이 한편으로는 환경적 압력에 대한 통합된 반응이고 다른 한편으로는 내면적 정신 과정에 반응하는 것이라고 제시한 점에서 그의 이론은 사회적(환경적)인 동시에 개인적이라고 할 수 있다. 이 이론은 높은 수준의 자존심이나 긍정적 자기 존중감 같은 내면적인 상태를 바람직한 개인적 적응과 관련시키고 있지만, 그와 동시에 내면적 적응의 성공 정도를 결정짓는 요인으로서 물리적, 대인적(interpersonal) 환경의 형성적(formative) 영향력을 강조하고 있다.

3. 장애인복지의 필요성

장애인의 인구 증가와 장애 종류의 다양화로 인해 사회 문제가 발생하기 때문에 필요하며, 장애인의 사회적 욕구가 증가하고, 인간의 가치 실현과 사회통합을 위해서 장애인 복지가 필요하다. 사회, 경제적 여건의 변화와 약물남용의 원인으로 인한 기형아 출산이 증가하고, 교통사고와 산업재해에 의한 장애 발생이 증가하며, 인구의 고령화 현상에 의한 노령 장애인 수의 급격한 증가와 도시화, 핵가족의 진전으로 인한 가족 및 지역 연대기능의 감퇴 등의 사회적 혹은 경제적 여건이 날로 변하게 되면서 장애인복지의 필요성은 더욱 대두되고 있다.

장애로 인한 가족 등의 과다한 부담으로 가정의 해체까지 이룰 수 있으며, 이 영향은 사회에도 부정적으로 작용한다. 여러 장애인복지 시설, 서비스 등을 통해 중증장애인이 있는 가족들의 부담, 주위 영향을 미치는 사람들의 부담들을 경감시켜줌으로써 부정적 영향을 최소화해야 한다.

장애인의 생활에 가장 근본적인 기능에 대해서는(장애의 보편성), 장애인의 부양을 위한 가족 등의 부담을 경감할 수 있다고 말할 수 있으며, 우리의 사회는 장애인복지의 기능을 감안한다면 장애인복지란 단순히 장애를 가진 사람들만을 위한 것이 아니라, 사회 전체를 위해 반드시 필요하다고 볼 수 있도록 노력해야 한다고 보인다. 따라서 모든 인간은 태어나면서 존엄한 권리를 갖고, 또 행복을 누릴 권리를 가지고 있으며, 모든 국민의 권리인 행복추구권, 평등권, 교육권, 근로권을 보장받기 위해서라도 장애인복지는 필요하다고 볼 수 있다.

4. 장애인복지의 원칙

장애인복지는 '장애인'이라는 특정 대상에서 정책적 실천적 개입을 하는 것이다. 따라서 장애인도 사회복지의 한 대상으로서 인간의 존엄성과 클라이언트의 능력을 최대한 발휘할 수 있도록 하여야 하며, 스스로의 삶을 결정할 수 있는 차원에서 가치 있는 삶을 영위하도록 지원해야 할 것이다. 이러한 점에서 아래와 같은 장애인복지서비스의 기본 원칙이 지켜져야 할 것이다(정하선 외, 2018).

1) 인간존중의 원칙(Respect for Persons of Principle)

장애인에 대한 일반적인 사회적 인식은 차별과 편견이 만연한 것이 사실이나 신체적·정신적 장애가 있다 하여도 한 인간으로서 생명이 존중되어야 하며, 사회구성원으로서 동등한 기본적인 의무와 권리가 존중되어야 한다.

2) 개별화의 원칙(Individualization of Principle)

장애를 가지고 있다 하더라도 장애인들의 욕구와 문제는 다르기 때문에 이들이 추구하는 삶의 목표는 다르다. 따라서 개개인이 가진 다양한 장애에 대한 의미 부여와 문제해결을 위한 접근방법에는 개별화가 요구된다.

3) 발달보장의 원칙(Development Guaranteeing of Principle)

모든 개체는 변화하고 발달하며 그 가능성을 믿고 잠재능력을 개발하는 것이 발달보장이다. 따라서 모든 인간은 발달의 과정을 겪게 되기 때문에 설사 장애가 있다 하더라도 장애인의 개인적 발달과 잔존능력과 특성에 따라 성장 가능성을 찾아 발달시켜야 한다.

4) 사회참여와 평등의 원칙(Social Participation & Equality of Principle)

장애인도 사회구성원으로서 사회에 참여할 기본권이 있다. 즉, 장애인도 정치적 · 법적 · 사회적으로 비장애인과 동등한 의무와 권리가 인정되어야 한다는 것이다. 이러한 장애인의 완전한 사회참여와 평등이 이루어져야만이 비장애인과 장애인의 사회통합이 달성될 수 있다.

5. 장애인복지의 특성

장애인복지의 목적은 장애인의 완전한 사회참여를 통한 사회통합을 목적으로, 심신의 결함으로 인하여 일상생활에 어려움을 가지게 되는 것들을 국가와 지방자치단체, 민간사회복지기관이 장애인들의 일상생활의 어려움이 없도록 의료적 · 교육적 · 직업적 · 심리적 · 사회적 제 문제에 걸쳐 원조하는 제도적 · 정책적 서비스의 조직적 활동과 노력이라고 말할 수 있다. 이러한 목적에서 시작된 장애인복지서비스란 장애로 인하여 파생되는 여러 문제를 장애인 개인의 불행으로 돌리는 편견이나 약자를 더욱 불리하게 하는 경쟁사회의 구조에 대하여 장애인이 생활의 위기를 대처해 나가도록 예방적 · 사회치료적으로 개입하는 시책과 실천행동이라고 정의할 수 있다.

장애인복지와 장애인복지서비스는 아래와 같은 특성을 가지고 있다.

1) 복잡성(Complexity)

장애는 손상 부위에 따라 분류되고, 손상 정도에 따라 분류되며, 재활서비스 측면에 따라 다시 정의되는 등 장애 유형과 장애로 인해 파생되는 취학, 취업, 결혼 등의 문제에 직면하고 있어 한 사람의 장애인에게 나타나는 문제는 다중적이고 복잡한 구조를 지닌다. 또한 이러한 장애문제는 사회 전체가 가지고 있는 잘못된 장애인관을 형성하여 이러한 문제가 또 다른 문제의 원인이 되어 문제들이 더욱 가중된다.

2) 종합성(Comprehensive)

장애문제는 다양하고 복잡하기 때문에 해결 방법도 다양하고 종합적으로 강구되어야 한다. 장애인복지는 단순한 사회복지차원에서뿐만 아니라 의료적, 교육적, 직업적, 사회적, 환경적 차원과도 관련되어 있는 종합성이 요구되는 복지로서, 그 해결을 위해 사회복지(사업)학, 의학, 교육학, 심리학, 사회학, 행정학, 법학, 경제학 등 기타 여러 분야의 학문들과의 통합성이 요구된다.

3) 역동성(Dynamic)

장애인 복지정책 실시 초기 정책수립자나 전문가를 중심으로 다루어지고 움직여졌으나, 점차 장애인 자신들의 의식수준의 향상과 사회의 경제적인 수준의 상승 그리고 장애요인의 증가 등으로 장애인 복지의 공감대 형성은 장애인 복지를 시대나 상황에 따라 역동적으로 움직이게 하고 있다. 따라서 장애인복지를 위한 모든 정책·제도·방법·기술 등이 장애인의 욕구에 따라 수시로 유연성 있게 적용되어야 하며 적절한 사회적 변화와 환경에 역동적으로 움직여져야 하므로 역동성의 특성을 가진다.

4) 책임성(Responsibility)

장애인복지는 한 인간의 재활문제를 다루는 공공적 성격을 띤 복지이기 때문에 반드시 책임성이 뒤따른다. 그 책임의 한계는 첫째, 장애인 개인을 대상으로 한 책임성이다. 장애인의 재활문제는 한 인간의 삶과 연계된 문제이기 때문에 거기에는 책임이 따라야 한다. 둘째, 후원자에 대한 책임으로 최근 장애인 복지는 국가뿐만 아니라 민간, 특히 장애인복지기관에서 수행되는 경우가 많다. 이러한 기관은 반드시 후원자에 대한 책임성을 입증할 수 있어야만 운영이 가능하다. 셋째, 사회적 책임성이다. 장애인복지는 개인이나 사적이 아닌 공적, 사회적 목적에 의해 규정되는 활동이라는 점에 대한 책임성을 입증할 수 있어야 할 것이다. 이러한 관점에서 볼 때 장애인 본인이나 가족에게만 국한되는 문제가 아니라 사회와 국가가 협동해야 할 성질의 것이고 또한 장애인의 개인적 복지를 실현하기 위해서는 각종 전문 분야 서비스들의 다각적인 접근을 통하여 종합적, 통합적으로 수행될 때 그 효율성이 보장될 수 있을 것이다. 그러므로 장애인을 일정한 테두리 안에서만 살게 할 것이 아니라 가능한 한 조기에 모든 재활서비스를 받게 함으로써 사회에 통합될 수 있도록 하여야 한다. 물론 사회는 장애인을 하나의 이념적 존재로 존중하고 그들의 사회적 성숙의 필요를 깊이 느끼며 잠재 능력의 개발에 대한 책임의식을 가져야 할 것이다.

6. 장애인과 관련된 이론

1) 부정적 이론

이익섭(1990)은 우리나라의 경우 아직도 장애인에 대해 부정적인 견해가 지배적이라고 보고 있으며 이러한 부정적인 견해를 갖게 되는 원인을 다음과 같이 설명하고 있다.

(1) 상품이론(commodity theory)

현대 산업사회에서 각 개인은 그들이 갖고 있는 노동력, 지식 등을 상품화함으로써 부와 지위를 높일 수 있다고 하는 이론이다. 가치의 창출과 재창출을 통한 개인의 생산은 그 개인의 시장 경제에서의 경쟁력을 좌우하게 되고 나아가 그의 사회적 신분에 영향을 미치게 된다는 것이다.

이러한 상품이론에 의하면 장애인이 갖고 있는 생산력은 그 절대적인 능력에 비해서 잘못 판단되거나 낮게 평가되는 것이 일반적인 경우이다. 현대 사회는 생산력의 향상을 위하여 양질의 노동력과 높은 수익성을 추구하게 되므로 자연히 장애인에 대한 상품성은 인정받지 못하게 되고 이로 인하여 장애인은 현대사회에 적응할 수 없는 집단으로 보게 된다. 현대 자본주의의 사회 구조에서 장애인들은 점점 소외되고 자신의 생존을 위해 타인에게 의존할 수밖에 없는 신분으로 전락하게 되며 대부분의 경우 경제상태가 좋을 때 비로소 고용이 가능하고 나쁠 때에는 우선 해고의 대상이 된다는 것이다.

(2) 편견이론(prejudice theory)

편견은 편향된 견해로 차별과 밀접한 관계를 가진다.

"편견(prejudice)"이라는 용어는, "이전의 결정과 경험에 근거하여 내려지는 판단"이라는 의미를 가진 라틴어 "praejudiciium"에서 그 어원을 찾을 수 있다. American Heritage Dictionary에서는 편견에 대한 정의를 보다 발전되고 수정된 형태로 말하고 있다. 즉, 편견이란 "예전에 형성되었거나 사실에 대한 정확한 지식 없이 형성된 이치에 맞지 않는 판단이나 의견"이라고 했다. Bodgan과 Biklen은 편견을 보다 사회과학적 입장에서 정의하였는데, "어떤 집단이나 범주가 지니고 있는 특징들에 대하여 지나치게 단순화하거나 일반화하는 신념"이라고 하였다.

편견에 대한 정의는 이와 같이 여러 방식으로 표현될 수 있지만, 그 정의들은 한 가지 공통적인 특징을 가지고 있다. 즉, 선입관적 판단과 현실 사회 내에 있는 신념 사이의 대립 개념을 기본으로 하고 있다는 점이다. 어디에서 어떻게 이러한 대립적 양상이 생겨나는지의 문제를 설명하기 위해 여러 이론가들이 각자의 입장에 따라 설명을 시도했다. 개인과 사회와의 관계를 추적하는 이론에서부터 각 개인의 내적 특성과 심리적 현상까지를 포함하는 다양한 이론들로 그 설명을 전개했다. 이러한 편견 이론들은 일반적으로 사회 안에서 발생하는 편견의 영향들에 대해서 다루지만, 특별히 장애인에게 나타나는 편견의 양상과 그 영향들에 대해서도 많은 연구가 이루어져 있다.

편견의 원인을 설명하는 문헌들을 보면 대개 두 가지의 접근방식으로 요약된다. 심리학적인 접근 방식과 사회학적 접근 방식이 그것이다. 심리학적인 관점에서는 한 마디로 편견의 원인이 개인의 성격과 관련되어 있다고 보고, 사회학적인 관점에서는 편견을 사회적, 문화적 현상의 결과로 보려는 경향이 강하다.

우리 사회에서의 장애인 문제를 설명함에 있어 가장 근본적인 문제가 되어온 것이 장애인들의 능력이나 일상생활전반에 대한 잘못된 인식과 장애의 원칙에 대한 비과학적 미신적 선입견 때문이라고 보는 견해이다. 이 이론에서는 사회적 노출이나 접촉이 결여된 상태에서 일반대중이 장애인에 대해 갖게 되는 이해는 결국 이야기나 설화 등을 통한 비과학적이고 미신적인 인식이 형성된다고 본다. 선과 정의는 아름다움으로 악과 불의는 추악함으로 묘사되는 우리 문화 속에서 육체적 결함은 흔히 악과 불의로 나타났으며, 이 결과 장애인에 대한 우리사회의 이해부족으로 인해 장애인들은 사회참여의 균등한 기회를 갖지 못하게 되고 이러한 불평등이 장애인에 대한 이해의 부족을 낳은 악순환의 현상을 초래한다는 것이다.

올포트(Allport, 1958)는 편견의 행동단계를 반대화(antilocution), 회피(avoidance), 차별(discrimnation), 신체적 공격 그리고 학살과 같은 행위로 설명하고 있다. 즉, 장애인에 대한 우리들의 편견행동의 수준이 반대화나 회피 또는 차별의 단계에 아직 머물러 있다고 보면서 우리의 생활 속에서 장애인을 업신여기고 있거나 장애인을 우리와 별개의 못난 사람으로 취급하여 차별하는 경우가 많다고 지적한다. 이러한 편견은 성장과정에서 학습되는 것으로 어떤 과학적 판단에 의해 형성되는 것이 아니고 감성적으로 이루어지는 데 문제해결의 어려움이 있다. 즉, 이성적으로는 장애인에 대해 부정적이어서는 안 되는 것을 알고 있지만 감성적으로는 그렇지 못한 데 문제점이 있는 것이다. 외적으로는 장애인의 취업을 찬성하면서 실제로는 장애인의 고용을 기피하고 있는 현실과 같은 것이다.

(3) 분리이론(separation/ isolation theory)

장애인들은 일반세계와의 접촉이 적을수록 그들이 갖는 실망이 적고 장애인 자신들이 참여할 수 없는 주변 일들을 모르면 모를수록 그들이 느껴야 하는 고통이 적을 것이라고 보기 때문에 장애인과 사회가 상호 간에 분리되는 것은 정상적이고 필연적이라고 하는 이론이다. 산업화 이후 생산력이 떨어지는 장애인은 다른 사람들의 생산에 방해가 되기 때문에 시설 또는 의료기관에 '분리'되어 보호, 치료를 받아야 하는 존재로 인식하고 장애인을 통제하고 기득권층의 안정을 위하여 수용·격리하였으며, 장애인은 비정상적이고 바람직하지 못한 상태이므로 영구적으로 다른 사람에게 의존하여야 하는 존재로 규정하였다. 이러한 분리의 결정은 장애인에 의해서 먼저 취해질 수 있고 또한 사회에 의해서 먼저 시작될 수도 있다.

즉, 장애인은 자신의 자아(ego)가 변하여 타인과의 관계를 유지시킬 수 있는 동기가 약화되는 것을 경험하고서 먼저 사회로부터의 분리를 결정할 수 있다. 또 장애인이 갖고 있는 기술이 현대적인 조건에 적용하기에는 너무 뒤떨어져 전반적인 훈련이 필요하다고 느낄 때 먼저 사회가 장애인으로부터의 분리를 결정할 수도 있다는 것이다. 이러한 분리현상도 장애인의 사회참여에 부정적으로 작용하여 더욱 고립화시키는 결과를 초래하게 되는 것이다.

(4) 사회진화론(social darwinism theory)

사회진화론은 사회가 진화한다고 주장하는 이론으로 약자가 줄어들고 그들의 문화는 영향력을 상실하는 데 반해, 강자는 강력해지고 약자에 대한 문화적 영향력이 커지게 된다고 보았다.

사회진화론자(Herbert Spencer 외)들은 인간사회의 생활이란 '생존경쟁'이라고 생각했고, 그 투쟁은 스펜서가 제창한 '적자생존'에 의해 지배된다고 주장했다.

또한 동일한 조상으로부터 번식된 개체의 특성이 각기 다를 뿐 아니라 환경에 잘 적응하는 개체의 특성만이 살아 남아 후손에게 유전된다는 이론으로 생물이 진화함에 따라 점증적으로 이질적 기능이 전문화되고 분화하듯이, 인간사회도 차츰 이질성이 높아져 제도와 개인의 기능적 분화가 나타나게 된다는 것이다. 사회진화를 위해서는 부적격자를 배제해야 살아남을 수 있으므로, 이 이론하에 장애인은 사회적 약자로서 제거의 대상으로 인식되었다.

(5) 우생학이론(eugenics theory)

1800년대 말에 영국의 골턴에 의해 창시된 우생학은 인류를 유전학적으로 개량하고자 여러 가지 조건과 인자 등을 연구하는 학문으로, 우수한 유전자를 가진 인구의 증가를 꾀하고 열등한 유전자를 가진 인구의 증가를 방지한다는 이론이다. 이러한 이론을 근거로 장애인을 대상으로 하여 수용보호형태의 교육기관들이 생겨나 소위 시설화라고 하는 형태의 장애인 교육과 보호가 함께 이루어졌다. 이러한 수용시설화에 영향을 미친 것이 20세기 초에 일어난 우생운동으로 영국에서는 열악한 인자를 가진 사람이 출산을 억제하는 우생학 사상이 활발해져서 우생학적 견지에서 범죄자의 발생을 유전적으로 설명하려는 가계연구가 시행되었다.

이 연구보고는 정신지체의 유전설을 뒷받침하는 것이 되어, 정신지체는 범죄, 빈곤, 타락의 근원이라는 인상을 사회적으로 만들어 내어 사회방어, 발생예방을 목표로 하는 사회로부터의 격리수용이 촉진되었다.

(6) 재활이론(rehabilitation theory)

이는 장애인을 치료하고 훈련함으로써 사회에 복귀시킬 수 있다고 보는 이론이다. 즉, 일반인은 정상이고 장애인은 비정상이기 때문에 비정상을 가능한 한 교정해야 한다고 보며 장애인은 늘 치료의 대상이 되는 완전치 못한 사람으로 보는 것이다.

(7) 억압이론(oppression theory)

억압은 개인의 성장, 희망을 저해하고, 스스로 주눅들게 만들며, 자신감이 상실되면서 의존적인 생각을 하게 만든다. 결국 억압을 경험한 사람은 스스로 가지고 있는 능력과 잠재력을 발휘할 기회를 박탈당하게 되므로, 스스로 더욱 무능과 무력감에 빠지게 되는 결과를 가져오게 된다. 따라서 억압은 또다른 형태의 차별이 된다.

누군가 자신이 속해 살고 있는 사회에서 “다른 사람”으로 분류되고 그 사회와 사회구성원들로부터 받아들여지지 않는다는 것은 그 누군가의 억압을 받는 것으로 생각할 수 있다. 억압은 개인 혹은 집단에게 영향을 주고 있다.

억압모델(oppression model)의 중요한 측면은 억압을 받고 있는 사람들은 사실상 지배적인 사회에 대해 차츰 보이지 않은 존재가 될 것이기 때문이다. 인간은 그 개인이 다른 사람들에 의해 인식되는 존재로 여겨질 때만이 오직 의식이 생겨나게 되는 것이다.

개인은 자신이 속해 있는 그 사회의 다른 사람들에게 인지되지 않거나, 한 사람의 구성원으로서 인식되지 않을 때, 그 개인은 자신의 존재감을 상실하게 되면서 매우 파괴적인 상태로 빠져들게 된다.

우리는 장애인의 경우에 이러한 상황들을 종종 경험하게 된다. 그 예로서 자신을 감추기 위해 어딘가 숨어버리고, 고립되고, 때로는 시설로 들어가고, 스스로 학대하는 상태로 빠지게 되는 경우가 있다.

이 밖에도 매우 경직되고 물리적 환경 중심의 사회에서 시민의 권리를 인정받지 못하는 경우, 접근할 수 없는 환경을 만나게 될 때, 장애인들은 그

환경을 외면하고 사람들의 눈에 띄지 않는 곳으로 피해버리고 마는 경우가 있다. 이는 경직된 장벽으로 작용하는 사회적·물리적 환경이 장애인을 사회 밖으로 스스로 도피하고 자신을 감출 수밖에 없도록 만드는 원인이 되기 때문이다.

2) 긍정적 이론

(1) 수렴이론(convergence theory)

이 이론은 복지제도 발달이 산업화에 따르는 필연적인 귀결이며, 따라서 모든 산업사회에는 필연적으로 자체의 복지제도를 수립해 나가게 된다는 이론이다. 뿐만 아니라 모든 국가의 복지수준은 각 국가의 경제적 수준에 수렴하는 형태를 보인다고 주장한다. 이 이론의 입장에서 볼 때 우리나라의 장애인 복지는 산업화의 진행에 따라 필연적으로 발전해 나갈 것이고, 그 수준도 우리나라의 경제 수준에 상응하는 곧 발전적 형태를 취한다고 볼 수 있다. 물론 이 이론이 산업화와 경제적 이외의 정치적 요소를 간과하였다는 결함은 있지만 경제력과의 상관관계를 설명하고, 복지의 기능적 역할을 제시하였다는 점에서 그 설득력이 인정된다고 하겠다.

(2) 확산이론(diffusion theory)

이 이론은 한 국가의 사회복지정책이 다른 나라에 영향을 미친다는 것에 초점을 두고 사회복지정책의 발달이 국가 간의 의사소통이나 영향력 교류에 의해 이루어진다고 보는 이론이다. 사회복지정책의 도입을 각 국가들은 모방과정의 결과로 인식하는데, 선진국에서 후진국으로 확산되는 위계적 확산과 인접 주변국을 중심으로 점차적으로 확산되는 공간적 확산의 두 가지 유형이 있다. 다시 말해 어떠한 국가의 모범적 복지제도가 주변 국가들로 확산되어 가고 있다는 것이다.

현대는 국제화의 시대이다. 특히 장애인의 복지는 국제 외교 차원에서 볼 때 쉽게 그 장점과 약점이 노출될 소지가 많은 분야이다. 우리나라는 1988년 10월 15일 제8회 '장애인 올림픽 대회'를 개최한 나라라는 점에서 장애인 복지에도 후진성을 방관할 수 없을 것이고, UN을 비롯한 국제 기구의 시선을 의식하지 않을 수 없을 것이다. 이런 점에서 우리나라의 장애인 복지 미래는 결코 어둡지 않다고 보는 견해가 바로 확산이론인 것이다.

CHAPTER 05

장애인복지의 역사

1. 서구 장애인복지의 역사
2. 우리나라 장애인복지의 역사

CHAPTER 05

장애인복지의 역사

1. 서구 장애인복지의 역사

1) 고대사회의 장애인복지

고대사회에는 어떻게 하면 자기 생명을 보존하며, 파괴적인 자연력과 동물, 그리고 자기 이외의 인간으로부터 자신과 종족을 보존할 수 있는지가 최대의 관심사였다. 따라서 한 부족의 성원으로서 안정과 단결에 공헌하지 못하거나, 이를 저해하는 자는 가차 없이 추방당하거나 생존권마저도 박탈당해야 했기 때문에 장애인들은 부족의 생존 투쟁에 도움을 주지 못하므로 유기되거나 자연도태되는 것이 당연했다. 이와 같은 사실은 고대의 도시국가들이 신체장애아를 절벽에 던져 버리거나 유아살해를 허용했다는 것이 역사적인 사실로 밝혀지고 있다. 그리스인들은 장애인은 식충이라 하여 산야에 버리고 자살을 방임했으며, 로마인들은 청각장애인들을 리베르강에 던져 익사시키거나 투기장과 흥행장, 귀족들 연회의 노리갯감으로 이용하였으며, 네로왕은 장애인을 활쏘기 연습의 표적으로 사용하였다.

이처럼 지역에 따른 문화적 특수성에 따라 정도의 차이는 있었으나 고대사회의 장애인 처우의 주류는 미신, 편견, 유기, 학대 등이었다.

2) 중세의 장애인복지

중세에 이르러 과학의 발달과 문예부흥, 종교개혁 등 일련의 사회변동을 통하여 인간 존중의 사상이 발전하였다. 자연스럽게 장애인복지도 더불어 발달하였고 장애인의 교육, 의료, 직업과 같은 장애인의 사회참여에 관심이 높아지기 시작하였다. 초기에는 장애아의 출생 원인을 허물 있는 어머니로 보고 낙인을 찍는다든지, 말을 통하여 구원을 받는 것이라 하여 농아인은 하나님의 구원을 받을 수 없다고 하였다. 또한 정신지체를 신의 행동으로 간주하였다. 이러한 잘못된 태도와 인식은 장애를 지닌 사람을 동료로서 수용하기보다는 동정 혹은 작은 관심의 대상으로만 생각하게 만들기 때문에 이들과의 상호 작용은 본질적으로 일방적이거나 시혜적인 것이었다. 그러나 중세 말 인간정신과 사회의 긴장에서 나타난 르네상스 휴머니즘의 영향으로 장애인도 인간존엄성이라는 차원에서 보호받아야 할 대상으로 받아들여졌다.

3) 근대의 장애인복지

19세기 초까지만 하더라도 중세의 영향으로 유럽 각지에는 장애인의 의료, 교육, 직업훈련의 목적보다는 보호적 시설을 제공하는 수준이었다. 그러다가 제1차 세계대전을 계기로 큰 전환점을 맞게 되었다고 할 수 있다. 특히 제1차 세계대전 참전으로 인해 신체의 결함이나 질환을 얻게 된 군인 및 일반시민에 대한 보호, 치료, 보상의 대책으로 각종 제도가 발달하기 시작하였다. 뿐만 아니라 20세기 초는 독일, 영국 등을 비롯한 서구 제국이 정치적 사회적 요인으로 인해서 소위 복지국가를 표방하고 나섰으므로 자연히 장애인들을 위한 복지증진의 제도적·입법적 발달에 큰 관심을 기울이게 되었다(예 독일의 장애용사 강제고용법).

4) 현대사회의 장애인복지

제2차 세계대전은 세계 전역에 많은 피해를 가져왔다. 이러한 상황은 재활이라는 개념을 장애인복지에 뚜렷하게 각인시키는 계기가 되었다. 그리고 1920년대 이래 장애인 고용정책의 근간이었던 강제고용 조치와 더불어 개별 장애인에 대한 직업지도나 훈련, 기타 원조 행위에 대한 관심이 높아졌다. 특히 수혜를 받는 장애인의 범주가 전쟁의 희생자를 포함해 모든 장애인으로 확대되고, 장애인의 정의도 탄력적으로 됨으로써 각 장애인에 대한 직업지도나 훈련 그리고 원조도 이러한 변화에 부응해 나가게 된다. 1948년 국제연합은 세계인권선언을 채택하였던바, 이 선언에서 장애인을 포함한 모든 인간의 시민적 자유권, 사회보장수급권, 노동권, 생존권, 발달 및 교육수급권 등을 보장해야 한다고 명시하였다.

1950년대 전 세계에 걸쳐 인간의 존엄성과 평등사상에 바탕을 두는 복지국가의 형성이 급속하게 추진되었다. UN은 1971년 [정신지체인 권리선언], 1975년 [신체장애인 권리선언]을 발표하면서 장애인은 그 장애와 원인, 장애의 특질 그리고 장애의 정도에 관계없이 같은 연령의 사람들과 동등한 권리를 가진다고 선언하였다. 또 1979년에 채택된 [세계 장애자의 해 행동계획], 그리고 1981년을 '세계 장애인의 해'로 선포하면서 모든 국가가 정치, 경제, 사회, 문화 등 모든 분야에서 장애인이 참여하고 기여할 수 있다는 인식을 고취하고 장애인이 가진 능력을 최대한으로 개발하고 이들이 자립할 수 있도록 지원하여 '완전 참가와 평등'의 이념을 실현하도록 권고하였다. 장애인을 특수한 사람으로 취급하는 것이 아니라 한 사람의 인간으로서 보통의 생활환경 속에서 생활해야 한다는 것이다.

2. 우리나라 장애인복지의 역사

1) 삼국시대

고구려는 고국천왕 16년에 진대법을 실시하여 관곡을 대여하고 환과고독, 노병빈핍으로 불능자존자를 널리 조사하여 구휼케 하였다. 대무신왕 5년에는 왕이 친히 죽은 자를 조사하고 병든 자를 방문하여 위로하였으며, 태조왕 66년에는 현량과 요순을 천거하게 하고 환과고독, 노병자로 자활할 수 없는 자를 위문하고 구휼하였다.

백제는 비류왕 9년에 백성의 질고를 조사하여 환과고독, 불능자존자에게 곡식을 한 사람당 3석식 주어 구제했으며, 신라는 3대 유리왕 5년에 왕이 국내를 순행하던 중 늙은 할머니가 굶주리고 얼어 거의 죽어감을 보고 옷을 벗어 덮어주고 음식을 먹인 후 유사에게 명하여 환과고독, 노인, 병든 자 등에게 구제를 실시하도록 하였다.

통일 삼국시대에 와서도 역시 구휼사업은 계속되었는데 경덕왕 6년에 기근과 병든 자에게 사자를 보내어 위문케 하였고 동왕 14년에는 노병과 환과고독에게 곡식을 차등 있게 주어 구휼하였다. 또한 경문왕 13년 봄에 역질이 유행함에 사자를 보내어 구제하도록 하였다.

2) 고려시대

고려시대에는 삼국시대의 민생구휼제도가 계속되었으며 불교의 자비사상의 영향으로 구제사업이 더욱 제도화하는 경향을 보였다. 태조 원년(918년)의 흑창, 성조 5년(986년)의 상평창, 충선왕 5년의 유비창 등이 발달하여 진대사업 곡식을 비축해서 춘궁기나 재해로 인해 재해빈민이 발생할 때 대여하여 가을이나 풍년에 상환하도록 하였고, 성종 7년에 재면법이 제정되어 이재민에게는 조세와 부역을 감면하고 여러 구제사업을 실시했다.

특별히 장애인에 대한 구제는 의료구제에서 찾아볼 수 있다. 의학기관으로 대의감이 설립되었고 예종 때 대의감 부속 약국을 설치하여 의료제도의 발전을 가져왔다. 서민의 구료기관으로 혜민국, 왕과 왕실의 의약담당기관으로 상약국, 관리들의 치료기관으로 태의감을 설치하였다. 병자, 빈민, 고아, 노인, 폐질자, 걸식자 등을 구빈시료하고 수용 보호하는 의료구제기관으로 2개소의 동서대비원을 설치하였다. 광종 14년에는 빈민, 기민, 병약 폐질자를 구제하기 위해여 재단법인격의 제위보를 설치하였고 예종 4년에는 질병기근으로 발생한 빈민, 기민, 병약 폐질자에 대한 관립 구제기관으로 구제도감이 설치되었다. 충목왕 4년에는 임시로 진제도감을 설치하여 천재지변, 기근, 질병, 폐질 등으로 긴급구호를 사람들을 대상으로 구빈구료를 실시하였다.

불교 사상이 강했던 고려시대에는 구제사업이 더욱 제도화되는 것을 볼 수 있다. 하지만 고려 후기부터 어려워진 국가의 상황으로 장애인들이 어떤 직업에 종사했는지에 대한 기록은 많지 않으나 고려의 기록에서 눈여겨볼 기록은 시각장애인이 복술과 독경(맹복맹인)으로 복채나 사례비를 받아 생계를 꾸려나갈 수 있도록 한 기록을 볼 수 있다.

3) 조선시대

조선시대에는 고려의 불교 중심 문화가 유교 중심 문화로 바뀌었다. 조선시대에도 장애인인 독·폐질자에 대한 구휼사업이 계속되었고 고려시대부터 시작된 복업이 명과학(命課學)으로 개칭되어 잡학교육을 받았고 관현맹인이 음악 관련 직업을 가졌다. 조선시대의 구빈사업은 비황(備荒), 구황(救荒), 구료(救療)로 나누어졌다.

장애인에 대한 국가의 구빈 또는 구료 사업으로서 태조 2년에는 노약 폐질자로 자립할 수 없는 자에게 노동 면제 및 구휼을 실시했으며 세종 원년에는 환과고독, 폐질자를 쌀과 콩 등으로 구제하고 폐질자에게는 모두 노동을 면제하였다. 세조 3년에는 왕이 동서활인원에 명하여 장애인, 맹인에 대한 진휼을 실시하였다. 정조 7년에는 불구폐질자를 맹인, 절름발이, 문둥이,

간질, 벙어리, 꼽추 등으로 규정하고 벙어리는 자력해결에 맡기고 맹인은 복술, 절름발이는 그물 짜는 일 등 직업보도를 통해 자립하도록 했다.

조선시대의 구황제도로서 사궁보호, 노인보호, 시식, 진휼 및 대진사업, 조적 및 방곡, 고조, 견감, 원납, 인보상조, 구황방 등을 들 수 있는데 그중에서 민간 자체의 구제형태인 인보상조는 이웃이 상호 협조하는 생활을 기초로 발달된 것으로 통, 반, 계 및 향약 등이다. 향약의 4덕목 중 환난상휼이 가장 중심적인 사업이었다. 향약은 주민의 정신적. 물질적면을 병행하며 다룸으로써 향리주민의 문제와 고난을 감소시키거나 제거하는 데에 크게 이바지하였다.

1894년에 미국인 선교사 부인인 홀이 평양에서 맹인 아동을 보육한 것이 우리나라 최초의 장애인 교육이었다. 1897년에는 장로교 선교사인 모펴 여사가 평양에서 남자 맹아를 위한 교육시설을 마련하였고 같은 해에 영국인 패시와 페리가 자신의 집에서 맹인 남자 학생들을 수용·보호하였다.

4) 일제강점기(1910~1945)

1911년 조선총독부는 이미 1905년에 개설되었던 경성고아원을 접수하여 제생원이라 칭하였는데 이것이 한국에서 최초로 맹아, 정신병자를 치료한 국립기관이었다. 1921년 7월에 조선총독부는 내무국에 사회과를 독립시켜 우리나라의 사회복지사업을 지도 통제하도록 했다. 1934년에 정삼출이 평양맹아학원을 설립하였고 1938년 손용주가 원산맹아학원을 설립하였다. 1944년 일본은 한국인에 대한 징병과 노무 징용에 동원하기 위한 선무용으로 일본의 구호법을 원용하여 '조선구호령'을 제정하였다. 그 적용 대상은 65세 이상의 노쇠자, 13세 이하의 유아, 임산부, 불구폐질자, 정신지체인 등의 노동이 어려운 빈곤자에 대한 생활보호를 하였다. 일제의 제생원과 조선구호령은 국민복지적인 동기에서 출발한 것이 아니라 식민지 지배를 더욱 합리화, 정당화하기 위한 수단으로 도입하였다는 데에 기본적인 한계가 있었다.

5) 미군정기(1945~1948)

미군정 실시 기간에는 사회사업 정책 및 구호에 관한 여러 각서가 『후생국보』에 발표되어 일제의 조선구호령과 함께 사용되었다. 1945년 이후 제생원 맹아부가 '국립서울맹아학교'로 개명하여 6년제 초등교육 과정으로 하면서 보건사회부가 관리하는 것을 1948년에 문교부로 이관하였으며 '서울맹아학교'와 '서울농아학교'로 분리하였다.

6) 대한민국 정부 수립 후 장애인복지

1948년 정부수립 이후 오늘날까지로 근대적 의미의 장애인복지를 의미하는바, 우리나라 장애인복지는 세계 장애인의 해인 1981년과 장애인 올림픽이 개최된 1998년도를 기점으로 하여 큰 변화를 맞이하게 된다.

(1) 장애인복지 1기(1980년 이전) : 태동기와 잠복기

① 1950년대의 장애인복지

- 장애를 바라보는 시각
  개인의 불운이나 숙명으로 받아들여졌고 장애인에 대한 일반인의 인식도 동정 또는 혐오감의 양극단을 가지고 있었다.
- 장애인복지 정책
  전문적인 복지서비스를 제공하는 것보다는 우선 배고픔을 해결하기 위함이 우선시되어 6.25전쟁으로 인한 고아와 질병으로 인한 장애인들을 일정한 시설에 수용·보호하면서 기본적인 의식주를 해결해 주는 시기였다. 관련법으로 1950년에 제정된 '후생시설설치기준'이 있었다.
- 시설현황
  1955년을 기준으로 살펴보면 1948년에 설립된 중앙각심학원을 포함한 15개소 정도의 시설에 시각, 청각, 지체 등의 장애인이 1,384명이 수용되어 있었다.

② 1960~1970년대의 장애인복지

- 장애를 바라보는 시각

한국자본주의의 물적 토대가 형성되고 산업화를 향해 치닫던 시기로 '경제성장'이라는 논리가 사회전면에 대두되면서 부의 독점과 빈부 격차의 심화, 산업재해, 빈민 등 엄청난 사회적 부작용을 동반하였고, 이러한 문제들은 해결되지 못하고 계속 심화되었다. 장애인 또한 경제성장의 부정적인 결과로서 양산되었지만 철저히 외면당하였다. 소위 장애인은 사회적 혜택의 대상이었으며, 장애인에 대한 대책은 소비적이고 비생산적인 것으로 간주되었다.

- 장애인복지 정책

이 시기에 사회복지 모든 부분의 법제화가 이루어졌지만 장애인에 관련하여 이루어진 것은 1977년 특수교육진흥법뿐이었다. 시설은 아동복지법, 사회복지사업법에 의하여 설치·운영되었다.

- 시설현황

1970년 최고 557개에 이르던 아동복지시설은 1976년에는 417개로 줄고 불구아동시설이 늘어났다. 이는 정부가 특수시설의 설치 권장과 더불어 영·유아시설의 시설을 원칙적으로 금하고 기존아동시설을 특수시설로 전환 운영토록 권하였기 때문이다. 치료재활시설이나 직업보도시설은 장애아동시설에 편중되어 있었고 성인시설은 거의 다 수용시설의 형태였다.

(2) 장애인복지 2기(1981~1988년) : 장애인복지 관련 법령 및 제도의 정비단계

① 장애를 바라보는 시각

1981년 UN이 정한 '세계 장애인의 해'는 장애인복지 증진에 커다란 획을 그었다. 이로 인해 장애인의 개념이 법으로 정의되고 그에 따른 각종 장애인복지사업이 법제화되기 시작한 시기이다. 또한 장애인의 관심을 국민적 관심으로 이끌어내기에 매우 훌륭한 조건으로 작용하였지만 장애인의 삶의 질을 개선시키는 데는 실제적인 성과가 없었다.

1988년 10월, '장애인에게 참된 용기와 도전의 정신을 길러주고 일반인에게는 인간의 존엄성과 무한한 재활의 가능성에 대한 인식을 심어주자'는 취지로 제8회 장애인올림픽을 개최하면서 장애에 대한 일반 시민의 상당 부분 인식개선을 이루었다.

② 장애인복지 정책

이 시기는 장애인복지의 제도적 틀을 본격적으로 마련하여 장애인복지정책의 내용과 질에 대한 방향을 제시하였던 시기이다. 1981년 세계장애인의 해 선포와 UN의 장애인복지를 위한 각국의 장애인복지 조치요구에 따라 우리나라에서도 1981년 심신장애자복지법을 제정하여 장애인복지를 위한 제도적 틀을 갖추었으며, 한편으로는 간소한 정부의 기치아래 정부의 행정기구를 대폭 축소시키면서도 장애인복지업무를 전담할 부서인 재활과를 보건사회부에 설치하였다.

서울장애인올림픽은 장애인복지시설의 확충, 장애인편의시설의 설치, 장애인고용기회의 확대, 장애인등록제 등 실질적인 장애인복지대책이 추진되는 계기가 되었다. 88장애인 올림픽을 대비하여 1985년부터 1987년까지 250억을 투입하여 낡은 장애인복지시설을 개선하는 일을 추진하였다.

심신장애자복지법 제15조에 의하여 지체부자유자재활시설, 시각장애자재활시설, 청각 · 언어장애자재활시설, 정신박약자재활시설, 심신장애자요양시설 등 8가지로 시설의 형태를 분류하여 과거 장애인복지시설이 단순히 수용, 보호하는 시설이 대부분이었으나 80년대에 접어들면서부터 수용시설 외에 중증장애인요양시설, 직업재활시설, 그리고 장애인종합복지관과 체육관 등 이용시설이 설치되었으며, 이를 입소 또는 통원케 하여 상담, 치료, 또는 훈련을 행하는 시설이라고 풀이함으로써 단순 수용보호 이상의 개념을 도입하였다.

③ 시설현황

심신장애자복지법에 의하여 보건사회부는 1986년에 장애인시설에 27개의 자립작업장을 설치함으로써 그동안 수산장이나 직업보도소의 명칭으로 시설 자체에서 운영하던 것을 정식으로 지원하게 되었다.

(3) 장애인복지 3기(1989~1999년) : 장애인복지 기반구축 및 확산단계

① 장애를 바라보는 시각

장애인복지는 신체 구조적인 장애인 손상(impairment)의 개념과 그로 인한 능력 장애(disability)의 회복에 초점이 맞추어진 재활 패러다임으로 단편적, 시설 중심적, 치료 중심적 서비스가 행해졌다. 그간의 우리나라의 경제발전과 1988년 서울올림픽 및 장애인올림픽대회의 개최를 계기로 증가된 장애인복지욕구에 부응하여 장애인종합대책을 마련하는 한편, 그에 따라 장애인복지의 제도적 틀을 재정비하고 재가 장애인에 대한 본격적인 복지서비스의 확대를 도모한 시기이다. 장애인복지의 제도적 장치 확대와 사업내용의 다양화 및 체계화를 높이고 특히 시설수용위주에서 자택에서 기거하면서 복지혜택을 누릴 수 있는 재가장애인 복지로의 전환을 꾀하고 있는 시기이다.

② 장애인복지 정책

1989년에 대통령 직속으로 장애인복지대책위원회를 설치하여 장애인복지 전반에 관한 종합적인 대책을 마련하는 한편, 1989년 12월 심신장애자복지법을 장애인복지법으로 개정하여 장애인의 삶에 대한 전 과정을 한 차원 높게 제도화했으며, 1990년 「장애인고용촉진 등에 관한 법률」을 제정하여 300인 이상을 고용하는 사업주는 일정 비율 이상의 장애인을 고용토록 하고 이를 위반하였을 경우 부담금을 내도록 정하였으며, 국가, 지방자치단체도 장애인고용을 의무화하여 장애인의 취업욕구를 해결할 수 있도록 하였다.

개정 장애인복지법에서는 장애인복지시설을 장애인재활시설, 장애인요양시설, 장애인유료복지시설, 장애인이용시설, 장애인직업재활시설, 점자도서관, 점서 및 녹음서 출판시설 등의 7개 시설유형으로 구분하였으며, 장애인복지법 시행규칙을 통하여 시설의 설치기준과 직원배치기준 및 자격도 규정하였다. 1998년에는 장애인복지시설 재활과정운영 특별지원사업이 최초로 실시되고 1999년부터는 4대 특별지원사업으로 확대 실시됨에 따라 생활시설의 전문성 재고에 크게 기여하였다.

③ 시설현황

1995년을 기준으로 살펴보면 총 233개의 시설이 있었으며, 종별로는 지체장애인 시설 34개소, 시각장애인시설 11개소, 청작장애인 시설 14개소, 정신지체인 시설 52개소, 요양시설 55개소, 종합복지관 23개소, 종별복지관 14개소, 기타 30개소로 나타난다. 생활시설의 수용인원은 14,840명으로 57,886백만 원의 장애인복지예산이 지원되었다. 정부는 매년 장애인복지예산을 증액(연평균 19.1%)하였으나 아직도 복지대상은 국가에서 직접 생계구호를 하고 있는 저소득 장애인에 한정되어 있고 그 수준도 선진 외국에 비하면 매우 미흡한 실정이다.

(4) 제4기(2000년대) : 선진국 수준으로의 도약 및 사회통합 단계

① 장애의 이해

손상과 능력 장애에 더하여 사회의 장애인에 대한 이해도, 행동하거나 이동하기 쉬운 도시환경, 재활에 대한 제 시책 등에 따라서 장애인이 실제로 생활하는 데 따른 사회적 장애의 중요성을 인식하여 지역사회 중심의 통합적인 서비스로의 전환추세로 분리된 치료실 상황에 대한 강조에서 생활현장 중심의 상황으로의 이전을 강조하고 있다. 이러한 장애의 이해에 대한 큰 변화는 장애인생활시설에도 영향을 미쳐 탈시설화 정책이 추진되고, 특히 생활인의 자기결정권이 강조되고 있다.

② 장애인복지정책

1999년 장애인복지법 및 시행령, 시행규칙이 전면 개정되어 2000년부터 시행되고 있다. 1980년대 이후부터 생활 장애인의 권익보호와 생활시설 운영의 새로운 전환을 위한 노력이 시작되었으며, 이러한 노력의 결실을 위해 장기적으로 요보호 대상자들의 권리를 보장하고 보다 질 높은 서비스를 제공할 수 있도록 다양한 형태의 시설을 양적으로 확대하고 질적으로 개선하기 위한 제도적인 기반과 지원책이 마련되고 있다. 이러한 단편적인 예로 시설설치의 신고제 전환과 전문프로그램의 보급을 위한 특별지원방식, 지역사회의 소규모화 시설설치(그룹홈, 주·단기보호시설 등) 확대, 민간재정(사회복지공동모금)을 통한 시설운영과 프로그램 지원, 시설에 적합한 자립과 생산적 복지프로그램 개발, 보급을 위한 연구를 들 수 있다.

생활시설은 시설평가와 프로그램지원사업의 활성화, 생활재활교사의 2배수 증원 등은 시설 간의 선의의 경쟁을 불러일으켰고 긍정적인 결과로 시설 내 전문 인력의 대거 투입, 시설운영에 있어서 운영자중심에서 장애인중심으로 전환을 가속화하고 있는 추세이다. 무엇보다도 2007년 「장애인차별금지 및 권리구제 등에 관한 법률」 제정을 시작으로, 2011년 장애아동복지지원법, 2014년 「발달장애인 권리보장 및 지원에 관한 법률」, 2015년 한국수화언어법, 「장애인건강권 및 의료접근성 보장에 관한 법률」, 2016년 점자기본법, 2020년 「장애 예술인 문화예술활동 지원에 관한 법률」 등 다양한 법률들이 새로 제정되었을 뿐만 아니라 많은 법률들이 개정된 것은 매우 큰 변화이다.

이러한 법률들은 장애인의 사회참여를 본격화하기 위한 토대를 제공하는 법률이면서 장애인계의 끊임없는 요구에 의해 제정되었다.

CHAPTER 06

장애인복지와 관련된 법

1. 장애인복지법
2. 장애인차별금지 및 권리구제 등에 관한 법률
3. 발달장애인 권리보장 및 지원에 관한 법률
4. 성년후견인제도
5. 장애인고용촉진 및 직업재활법
6. 장애인 등에 대한 특수교육법
7. 장애인활동지원에 관한 법률
8. 장애인·노인·임산부 등의 편의증진 보장에 관한 법률
9. 교통약자의 이동편의 증진법
10. 한국수화언어법
11. 장애인건강권 및 의료접근성보장에 관한 법률
12. 장애인·노인 등을 위한 보조기기 지원 및 활용촉진에 관한 법률
13. 점자법
14. 중증장애인생산품 우선구매 특별법
15. 장애 예술인 문화예술활동지원에 관한 법률
    (약칭 장애예술인지원법)

CHAPTER 06

장애인복지와 관련된 법

1. 장애인복지법

장애인복지법은 장애인의 인간다운 삶과 권리보장을 위한 국가와 지방자치단체 등의 책임을 명백히 하고, 장애발생 예방과 장애인의 의료 · 교육 · 직업재활 · 생활환경개선 등에 관한 사업을 정하여 장애인복지대책을 종합적으로 추진하며, 장애인의 자립생활 · 보호 및 수당지급 등에 관하여 필요한 사항을 정하여 장애인의 생활안정에 기여하는 등 장애인의 복지와 사회활동 참여증진을 통하여 사회통합에 이바지함을 목적으로 제정한 법률이다.

총칙, 기본정책의 강구, 복지 조치, 자립생활의 지원, 복지시설과 단체, 장애인보조기구, 장애인복지 전문인력, 보칙, 벌칙 등 9장, 전문 89조, 부칙으로 이루어져 있다.

국제연합(UN)은 1981년을 세계장애자의 해로 정하고 모든 국가에 대하여 심신장애자를 위한 복지사업과 기념행사를 추진하도록 권고했다. 이에 따라 우리나라는 1981년 6월 5일 장애인복지제도의 기초가 된 심신장애자복지법을 제정하여 장애인복지의 제도적 장치를 마련했으며, 1989년 12월에 '장애인복지법'으로 개정하여 생계보조수당지급과 의료 지원 등을 규정했다.

2. 장애인차별금지 및 권리구제 등에 관한 법률

이 법은 2007년 4월 10일 제정되어 2008년 4월 시행된 법으로 장애인의 권익을 구제할 방법을 명시해 놓은 법으로써 장애인의 평등권을 보장하고 사회참여를 실현하고자 모든 생활영역에서 장애를 이유로 한 차별을 금지하고 장애를 이유로 차별받은 사람의 권익을 효과적으로 구제함으로써 장애인의 완전한 사회참여와 평등권 실현을 통하여 인간으로서의 존엄과 가치를 구현함을 목적으로 제정한 법률이다.

금지된 차별 유형에는 정당한 이유 없이 장애인에게 불이익을 주는 직접 차별, 편의시설에서 장애인에게 서비스를 제공하기를 거부하는 행위, 광고에 장애인에 대한 거부와 불리한 대우를 명시하는 행위 등이 포함된다. 장애를 이유로 차별을 받은 장애인 또는 그 사실을 아는 사람은 국가인권위원회에 시정과 권리 구제를 진정할 수 있다.

국가인권위원회는 조사를 벌여 차별로 인정되는 경우 구제 조치를 권고한다. 정당한 이유 없이 인권위의 권고를 무시하면 법무부장관의 시정명령을 받게 된다. 이 법에서 국가 및 지방자치단체는 공공시설과 프로그램 운영에 있어서 장애인의 차별을 특별히 고려하고 정당한 편의를 제공하도록 규정하고 있다.

3. 발달장애인 권리보장 및 지원에 관한 법률

이 법은 발달장애인의 권리보장과 지원을 규정한 법률로 2014년 5월 20일에 제정하여, 2015년 11월 21일에 시행되었으며, 총 7장 44개 조항으로 구성되어 있다. 공식 약칭은 '발달장애인법'으로 「발달장애인 권리보장 및 지원에 관한 법률」은 발달장애인의 의사를 최대한 존중하여 생애주기에 따른 특성, 복지욕구에 적합한 지원과 권리옹호 등이 체계적이고 효과적으로 제공될 수 있도록 필요한 사항을 규정함으로써 발달장애인의 사회참여를 촉진하고, 권리를 보호하며, 인간다운 삶을 영위하는 데 이바지할 수 있도록 하는 것이 목적이다.

주요 내용으로 발달장애인의 특성과 요구를 고려한 복지서비스를 제공하고, 인권침해 예방 및 권리구제에 관한 지원을 하며, 개인별 맞춤체계 지원 및 별도 전달체계 구축 등이 있다. 또한 발달장애인 자기결정권을 보장하고 의사소통과 자조 단체를 지원하며, 발달장애인 전담 검찰과 경찰관 제도를 도입해 재판 과정도 지원하게 된다. 인권침해 행위에 대해서는 현장조사와 보호조치가 지원되며, 인권이 보호되고 자기 권리를 주장할 수 있는 삶을 영위할 수 있도록 한다.

이 법이 제정됨으로써 발달장애 조기 발견 지원, 재활치료, 거점병원 운영, 직업재활시설 설치, 평생교육, 주간활동 지원 등 여러 방면에서 특화된 복지서비스가 제공되고, 발달장애인 개인 특성을 고려한 맞춤형 지원체계를 마련해 개인의 요구와 특성에 맞게 개인별 계획을 수립하여, 결정된 서비스에 대해 마음에 들지 않으면 서비스 변경 신청할 수 있도록 하여 중앙과 지역에 별도로 발달장애인지원센터를 설치해 발달장애인이 직접 여러 곳을 찾아다닐 필요 없이 센터 한 군데에서 지원받을 수 있는 원스톱 서비스가 제공된다.

4. 성년후견인제도

성년후견제도는 2013년 7월 1일부터 시행되어 장애 · 질병 · 노령 등으로 인해 사무처리 능력이 부족한 성인에게 가정법원의 결정 또는 후견 계약을 통해 선임된 후견인이 재산관리 및 일상생활과 관련된 신상보호를 지원하도록 하는 제도이다.

UN장애인권리협약 제12조는 장애인의 법 앞에서의 평등을 규정하고 있으며, 세계적으로 이를 구현하기 위해 의사결정능력이 부족한 성인들의 의사결정을 지원하거나 스스로 의사결정을 할 수 없을 때 권리를 대변할 수 있도록 하는 성년후견제도의 도입 또는 정비가 필수적인 것으로 간주하고 있다.

우리나라에서는 장애인단체 중심으로 "성년후견제추진연대"가 결성되는 등 주로 발달장애인 부모님들이 동제도의 도입을 강력하게 희망해 성년후견제도가 도입되게 되었다(민법개정, 2011년 3월).

정신적 능력의 제약으로 의사결정과 권리주장에 어려움이 있는 발달장애인, 정신장애인과 치매노인이 성년후견제의 주된 이용자가 될 것으로 예상된다.

기존 금치산·한정치산제도는 재산관리 등 경제적 문제를 지원하기 위한 제도였다고 할 수 있다. 또한 일단 금치산·한정치산 선고를 받으면 본인의 행위능력이 광범위하게 제한받게 되고, 후견인이 업무를 제대로 수행했는지를 실질적으로 감독하기가 어려워서 당사자의 권리를 실질적으로 보호하기가 어려웠고, 금치산·한정치산 선고가 내려지면 그 사실이 가족관계등록부에 공시되어 가족들이 사용을 꺼리는 요인이 되어 널리 사용되지 못하였다.

새로운 성년후견제도는 가정법원의 권한 부여에 따라 의료행위나 우편물 관리, 거주지의 결정 등 신상과 관련한 지원도 가능하게 하고, 후견인이 선임되어도 당사자가 스스로 결정하는 영역이 보장되고, 신상과 관련하여 스스로 할 수 있는 것은 단독으로 결정할 수 있게 되었으며, 후견과 관련한 별도의 등기제도를 운영하기 때문에 후견인 선임 여부에 대한 개인정보도 보호가 된다.

후견인은 가정법원이 권한을 부여하는 범위(법정후견) 또는 후견계약의 내용에 따라(임의후견) 재산관리나 신상관련 사항을 지원하게 되고, 본인을 위한 의사결정의 대행, 본인이 의사결정을 할 수 있도록 지원, 사무의 후원 등의 역할을 할 수 있다.

구체적으로는 통장의 관리, 각종 계약의 체결, 공공서비스 이용신청, 의료행위의 동의, 우편물의 관리 등이 있다. 그러나 후견서비스를 이용하는 개개인의 사정이 다르고 개정민법은 의사결정능력이 부족한 사람의 자기결정권을 최대한 존중한다는 취지이기 때문에 후견업무의 범위는 피후견인 개개인의 의사결정 능력이나 의사소통능력, 생활영역에 따라 개인별 맞춤형에 따라 매우 다양하게 결정된다..

법정후견인을 선임하고자 하는 경우 본인, 배우자, 4촌 이내의 친족, 검사 또는 지방자치단체의 장 등이 가정법원에 후견개시의 심판청구를 할 수 있으며, 임의후견의 경우에는 별도로 후견계약을 맺은 뒤 후견개시가 필요한 상황이 되었을 때 가정법원에 임의후견감독인의 선임을 청구하여야 하며 각각의 심판청구에 대한 가정법원의 결정이 나면 후견인이 선임되고 후견업무를 수행하게 된다.

본인이 원하는 사람에게 원하는 수준의 후견서비스를 받고 싶은 사람은 후견계약을 통해 임의후견인을 선임할 수 있고, 후견계약은 공정증서로 체결하여야 하며 가정법원에 등기하여야 한다.

5. 장애인고용촉진 및 직업재활법

이 법은 장애인이 그 능력에 맞는 직업생활을 통하여 인간다운 생활을 할 수 있도록 장애인의 고용촉진 및 직업재활을 꾀하는 것을 목적으로 한다.

제1장 총칙, 제2장 장애인고용촉진 및 직업재활, 제3장 장애인 고용의무 및 부담금, 제4장 한국장애인고용공단, 제5장 장애인 고용촉진 및 직업재활 기금, 제6장 보칙 등 총 6장 87개조와 부칙으로 구성되어 있다.

1990년 1월 13일 법률 제4219호에 의해 「장애인고용촉진 등에 관한 법률」로 제정되면서 2015년에 「장애인고용촉진 및 직업재활법」으로 명칭이 변경되었다. 이후로도 일부 개정이 이루어졌다.

이 법에서 사용하는 '장애인'이란 신체 또는 정신상의 장애로 장기간에 걸쳐 직업재활에 상당한 재활을 받는 자, '중증장애인'이란 장애인 중 근로능력이 현저하게 상실된 자로서 대통령령으로 정하는 기준에 해당하는 자를 말한다(제2조). 고용노동부장관과 보건복지부 장관은 장애인이 그 능력에 맞는 직업에 취업할 수 있도록 하기 위해 장애인에 대한 직업상담, 직업적성검사 및 직업능력평가 등을 실시하고, 고용정보를 제공하는 등 직업지도를 해야 한다(제10조). 국가와 지방자치단체는 장애인 중 정상적인 작업 조건에서 일하기 어려운 장애인을 위하여 특정한 근로 환경을 제공하고 그 근로 환경에서 일할 수 있도록 보호고용을 실시해야 한다(제14조).

고용노동부장관은 장애인을 고용하거나 고용하려는 사업주에게 장애인을 고용하는 데 필요한 시설과 장비 구입·설치·수리 등에 드는 비용, 장애인의 직업재활에 필요한 작업 보조 공학기기 또는 장비 등 장애인의 적정한 고용관리를 위해 장애인의 직업재활 상담원, 작업지도원, 수화통역사 또는 낭독자 등을 배치하는 데 필요한 비용 등을 융자하거나 지원할 수 있다(제21조). 국가와 지방자치단체의 장은 장애인을 소속 공무원 정원의 100분의 3 이상을 고용해야 하며, 각 급 기관의 장은 장애인이 신규채용 인원의 100분의 3 이상 채용되도록 시험을 실시해야 한다.

다만, 교사의 신규채용 시 장애인 응시 인원 또는 장애인 합격자의 수가 장애인 채용 예정 인원에 미치지 못하면 그 부족한 인원을 장애인이 아닌 자로 채용할 수 있다(교육공무원법 제11조 제1항). 상시 50명 이상의 근로자를 고용하는 사업주는 그 근로자의 총수의 100분의 5 범위에서 대통령령으로 정하는 비율 이상에 해당하는 장애인을 고용해야 한다(제28조).

고용노동부장관은 고용장려금을 받은 자가 거짓이나 그 밖의 부정한 방법으로 고용장려금을 받거나 그 밖의 잘못 지급된 고용장려금이 있는 경우 당해 금액을 징수해야 하며, 고용장려금을 지급 받은 날 또는 지급받으려 한 사실이 있는 날부터 2년간 고용장려금의 지급을 제한할 수 있다(제31조).

의무고용률에 못 미치는 장애인을 고용하는 사업주는 대통령령으로 정하는 바에 따라 매년 고용노동부장관에게 장애인고용부담금을 납부해야 한다(제33조). 고용노동부장관은 공단의 운영, 고용장려금의 지급 등 장애인의 고용촉진 및 직업재활을 위한 사업을 수행하기 위해 장애인고용촉진 및 직업재활 기금을 설치한다(제68조).

국가기관, 지방자치단체, 재활실시기관, 그 밖에 장애인과 관련된 기관 및 단체는 장애인의 고용촉진 및 직업재활을 위해 고용노동부장관이 실시하는 시책에 협조해야 한다(제80조).

〈표 6-1〉 장애인고용법상 2022년 장애인 의무고용률

기준연도	2020년	2021년	2022년
국가 및 지방자지단체	3.4%	3.4%	3.6%
상시근로자 50명 이상의 공공기관	3.4%	3.4%	3.6%
상시근로자 50명 이상의 민간기업	3.1%	3.1%	3.1%

장애인 고용인원을 산정하는 경우 1개월 동안 소정근로시간이 60시간 이상인 중증장애인의 고용은 그 인원의 2배에 해당하는 장애인의 고용으로 간주한다(장애인고용법 제28조의 3 및 동법 시행령 제26조의 2).

6. 장애인 등에 대한 특수교육법

이 법은 1977년 12월 31일 제정 · 공포된 법률 제3053호 특수교육 진흥법이 폐지되고, 장애인 및 특별한 교육적 요구가 있는 사람의 장애유형, 장애정도, 특성을 고려한 교육을 국가 및 지방자치단체 차원에서 보장하기 위해 2007년 5월 25일 법률 제8483호로 제정 · 공포한 법률이다.

특수교육 대상자에 대한 특수교육 및 관련 서비스를 국가 및 지방자치단체 차원에서 지원하기 위한 제반 사항이 제1장 총칙, 제2장 국가 및 지방자치단체의 임무, 제3장 특수교육대상자의 선정 및 학교배치 등, 제4장 영유아 및 초 · 중등교육, 제5장 고등교육 및 평생교육, 제6장 보칙 및 벌칙 등으로 규정되어 있다.

2013년 12월 30일 개정에서는 학교에서의 특수교육대상자에 대한 인권보호 시책이 시급한 최근의 교육 현장 상황을 감안하여, 특수교육교원과 통합교육을 실시하는 일반학교 교원의 교육·연수과정에 특수교육 대상자의 인권을 존중하도록 하는 내용이 포함되었다.

교육기본법 제18조에 따라 국가 및 지방자치단체가 장애인 및 특별한 교육적 요구가 있는 사람에게 통합된 교육환경을 제공하여, 이들이 자아를 실현하고 사회통합을 하는 데 기여함을 목적으로 제정되었다.

특수교육은 특수교육대상자의 교육적 요구를 충족시키기 위하여 특수교육대상자의 특성에 적합한 교육과정 및 특수교육 관련서비스 제공을 통하여 이루어지는 교육이다. 특수교육 관련서비스는 특수교육 대상자의 교육을 효율적을 실시하기 위하여 필요한 인적·물적 자원을 제공하는 서비스로, 상담지원·가족지원·치료지원·보조인력지원·보조공학기기지원·학습보조기기지원·통학지원 및 정보접근지원 등이 포함된다(제2조).

국가 및 지방자치단체는 특수교육대상자에게 적절한 교육을 제공하기 위하여 장애인에 대한 특수교육종합계획의 수립, 특수교육대상자의 조기발견, 특수교육대상자의 취학지도, 특수교육의 내용·방법·지원체제의 연구·개선, 특수교육교원의 양성 및 연수, 특수교육기관의 수용계획의 수립, 특수교육기관의 설치·운영 및 시설·설비의 확충·정비, 특수교육에 필요한 교재연구·개발 및 보급, 특수교육대상자에 대한 진로 및 직업교육방안의 강구, 장애인에 대한 고등교육 및 평생교육 방안의 강구, 특수교육대상자에 대한 특수교육 관련 서비스 지원방안의 강구, 그밖에 특수교육 발전을 위하여 필요하다고 인정하는 사항에 관한 업무를 수행해야 한다(제5조).

개별화교육은 각급 학교의 장이 특수교육대상자 개인의 능력을 개발하기 위하여 장애유형 및 장애특성에 적합한 교육목표·교육내용·특수교육 관련서비스 등이 포함된 계획을 수립하여 실시하는 교육으로, 각급 학교의 장은 특수교육대상자의 교육적 요구에 적합한 개별화교육을 제공하기 위하여 보호자, 특수교육교원, 진로 및 직업교육 담당 교원, 특수교육 관련서비스 담당 인력 등으로 개별화 교육지원팀을 구성하며, 개별화교육지원팀은 매 학기마다 특수교육대상자에 대한 개별화교육계획을 작성하도록 한다(제22조).

국가 및 지방자치단체의 업무수행에 관한 주요 사항을 심의하기 위하여 교육부장관 소속으로 중앙교육특수교육위원회를, 교육감 소속으로 시 · 도 특수교육위원회를, 교육장 소속으로 시 · 군 · 구 특수교육위원회를 둔다(제10조). 특수교육 연수, 교수 · 학습활동의 지원, 특수교육 관련 서비스 지원, 순회교육 등을 담당하고 특수교육센터를 시 · 도 교육청 및 모든 하급교육행정기관에 설치 · 운영하여야 한다(제11조, 2019. 12. 10. 개정).

또한 교육감은 특수교육대상자의 인권보호를 위하여 인권침해 실태에 관한 조사를 대통령령으로 정하는 바에 따라 매년 실시하여 그 결과를 교육부장관에게 보고하여야 하고(제13조. 2019. 12. 10. 개정), '인권침해 사건 신고시스템의 구축 · 운영 등의 법률'을 신설하여(제13조의2. 2019. 12. 10. 개정) 특수교육대상자에 대한 인권침해 현장을 보거나 그 사실을 알게 된 자는 학교 등 관계 기관에 이를 즉시 신고하여야 하며, 교육감은 특수교육대상자에 대한 인권침해 사건의 신속한 신고 및 발견을 위하여 신고시스템을 구축 · 운영하여야 한다.

또한 교육감은 제2항에 따른 신고시스템을 통하여 인권침해 사건을 접수한 때에는 소속 공무원으로 하여금 해당 인권침해 사건을 조사하게 할 수 있게 하고 이 경우 조사의 방법 · 절차 등은 대통령령으로 정하며 교육감은 제3항에 따른 인권침해 사건 조사 결과를 교육부장관에게 보고하여야 한다.

장애를 이유로 입학의 지원을 거부하거나 입학전형 합격자의 입학을 거부하거나 대학의 입학전형절차에서 장애로 인하여 필요한 수험편의의 내용을 조사 · 확인하기 위한 경우 외에 별도의 면접이나 신체검사를 요구하는 등 입학전형 과정에서 차별을 행하는 등의 불이익한 처분을 한 교육기관의 장은 1년 이하의 징역 또는 1천만원 이하의 벌금에 처하도록 하고 있다(제38조, 2016. 5. 29. 개정).

3~17세 특수교육 대상 학생에 대한 의무교육, 고등학교 이후 단계인 전공과 교육과 3세 미만 장애영아에 대한 무상교육, 고등교육과 평생교육에 이르기까지 장애인의 생애주기별 요구에 부합하는 교육을 보장하기 위한 근

간을 제공하고 있다.

기존 특수교육진흥법의 한계를 뛰어넘어 장애학생과 보호자의 권리와 참여를 강화하고, 장애인의 교육 기회보장과 교육의 질 향상에 필요한 특수교육 및 관련서비스를 구체적으로 명시하고 있다는 점에 의의가 있다.

<개정 2016. 6. 21.>

특수교육대상자 선정 기준(시행령 제10조 관련)

1. 시각장애를 지닌 특수교육대상자
   시각계의 손상이 심하여 시각기능을 전혀 이용하지 못하거나 보조공학기기의 지원을 받아야 시각적 과제를 수행할 수 있는 사람으로서 시각에 의한 학습이 곤란하여 특정의 광학기구 · 학습매체 등을 통하여 학습하거나 촉각 또는 청각을 학습의 주요 수단으로 사용하는 사람

2. 청각장애를 지닌 특수교육대상자
   청력 손실이 심하여 보청기를 착용해도 청각을 통한 의사소통이 불가능 또는 곤란한 상태이거나, 청력이 남아 있어도 보청기를 착용해야 청각을 통한 의사소통이 가능하여 청각에 의한 교육적 성취가 어려운 사람

3. 지적장애를 지닌 특수교육대상자
   지적 기능과 적응행동상의 어려움이 함께 존재하여 교육적 성취에 어려움이 있는 사람

4. 지체장애를 지닌 특수교육대상자
   기능 · 형태상 장애를 가지고 있거나 몸통을 지탱하거나 팔다리의 움직임 등에 어려움을 겪는 신체적 조건이나 상태로 인해 교육적 성취에 어려움이 있는 사람

5. 정서 · 행동장애를 지닌 특수교육대상자
   장기간에 걸쳐 다음 각 목의 어느 하나에 해당하여, 특별한 교육적 조치가 필요한 사람
   가. 지적 · 감각적 · 건강상의 이유로 설명할 수 없는 학습상의 어려움을 지닌 사람
   나. 또래나 교사와의 대인관계에 어려움이 있어 학습에 어려움을 겪는 사람
   다. 일반적인 상황에서 부적절한 행동이나 감정을 나타내어 학습에 어려움이 있는 사람

라. 전반적인 불행감이나 우울증을 나타내어 학습에 어려움이 있는 사람
마. 학교나 개인 문제에 관련된 신체적인 통증이나 공포를 나타내어 학습에 어려움이 있는 사람

6. 자폐성장애를 지닌 특수교육대상자
사회적 상호작용과 의사소통에 결함이 있고, 제한적이고 반복적인 관심과 활동을 보임으로써 교육적 성취 및 일상생활 적응에 도움이 필요한 사람

7. 의사소통장애를 지닌 특수교육대상자
다음 각 목의 어느 하나에 해당하여 특별한 교육적 조치가 필요한 사람
가. 언어의 수용 및 표현 능력이 인지능력에 비하여 현저하게 부족한 사람
나. 조음능력이 현저히 부족하여 의사소통이 어려운 사람
다. 말 유창성이 현저히 부족하여 의사소통이 어려운 사람
라. 기능적 음성장애가 있어 의사소통이 어려운 사람

8. 학습장애를 지닌 특수교육대상자
개인의 내적 요인으로 인하여 듣기, 말하기, 주의집중, 지각(知覺), 기억, 문제 해결 등의 학습기능이나 읽기, 쓰기, 수학 등 학업 성취 영역에서 현저하게 어려움이 있는 사람

9. 건강장애를 지닌 특수교육대상자
만성질환으로 인하여 3개월 이상의 장기입원 또는 통원치료 등 계속적인 의료적 지원이 필요하여 학교생활 및 학업 수행에 어려움이 있는 사람

10. 발달지체를 보이는 특수교육대상자
신체, 인지, 의사소통, 사회·정서, 적응행동 중 하나 이상의 발달이 또래에 비하여 현저하게 지체되어 특별한 교육적 조치가 필요한 영아 및 9세 미만의 아동

7. 장애인활동 지원에 관한 법률

2007년 4월 장애인복지법에 의거 '장애인 활동 보조 서비스'로 최초 시행되어, 2008년 대통령 공약 사항 및 100대 국정 과제에 선정되어 보건복지부 '장애인 정책 발전 5개년 계획'에 반영되었고, 장애인장기요양보장추진단이

설치 · 운영되고 있다. 2009년 7~10월 1차 시범 사업이 서울특별시 서초구 등 6개 시 · 군 · 구에서 539명을 대상으로 실시되었고, 2010년 6월에는 제도 모형이 확정(제도의 명칭은 장애인 활동 지원 제도로 확정되면서, 관리 운영 기관은 국민연금공단으로 선정)되어 국회에 보고되었다.

2010년 9월부터 2011년 3월까지 서울특별시 서초구 등 7개 시 · 군 · 구에서 만 6세 이상 65세 미만 활동 보조 서비스 이용자 중 희망자 897명을 대상으로 2차 시범 사업을 실시한 후, 2011년 1월 4일에는 「장애인 활동 지원에 관한 법률」이 제정되었다. 2011년 3월 30일에는 활동 지원 급여의 종류에서 '주간 보호'가 삭제되어 개정되었고, 2011년 7월 28일에는 시행령 및 시행 규칙이 제정 공포되었다. 이와 같은 시범 사업과 법 제정을 통해 2011년 10월 5일 장애인 활동 지원 제도가 본격적으로 시행되었다.

이 법의 목적은 신체적 · 정신적 장애 등의 사유로 혼자서 일상생활과 사회생활을 하기 어려운 장애인에게 제공하는 활동지원급여에 관한 사항을 규정하여 장애인의 자립생활을 지원하고 그 가족의 부담을 줄임으로써 장애인의 삶의 질을 높이는 것이다. 이 법률(제16조)에 따르면, 활동보조급여는 '활동지원급여'의 하나로, 활동지원사가 장애인(이용자)의 가정 등을 방문하여 신체활동, 가사활동 및 이동보조 등을 지원하는 활동으로 규정하고 있다. 이 법에서는 방문목욕이나 방문간호는 활동보조와는 별도의 활동지원급여로 구분해 두고 있다.

8. 장애인 · 노인 · 임산부 등의 편의증진 보장에 관한 법률

이 법은 1997년에 제정되어 장애인과 노인, 임산부 등이 다른 사람의 도움 없이도 안전하고 편리하게 시설 및 설비를 이용하고 정보에 접근하도록 보장함으로써 이들의 사회활동 참여와 복지증진에 이바지하는 데 목적을 두고 있다. 이 법은 장애인만을 대상으로 하는 법이 아니다. 제2조 제1호에서는 "장애인등"이란 장애인 · 노인 · 임산부 등 일상생활에서 이동, 시설 이용 및 정보 접근 등에 불편을 느끼는 사람을 말한다."고 규정하여 장애인은 물론 노인, 임산부와 같이 노약자 일반에 대한 시설이용 및 정보에의 접근을 용이하게 해주기 위한 것임을 알 수 있다.

또한 이 법은 사회적 약자의 동등한 사회생활참여기회의 보장과 그들의 복지증진이라는 두 가지 이념을 목적으로 하고 있다. 단순히 국가의 일방적인 사회적 부조의 차원을 넘어서 장애인 및 노약자 스스로가 다른 사람의 도움 없이 사회생활에 참여할 수 있는 기회를 확대시키고자 하는 소수자 권리보장의 정신을 지향하고 있는 것이다.

9. 교통약자의 이동편의 증진법

2005년 1월 27일 제정되어, 2006년 1월 28일부터 시행중인 법률이며, 교통약자가 안전하고 편리하게 이동할 수 있도록 교통수단, 여객시설 및 도로에 이동편의시설을 확충하고 보행환경을 개선하여 사람중심의 교통체계를 구축함으로써 교통약자의 사회 참여와 복지 증진에 이바지함을 목적으로 한다.

교통약자 이동편의 증진계획은 교통약자의 이동편의증진을 위해 5년 단위로 수립하는 계획으로, 교통약자 이동편의 증진정책의 기본방향 및 목표에 관한 사항, 이동편의시설의 설치 및 관리 실태, 보행환경 실태, 이동편의시설의 개선과 확충에 관한 사항, 저상버스 도입에 관한 사항, 보행환경 개선에 관한 사항, 특별교통수단 도입에 관한 사항, 교통약자 이동편의 증진계획의 추진에 소요되는 재원조달 방안, 그 밖에 교통약자의 이동편의증진을 위하여 대통령령이 정하는 사항이 포함된다.

시장 또는 군수는 교통약자를 포함한 보행자의 안전하고 편리한 보행환경을 위하여 필요하다고 인정하는 때에는 도로의 일정구간을 보행우선구역으로 지정할 수 있다. 시장 또는 군수는 제1항의 규정에 의하여 보행우선구역을 지정하고자 하는 때에는 보행우선구역의 지정 및 유지관리를 위한 계획(이하 "지정계획"이라 한다)을 수립하여야 한다. 지정계획에는 해당 보행우선구역의 위치 · 면적 그 밖에 국토교통부령이 정하는 사항이 포함되어야 한다. 시장 또는 군수는 지정계획을 수립하고자 하는 경우에는 미리 당해 지역을 관할하는 지방경찰청장 또는 경찰서장 등 관계 행정기관의 장과 협의 후 당해 지역주민 및 관계 전문가의 의견을 청취하여 이를 확정 · 고시하여야 한다.

10. 한국수화언어법(약칭 한국수어법)

이 법은 한국수화언어가 국어와 동등한 자격을 가진 농인의 고유한 언어임을 밝히고, 한국수화언어의 발전 및 보전의 기반을 마련하여 농인과 한국수화언어사용자의 언어권과 삶의 질을 향상시키는 것을 목적으로 2016년 2월 3일 제정되어 2016년 8월 4일부터 시행된 법률이다.

이 법의 기본이념은 다음과 같다.

① 한국수화언어(이하 "한국수어"라 한다)는 대한민국 농인의 공용어이다.
② 국가와 국민은 한국수어를 사용하는 농인이 농정체성을 확립하고 한국수어와 농문화를 계승 · 발전할 수 있도록 협력한다.
③ 농인과 한국수어사용자(이하 "농인등"이라 한다)는 한국수어 사용을 이유로 정치 · 경제 · 사회 · 문화의 모든 생활영역(이하 "모든 생활영역"이라 한다)에서 차별을 받지 아니하며, 모든 생활영역에서 한국수어를 통하여 삶을 영위하고 필요한 정보를 제공받을 권리가 있다.
④ 농인 등은 한국수어로 교육받을 권리가 있다.

또한 이 법에서 사용하는 용어의 뜻(정의)은 다음과 같다.

① "한국수어"란 대한민국 농문화 속에서 시각 · 동작 체계를 바탕으로 생겨난 고유한 형식의 언어를 말한다.

② "농인"이란 청각장애를 가진 사람으로서 농문화 속에서 한국수어를 일상어로 사용하는 사람을 말한다.
③ "한국수어사용자"란 농인 외에 청각장애 또는 언어장애로 인하여 한국수어를 일상어로 사용하거나 보조적으로 사용하는 사람을 말한다.
④ "농문화"란 농인으로서의 농정체성과 가치관을 기반으로 하는 생활양식의 총칭을 말한다.
⑤ "농정체성"이란 농인으로서 가지는 자기동일성을 말한다.
⑥ "수어통역"이란 한국수어를 국어로 변환하거나 국어를 한국수어로 변환하는 것을 말한다.
⑦ "공공기관 등"이란 국가, 지방자치단체 및 「공공기관의 운영에 관한 법률」에 따른 공공기관을 말한다.

11. 장애인건강권 및 의료접근성보장에 관한 법률 (약칭 장애인건강권법)

이 법률은 장애인과 비장애인의 건강 격차를 해소하고자 2015년 12월 29일 장애인의 건강권 보장을 위한 지원, 장애인 보건관리 체계 확립 및 의료접근성 보장에 관한 사항을 규정하여 장애인의 건강증진에 이바지하는 것을 목적으로 제정하였다.

장애인복지법 제2조에 따른 장애인으로 질병 예방, 치료 및 재활, 영양개선, 재활운동, 보건교육 및 건강생활의 실천 등에 관한 제반 여건의 조성을 통하여 최선의 건강상태를 유지할 수 있도록 하고, 보건과 의료서비스를 제공받을 권리를 포함하고 있다.

장애인 건강권법의 가장 중요한 사항은 장애인의 의료기관 접근을 보장하기 위해 이동편의라든가 의료기관에서 장애인에게 적절한 편의를 제공하는 것이며, "장애인 건강보건관리사업"을 통하여 장애인을 위한 건강검진,

주기별 질환관리, 진료 및 재활, 건강증진사업 등 장애인 건강보건관리를 위한 각종 활동 및 지원 사업을 하고 장애유무, 장애 유형 정도, 성별 등의 특성에 따라 장애인과 비장애인 간 또는 장애인 간 건강수준의 격차가 발생하지 않도록 보건의료 접근성을 향상하는 등 장애인의 건강권 보장을 위한 제반 보건활동을 하는 것이다.

또한 재활의료의 경우 손상이나 질병으로 인한 장애를 최소화하고, 장애인과 손상이나 질병 발생 후 완전한 회복이 어려워 일정기간 내에 장애인이 될 것으로 예상되는 사람을 대상으로 기능 회복과 유지를 위하여 필요한 의료행위를 제공한다.

특히 2020년 12월 29일 현행법을 일부 개정(제18조 제1항 개정, 제18조 제2항 신설)하여 장애가 있는 어린이 환자의 경우 그 질병이나 장애의 치료 · 재활에 있어서 어린이의 성장단계와 장애유형에 따른 특수성을 고려해야 하는 바, 어린이의 신체에 적합한 의료장비 · 시설을 구비하고 전문적인 치료와 교육, 돌봄을 병행하여 제공할 수 있도록 국가와 지방자치단체는 어린이의 특성과 요구에 맞는 체계적인 재활의료 지원을 위하여 권역별 공공어린이재활병원 및 공공어린이재활의료센터(이하 "공공어린이재활병원등"이라 한다)를 설치 또는 지정 · 운영할 수 있도록 하였다.

특히 의료기관을 직접 이용하기 어려운 장애인을 위한 방문 진료사업을 수행하고, 국가와 지방자치단체는 중증장애인에 한해 장애인 주치의 제도를 시행하도록 하고 있고, 여기에 동네 의료기관에서 진료하지 못하는 질환 등에 대해서는 장애인이 거주하는 가까운 거리에 지정된 장애인건강보건의료센터를 이용해 진료를 받을 수 있도록 명시하고 있다.

또한 국가 및 지방자치단체는 중증장애인에 한해 장애인주치의제도를 시행하고 대상, 범위 등 세부적인 사항은 대통령령으로 정하도록 하였고 보건복지부장관 및 시 · 도지사는 장애인의 건강검진, 진료 및 치료 등의 의료서비스를 제공하고 관련 의료종사자에 대한 교육훈련 등의 업무를 수행하는 '중앙 및 지역장애인건강보건의료센터'를 지정토록 하여 의료전달체계를 마련하고, 법안은 장애인정책조정회의의 심의를 거쳐 '장애인건강보건관리종합계획'을 5년마다 수립, 시행토록 한다.

이 법의 기본이념은 다음과 같다.

① 장애인은 최적의 건강관리와 보호를 받을 권리를 가진다.
② 장애인은 장애를 이유로 건강관리 및 보건의료에 있어 차별대우를 받지 아니한다.
③ 장애인은 건강관리 및 보건의료 서비스의 접근에 있어 비장애인과 동등한 접근성을 가질 권리를 가진다.

또한 이 법에서 사용하는 용어의 뜻(정의)은 다음과 같다.

① "장애인"이란 장애인복지법 제2조에 따른 장애인을 말한다.
② "건강권"이란 질병 예방, 치료 및 재활, 영양개선, 재활운동, 보건교육 및 건강생활의 실천 등에 관한 제반 여건의 조성을 통하여 최선의 건강상태를 유지할 권리를 말하며, 보건과 의료서비스를 제공받을 권리를 포함한다.
③ "장애인 건강보건관리"란 장애 유무, 장애 유형 및 정도, 성별 등의 특성에 따라 장애인과 비장애인 간 또는 장애인 간 건강수준의 격차가 발생하지 아니하도록 보건의료 접근성을 향상하는 등 장애인의 건강권 보장을 위한 제반 보건의료활동을 말한다.
④ "장애인 건강보건관리사업"이란 장애인을 위한 건강검진, 주기별 질환관리, 진료 및 재활, 건강증진사업 등 장애인 건강보건관리를 위한 각종 활동 및 지원 사업을 말한다.
⑤ "재활의료"란 손상이나 질병으로 인한 장애의 최소화 및 장애인(손상이나 질병 발생 후 완전한 회복이 어려워 일정기간 내에 장애인이 될 것으로 예상되는 사람을 포함한다)의 기능 회복과 유지를 위하여 필요한 의료행위를 말한다.
⑥ "재활의료기관"이란 의료법 제3조 제2항 제3호에 따른 병원급 의료기관 중에서 재활의료를 행할 목적으로 제18조 제1항에 따라 지정된 병원을 말한다.

12. 장애인·노인 등을 위한 보조기기 지원 및 활용촉진에 관한 법률(약칭 장애인보조기기법)

이 법은 2015년 12월 29일 제정하여 2016년 12월 30일부터 시행되어 「장애인·노인 등을 위한 보조기기 지원 및 활용촉진에 관한 법률」에서 위임된 사항과 장애인·노인 등을 위한 보조기기의 지원과 활용촉진에 필요한 사항을 규정하고, 보조기기 서비스를 효율적으로 제공하여 장애인·노인 등의 활동의 제약을 최소화하고, 장애인들의 사회참여와 직업활동을 지원하여 삶의 질 향상에 이바지하는 것을 목적으로 하고 있다.

중앙단위와 광역단위에 보조기기센터를 운영하고, 보조기기의 서비스와 품질관리 체계를 구축해서 보조기구를 적절하게 사용하고 또 안전하게 사용함으로서 장애인의 삶의 질 향상을 주요 내용으로 하고, 이로 인해 그 동안 광역단위의 경우 보조기기 센터가 없어서 장애인이 보조기기를 구입하거나 수리를 하지 못해 활동하는 데 제한을 많이 받아 왔었는데 장애인 보조기기 지원법으로 보조기기를 크게 활용하게 되어 장애인의 활동 영역이 크게 넓어질 것으로 전망하고 있다.

또한 제5조 제4항에 따른 보조기기 정책수립에 필요한 기초자료로 활용하기 위하여 3년마다 보조기기 실태조사를 실시하여야 하는데 이 경우 실태조사는 장애인복지법 제31조에 따른 장애실태조사와 함께 실시할 수 있고 다음 각 호의 사항이 포함되어야 한다.

① 보조기기의 이용 실태

② 보조기기의 품목·지원방법 등에 대한 수요

③ 보조기기의 생산·판매·유통·대여·수입·수리 등의 산업동향

④ 그 밖에 보건복지부장관이 보조기기 정책 수립의 기초자료로 활용하기 위하여 필요하다고 인정하는 사항

13. 점자법

이 법은 2016년 5월 29일 제정하여 2017년 5월 30일부터 시행되었으며, 언어에 관한 법률이라는 점에서 국어기본법, 한국수화언어법과도 관련이 있다고 할 수 있다. 점자 및 점자문화의 발전과 보전의 기반을 마련하여 시각장애인의 점자사용 권리를 신장하고 삶의 질을 향상시키는 것을 목적으로 제1장 총칙, 제2장 점자발전기본계획의 수립, 제3장 점자사용의 촉진 및 보급, 제4장 보칙 등 총 20개의 조항 그리고 3개 조항의 부칙으로 구성되어 있다.

주요 내용으로는 점자발전과 보전을 위해 점자 관련 전문가 등의 심의를 거쳐 5년마다 점자발전기본계획을 수립하도록 했으며, 공공기관 등이 시각장애인들에게 모든 문서를 점자로 제공해야 함을 명시했다. 이 밖에 점자교육의 기반조성, 점자의 보급 및 지원, 점자 정보화의 촉진, 점자 관련 전문인력의 자격 부여 등의 내용이 법안에 포함됐다.

시각장애인들에게 점자는 문자생활을 영위하고 교육 혜택을 향유할 수 있는 토대로서 의사소통 수단 이상의 의미를 지니고 있음에도 불구하고, 그동안 문자로서 가치를 인정받지 못하고 법적 지위조차 갖지 못한 채 사용되어 왔다.

「장애인차별금지 및 권리구제 등에 관한 법률」 및 장애인복지법 등에 점자 및 점자 자료 제공의 근거가 마련되어 있기는 했으나, 우리나라는 점자 사용 환경이 미비하여 점자의 이용·학습·문서작성 등에 제약이 있다. 이는 입법·사법·행정 분야뿐 아니라 교육·취업 및 일상생활 전 영역에서 차별을 야기하는 요인이 되고 있다.

점자기본법의 제정은 점자에 대한 가치를 국가에서 인정하고, 점자를 문자로 계승·발전시켜야 한다는 사회적 합의를 이끌어냈다는 점에서 큰 의미를 가지고 있다.

미국의 경우, 대부분의 주에서 점자법(Braille Bill)이 제정되어 시각장애 학교는 물론, 일반 학교의 시각장애학생에게도 점자를 가르치도록 권장하고 있으며, 일본은 점자투표제도, 점자 내용증명 우편제도, 점자 소송장 제도 등 시각장애인이 점자를 통해 시민으로서의 권리를 행사할 수 있는 "점자시민권"의 개념으로 접근하고 있는 등, 우리나라보다 앞서 점자 관련 법률과 정책을 시행해오고 있다.

반면 우리나라는 점자의 육성과 발전을 목적으로 하는 제도적 장치가 부족하여 체계적 지원이 되지 않는 실정이다. 이에, 국가차원에서 점자의 지속적인 발전과 보존을 위해 개별 규정들의 근거가 되는 모법이 필요하다는 취지로 점자기본법('점자법'으로 수정 예정)이 발의되었고, 마침내 법으로 제정되었다.

이번 제정으로 점자가 어문과 동등한 효력을 지닌 공식적 문자임을 인정받고, 점자의 발전 · 보존 · 교육 · 보급의 기반을 마련할 수 있게 되었다. 점자 문화에 대한 각종 지원이 보다 다채롭고 양적으로도 풍부하게 늘어날 법적 근거를 갖추게 되었다는 데 의미가 있다고 볼 수 있다.

14. 중증장애인생산품 우선구매 특별법

2008년 9월 22일부터 시행된 「중증장애인생산품 우선구매 특별법」은 경쟁고용이 어려운 중증장애인들을 고용하는 직업재활시설 등의 생산품에 대한 우선구매를 지원함으로써 중증장애인의 직업재활을 돕고 국민경제발전에 기여함을 목적으로 하고 있으며, 품목에 관계없이 매년 공공기관이 구매하는 물품 및 용역 총구매액의 1% 이상을 중증장애인생산품으로 우선 구매토록 하고 있다. 공공기관은 매년 중증장애인생산품의 구매계획을 수립하여 추진해야 하고 보건복지부장관은 공공기관의 전년도 구매실적 및 그해의 구매계획을 취합하여 '중증장애인생산품 우선구매 촉진계획'을 수립하여 시행하여야 한다.

15. 장애예술인 문화예술 활동 지원에 관한 법률

(약칭 장애예술인지원법)

2020년 6월 9일 제정된 이 법은 장애예술인의 문화예술 활동 지원에 필요한 사항을 정하여 장애예술인의 문화예술 활동을 촉진하고 삶의 질 향상에 이바지하는 것을 목적으로 하고 있으며, 기본 이념은 장애예술인은 문화국가 실현과 국민의 삶의 질 향상에 공헌하는 존재로서 정당한 존중을 받아야 하고, 장애예술인은 그 능력과 의사에 따라 예술 활동에 종사하고 참여할 기회를 보장받아야 하는 것이다. 이 법에서 "장애예술인"이란 장애인등록증을 발급받은 사람 또는 「국가유공자 등 예우 및 지원에 관한 법률」에 따른 상이등급 중 어느 하나에 해당한다는 판정을 받은 사람 중 문화예술 활동을 업(業)으로 하는 사람으로서 대통령령으로 정하는 사람을 말한다. "문화시설"이란 문화예술진흥법에서 정하는 시설을 말한다.

국가와 지방자치단체는 장애예술인의 문화예술 활동을 촉진하기 위하여 종합적인 시책을 수립 · 시행하여야 하며, 이러한 책무를 다하기 위하여 필요한 예산을 확보하고, 행정적 · 재정적 지원 방안을 마련하여야 한다. 문화체육관광부장관은 5년마다 장애예술인의 문화예술 활동을 지원하기 위한 기본계획을 장애예술인문화예술활동 지원위원회의 심의를 거쳐 수립 · 시행하여야 한다. 기본계획에는 다음 각 호의 사항이 포함되어야 한다.

- 장애예술인 문화예술 활동 활성화를 위한 기본목표 및 추진방향
- 장애예술인 창작 · 전시 · 공연 활동의 지원
- 장애예술인 문화예술 교육 지원
- 장애예술인 고용 지원
- 장애예술인 문화시설 접근성 제고
- 장애예술인 문화예술 활동에 대한 국민의 인식 제고
- 장애예술인 문화예술 활동 협력망의 구축 · 운영

- 장애예술인 문화예술 활동 촉진 방안 연구
- 그 밖에 장애예술인의 문화예술 활동을 촉진하기 위하여 필요한 사항

문화체육관광부장관과 지방자치단체의 장은 기본계획에 따라 매년 연도별 시행계획을 수립·시행하여야 한다. 문화체육관광부장관과 지방자치단체의 장은 기본계획 및 시행계획을 수립하기 위하여 필요하다고 인정하는 경우에는 관계 행정기관·지방자치단체와 장애예술인 문화예술 활동 지원에 관련된 기관 또는 단체에 필요한 자료나 의견 등의 제출을 요청할 수 있는데, 이 경우 요청을 받은 관계 행정기관 등은 특별한 사정이 없으면 그 요청에 따라야 한다. 그 밖에 기본계획 및 시행계획의 수립·시행 등에 필요한 사항은 대통령령으로 정한다.

문화체육관광부장관은 3년마다 장애예술인의 문화예술 활동에 대한 실태조사를 실시하여 그 결과를 발표하고, 이를 장애예술인의 문화예술 활동 지원을 위한 정책수립의 기초자료로 활용하여야 한다.

CHAPTER 07

장애인과 사회보장

1. 장애인 소득보장
2. 장애인 의료보장
3. 장애인 고용보장
4. 장애인 교육보장

CHAPTER 07

장애인과 사회보장

1. 장애인 소득보장

2020년 통계청이 발표한 가계금융복지조사[1] 에 따르면 장애인가구 소득을 전국가구와 비교하면 2019년 기준 연평균 4,246만 원으로 전국가구 평균소득(5,924만 원)의 71.7% 수준에 불과하다.

소득분위로는 하위분위(1~2분위)에 장애인가구의 59.8%가 분포하는 등 저소득가구 비중이 높으며, 소득원천별로는 근로 · 사업 · 재산소득(76.8%), 공적이전소득[2](19.6%), 사적이전소득(3.5%)으로 공적이전소득 비중이 높게 나타났다. 소득원에서 공적이전소득 비중이 높은 경향은 저소득 가구일수록 심화되고 있다[전국가구 : 근로 · 사업 · 재산소득(90.4%), 공적이전소득(7.7%), 사적이전소득(1.8%)].

가구지출비용에서 장애인가구의 소비지출을 보면 식 · 주거비 44.6%, 기타소비지출 22.1%, 의료비 11.6% 등으로 전국가구에 비해 의료비 비중이 높게 나타났고, 소득분위가 낮은 저소득 가구일수록 생계 · 의료 등 필수 지출 비중이 높게 나타났다[전국가구 : 식 · 주거비(41.8%), 기타소비지출(24.5%), 교육 · 보육료(11.5%), 의료비(6.7%) 등].

또한 국가 및 사회에 대해 가장 우선적으로 요구하는 사항은 '소득보

1) 2020년 기준 전국 18,064가구 중 장애인가구는 2,021가구
2) 공적이전소득 : 공적연금, 기초연금, 양육수당, 장애인연금 · 장애수당, 기초생활보장지원금, 근로 · 자녀장려금

장'(48.9%), '의료보장'(27.9%), '주거보장'(7.4%), '고용보장'(3.6%)의 순으로 나타나고 있다. 소득보장 욕구가 더욱 커지고, 의료보장에 이어 주거보장 욕구가 높게 나타나 2017년과 차이를 보이며[2017년 : 소득보장(41.0%), 의료보장(27.6%), 고용보장(9.2%)], 소득보장 욕구의 증가와 고용보장 욕구의 감소는 코로나19 장기화로 인한 소득감소, 고용시장 위축을 고려하여 이해할 필요가 있다.

이러한 현실에서 장애인이 국가 및 사회에 바라는 욕구 중 첫 번째는 여전히 소득보장이다.

현대 사회에서 장애는 실업, 노령, 질병, 빈곤 등과 더불어 소득 상실을 유발하는 대표적인 사회적 위험(social risk)으로 간주되고 있으며, 장애인 소득보장체계는 이러한 일반적인 소득상실 위험군에 대응하는 보편적 소득보장체계의 일부로, 장애라는 독립적인 소득상실 위험 요인에 직면해 있는 장애인을 대상으로 한 특수한 소득보장체계라고 할 수 있다. 장애인 소득보장체계로서의 급여는 장애급여, 일반소득보장급여, 장애관련급여 등 크게 세 부분으로 구성되어 있다.

① 장애급여

장애인의 고용 여부와 관계 없이 모든 장애인을 대상으로 한 급여

② 일반소득보장급여

장애인을 포함한 일반 시민을 대상으로 한 보편적인 소득보장 프로그램 중 장애인의 주요 소득원천으로서의 기능을 일부 수행하는 실업급여, 퇴직급여, 기타 공공부조 등

③ 장애관련급여

상병급여, 산재급여 등 현재 고용 중이거나 또는 과거의 고용 경험이 있는 장애인을 대상으로 한 특별급여

이러한 공적 급여 중 서비스 대상 인구가 가장 넓게 분포하고 있고, 급여수준이 가장 높은 것은 장애급여로서 임금을 제외한 장애인의 소득원 중 가

장 비율이 높은 만큼 장애인 소득보장의 핵심적인 역할을 수행하고 있다(이승기 외, 2016).

장애인 소득보장제도는 크게 세 가지 유형으로 구분할 수 있다.

가입자의 기여에 기반한 사회보험방식, 비기여방식으로서 장애유형 및 장애정도 등 일정 조건을 충족하는 사회수당 방식, 소득 또는 자산조사를 통해서 일정 수준 이하의 장애인에게 급여를 지급하는 공공부조 방식이다.

(1) 사회보험방식

- 국민연금에서의 장애연금

장애연금은 가입자나 가입자이었던 자가 질병이나 부상이 발생하여 완치(진행중인 때는 초진일로부터 1년 6개월 경과 시)되었으나 신체적 또는 정신적 장애가 남았을 때 이에 따른 소득 감소부분을 보전함으로써 자신과 가족의 안정된 생활을 보장하기 위한 급여로서 장애정도(1~4급)에 따라 일정한 급여를 지급하며, 다음의 초진일 요건과 국민연금 납부요건이 모두 충족되어야 한다.

초진일 요건	국민연금 납부 요건
※ 초진일이 18세 생일부터 노령연금 지급연령 사이에 있고, 다음의 ①~③ 기간에 있지 않아야 함 ① 공무원연금, 군인연금, 사립학교교직원연금, 별정우체국연금 가입기간 ② 국외이주, 국적상실 기간 ③ 국민연금 특수직종노령연금 또는 조기노령 연금 수급권 취득한 이후의 기간(다만, 조기노령연금의 지급이 정지된 기간은 제외)	※ 다음의 ①~③ 중 하나를 충족하여야 함 ① 초진일 당시 가입기간이 가입대상기간의 1/3 이상 ② 초진일 당시 초진일 5년 전부터 초진일까지의 기간 중 가입기간이 3년 이상(단, 가입대상기간 중 체납기간이 3년 이상인 경우 제외) ③ 초진일 당시 가입기간이 10년 이상
단, 질병이나 부상의 초진일이 2016. 11. 30. 전인 경우에는 가입 중 발생한 질병이나 부상에 한해 장애연금이 지급된다.	

※ 초진일로부터 1년 6개월 경과 후에도 완치되지 아니한 경우에는 초진일로부터 1년 6개월이 경과한 날을 기준으로 장애정도를 결정하고, 만약 1년 6개월이 경과된 시점에서 장애정도가 장애등급(1~4급)에 해당하지 않았으나 그 장애가 악화되어 60세*가 되기 전에 장애등급에 해당되면 청구한 날과 완치된 날 중 빠른 날을 기준으로 장애등급을 결정한다.

이때, 60세* 이후 청구한 경우라면 60세*전 완치일이 있는 경우에만 장애연금의 지급이 가능하다.

* 1953~1956년생 61세, 1957~1960년생 62세, 1961~1964년생 63세, 1965년~1968년생 64세, 1969년생 이후 65세

산업재해보상법에서의 장해*급여

근로자가 업무상의 사유로 부상을 당하거나 질병에 걸려 근로자가 요양 후 치유되었으나 정신적 또는 신체적 결손이 남게 되는 경우 그 장해로 인한 노동력손실보전을 위하여 지급되는 보험급여이다. 장해급여 지급대상에 해당될 경우 장해등급에 해당되는 지급일수에 평균임금을 곱하여 지급하게 된다.

장해등급은 1급에서 14등급까지 구분되어 있으며 장해 1급에서 3급까지는 연금으로만 지급되고, 1~4년 분의 ½에 해당하는 금액을 선급으로 지급받을 수 있다.

장해 4급에서 7급까지는 일시금과 연금 중에 선택할 수 있으며, 연금으로 선택할 시 그 연금의 2년 분의 ½에 해당하는 금액을 선급받을 수 있고 장해 8급에서 14급까지는 일시금으로만 지급한다.

* 장애와 장해의 차이는 장애인복지법에만 '장애'이고, 산업재해보상법 등 보험관련법에서는 '장해'로 표기하고 있어 결국 서로 관장하는 법이 다를 뿐 내용은 같다.

(2) 사회수당방식

- 경증장애수당

다른 사람의 도움이 없이는 일상생활을 영위하기 어려운 기초생활보장대상 경증 장애인(장애인연금법 상 중증장애인에 해당되지 않는 자, 종전 3~6급)에게 장애수당을 지급하여 장애로 인한 추가적 비용보전이 필요한 저소득 장애인가구의 생활안정을 도모하는 것이며, 중증장애인의 경우 장애인연금으로 이관하여 지급되고 있다

장애인연금 개요

장애로 인하여 근로상실로 생활이 어려운 중증장애인에게 매월 일정 금액을 연금으로 지급하여 생활안정을 지원하는 사회보장제도이다.

지급대상은 18세 이상의 중증장애인 중 본인과 배우자의 소득과 재산을 합산한 금액(소득인정액)이 선정기준액 이하인 사람과 신청일 당시 18세 이상인 사람이며, 단, 20세 이하로서 [초 · 중등교육법]에 따른 학교에 재학(휴학 및 의무교육대상자 중 유예자도 포함됨)중인 자는 제외이다.

만 21세 이상부터는 학교에 재학(휴학 및 의무교육대상자 중 유예자도 포함됨)과 상관없이 장애인연금 신청이 가능하고, 중증장애인 장애인연금법상의 중증장애인(종전 1급, 2급 및 3급 중복 장애인)이 대상이다. 2019년 8월 기준 장애인연금은 기초급여와 부가급여로 나누어져 있다. '기초급여'는 근로능력 상실로 줄어드는 소득 보전을 위한 소득 보장 성격의 연금이며, '부가급여'는 장애로 인한 추가 비용을 보전하기 위한 연금이다. 2022년 1월부터 만 18세 이상 중증 장애인 중 소득하위 70% 수준 이하에게 월 최대 307,500원의 기초급여가 지급되고, 부가급여는 8만 원을 받는다.

- 장애아동수당

다른 사람의 도움 없이는 일상생활을 영위하기 어려운 중증장애아동 보호자에게 장애아동수당을 지급하여 저소득장애인 가구의 생활안정을 도모하는 것으로서 국민기초생활보장법에 의한 수급자 및 차상위계층의 만 18세 미만 등록 장애아동이어야 하며, 단, 만 20세 이하로서 초 · 중등교육법에 따른 학교에 재학(휴학 및 의무교육대상자 중 유예자도 포함됨) 중인 자에게 지급하는 것이다.

(3) 공공부조방식

- 국민기초생활보장제도

중증장애인의 경우 직접적 소득보장을 위해 장애인복지법 제44조, 제45조에 근거하여 국민기초생활보장법상의 생계급여 수급자에게 장애수당을 지급한다. 그러나 국민기초생활보장제도의 경우 수급자 선정 및 급여에 있어 장애로 인한 추가 지출 비용이 고려되지 않아 소득 보충에 어려움을 겪고 있다.

장애급여의 종류

- 소득보전급여
  장애인이 장애로 인해 근로능력 또는 소득활동 능력에 심각한 손상을 입어 더 이상 일을 할 수 없어 소득이 단절되는 상황에 있는 장애인과 그 가족이 기본적인 생활을 영위할 수 있도록 하기 위한 각종의 급여를 의미한다.
- 추가비용급여
  장애인이 무상의 혹은 비용의 일부 부담을 요하는 각종의 서비스를 제공받고도 완전히 충족되지 않은 욕구를 충족하고자 장애인이 추가적으로 지출하는 비용을 보전함으로써 장애인이 비장애인과 동등한 수준의 삶의 질을 영위할 수 있도록 하기 위한 각종의 급여를 의미한다.

2. 장애인 의료보장

장애인 의료비 지원은 장애인복지법 제18조 및 의료급여법 제11조에 근거하여, 생활이 어려운 저소득 장애인에게 의료비 본인부담금을 지원하여 생활안정 및 의료보장을 도모하기 위해 지급한다. 국가가 의료 등 복지 시책을 효과적으로 추진함으로써 장애인의 재활·자립과 그 가족의 정상적인 경제·사회 활동을 도와주며, 나아가 사회 복지의 증진에 기여하려는 데 목적이 있다. 의료급여법에 의한 2종 수급권자인 등록장애인과 차상위계층 본인부담 경감대상자인 등록장애인, 건강보험의 차상위 본인부담 경감대상자인 등록장애인이 의료비 지원 대상이다.

또한 장애인 보장구 중에서 의료급여 대상인 ① 지체장애인용 상하지 의지, 보조기, 지팡이, 목발, 수동휠체어, 전동휠체어와 ② 시각장애인용 돋보기, 저시력 보조 안경, 망원경, 의안, 콘택트렌즈, 흰 지팡이, ③ 청각장애인용 보청기, ④ 언어장애인용 체외용 인공후드에 대하여는 구입 시 상한액 범위 내에서 의료급여 본인부담금 15% 전액을 지원하고 있다.

3. 장애인 고용보장

장애인고용정책 유형은 일반고용(경쟁고용)과 보호고용 및 지원고용으로 구분할 수 있는데, 일반고용은 일반 사업장에서 비장애인과 같이 고용되는 형태이다. 장애인은 일반고용이 어렵기 때문에 대부분 장애인의 일반고용(할당고용)제도를 실시하고 있으며, 할당고용(quota system)을 시행하지 않는 국가의 경우 포괄적인 차별금지제도 또는 적극적 고용조치에 따라 일반고용을 촉진하는 방법을 사용하고 있다. 어느 경우이든 중증장애인을 위한 보호고용이나 지원고용제도를 병행해서 실시하고 있다.

(1) 일반고용(경쟁고용)

장애인이 비장애인 근로자가 대부분인 작업 집단에서 비장애인 근로자와 동일한 조건으로 경쟁하여 봉급 혹은 최저 임금이 지불되는 직무에 고용되는 것을 말한다. 일반고용은 다른 취업의 유형에 비해 장애인이 사회에 가장 잘 통합될 수 있으며, 보수도 가장 높은 편이다. 또한 보다 안정적인 직업에 종사할 수 있고, 작업 여건이 좋은 직종에 취업할 가능성도 높다. 그러나 일반고용을 위해서는 장애인이 특정한 기능이나 기술을 보유하고 비장애 근로자와 경쟁할 수 있는 능력을 갖추어야 하며, 장애인의 취업 가능성과 작업 능력에 대한 고용주나 직장동료들의 인식도 보다 적극적으로 전환되어야 할 것이다. 따라서 지역 사회 환경에서의 일반고용은 급여, 통합, 발전성, 독립성, 자아 개념 등의 측면에서 볼 때 보호 고용의 대안으로서 매력적인 고용 형태로, 장애가 심하지 않는 장애인에게 가장 적당한 고용 유형이다.

일반고용의 종류에는 의무고용(할당고용제), 자영업, 유보고용으로 나눌 수 있다.

① 의무고용(할당고용제)

비장애인에 비해 취업에 어려움이 많은 장애인의 고용촉진을 위해 일정 규모 이상의 사업주에게 일정 비율 이상의 장애인을 고용하도록 의무를 부과하고, 의무를 이행하지 않은 경우에는 부담금을 납부하게 하는 고용제도이다.

국가나 지방자치단체 그리고 50인 이상의 상시근로자를 고용한 일반사업장에서 5% 범위 내에서 대통령이 정한 비율을 의무적으로 고용해야 하는 것으로 1991년부터 「장애인고용촉진 등에 관한 법률」의 시행과 함께 실시되고 있다. 2022년 기준 국가 및 지방자치단체는 의무고용률 3.6%, 공공기관 3.6%, 사업주(민간기업체)는 3.1%를 고용해야 하며 의무고용률은 전체 인구 중 장애인의 비율, 전체 근로자 총수에 대한 장애인 근로자의 비율, 장애인 실업자 수 등을 고려하여 5년마다 정한다.

의무고용률이 일정 비율 미만인 경우, 채용하지 않은 장애인 근로자 1명당 부담금을 산정하여 부과하게 된다.

② 자영업

자영업을 희망하는 장애인에게 창업 자금을 대부한다.

③ 유보고용

유보고용은 영국의 장애인고용법(1994)에서 최초로 제시되었으며, '등록장애인에게 2가지 직종(승강기 안내원, 주차장 안내원, 전화교환원 등)의 고용주는 장애인 외에는 고용해서는 안된다'라고 규정하고 있다(이승기 외, 2016). 이와 같이 유보고용은 일정한 직종을 지정하고 그들 전부 혹은 일부의 종업원을 장애인을 우선적으로 고용하는 제도이다. 주요 국가들의 유보고용의 현황을 살펴보면 다음의 표와 같다.

〈표 7-1〉 각국의 유보고용 현황

국명	장애유형	유보직종	주요 내용
미국	시각장애인	자판기, 카페테리아 운영	연방정부 및 주정부, 공공기관내의 자판기, 카페테리아운영권을 시각장애인에게 우선분양
캐나다	시각장애인	자판기 운영	주정부 또는 공공기관 내 자판기 운영권을 시각장애인에게 우선분양
대만	시각장애인	안마업	
영국	장애인	승강기 안내원, 주차안내원 전화교환원	
일본	시각장애인	안마업	시각장애인의 경우 병원, 진료소에서 지압과 안마 직종의 70%를 고용
스웨덴	시각장애인	복권판매업	시각장애인협회가 복권 운영권을 갖고 시각장애인이 복권판매를 함
한국	시각장애인	안마사	장애인고용촉진 및 직업재활법 시행령

출처 : 사단법인 대한안마사협회 홈페이지(www.anmaup.or.kr).

(2) 보호고용

통상적인 경쟁노동시장에서 불리하여 고용이 될 수 없는 중증장애인을 위하여 특별히 계획된 조건과 보호적 조건하에서 행해지는 훈련 및 고용으로, 보수가 있는 근로의 기회를 제공하고 일반적으로 서비스를 제공하는 일 또는 작은 계약의 일을 수행한다. 보호고용의 목적은 개인적·직업적 특성 및 지역적 특성을 고려하여 장애인을 지원 고용 사업자에 배치하기 위한 적응 훈련과 직업 기능 훈련의 전환 수단으로 계획된다. 보호고용의 대상이나 방법 등은 나라마다 차이가 있으나 대체로 보호고용에는 6가지 형태가 있다. 우리나라의 경우 1981년 제정된 장애인복지법 제17조에 의거하여 보호작업장 프로그램을 실시하고 있다.

보호고용의 유형은 다음과 같다.

① 보호작업장

보호공장이라고도 불리며 경쟁고용이 어려운 중증장애인을 대상으로 보호된 환경에서 교육, 훈련, 고용의 기회 등의 유상적인 작업을 제공하는 재활시설 혹은 시설 내의 프로그램을 뜻한다. 보호작업장 종사자는 일반적으로 하루에 극히 적은 수당을 받지만, 직업적응훈련과 그 외의 직업평가, 작업적응, 직업알선을 포함하는 직업재활서비스를 제공함으로써 장기적으로는 장애인에게 지속적, 장기적인 고용을 제공하는 것을 목표로 하고 있으며, 단기적 목표는 작업장에서 독립하여 다른 곳에 취업할 때까지 과도적, 일시적 고용을 제공하는 것이다. 보호작업장의 사업의 예로는 슬리퍼 사업, 특수인쇄, 임가공, 판촉물 기획, 콩나물, 두부, 쌀, 쿠키, 빵, 케이크 등 다양한 물품으로 사업이 추진되고 있다.

② 거택 혹은 재택고용

중증의 장애로 보호공장에 출퇴근이 어려운 장애인을 위하여 가정에서 일할 수 있도록 훈련과 서비스를 제공한다.

③ 기업체 내 집단고용

기업 내에서 생산공정 일부를 소집단 단위로 설치하여 장애인이 근무하는 형태이다.

④ 옥외작업 프로젝트

육체노동자를 대상으로 주로 공원 등 공공시설의 유지, 관리를 중심으로 운영하는 것이다.

⑤ 사무작업 프로젝트

도서관, 박물관 등에서 전문적, 기술적인 사무작업을 중심으로 운영되는 것이다.

⑥ 준보호고용

노동시간 단축, 국가로부터의 임금 보조를 수반하는 일반기업에서의 고용 형태이다.

(3) 지원고용

지원고용은 장애 때문에 작업장에서 일을 수행하는 데 집중적인 계속 지원(intensive on-going support)을 요하는 지적장애, 학습장애, 자폐성장애, 뇌병변장애 등의 발달장애인들을 대상으로 비장애인이 취업하고 있는 다양한 작업장에서 이루어지며, 장애인이 계속적으로 유급 직업에 종사하기 위하여 필요한 지원(감독, 훈련, 교통수단 제공 등)을 제공하는 것을 말한다. 지원 고용의 필요성은 발달장애인들을 위한 최선의 직업재활서비스로 인식되어 왔던 기존의 보호 작업장이 장애인들이 비장애인과 분리된 특정의 장소에서 극히 단순한 작업에 종사하도록 되어 있기 때문에, 그러한 차별적이고 분리된 환경은 장애인들에게 문화적으로 정상적인 기회를 제공하지 못할 뿐만 아니라 일탈된 행동도 관대히 넘어가고, 따라서 그들이 지역사회의 직업 환경에 수용될 수 있는 수준으로 기능할 수 있는 가능성이 점차로 감소되는 문제점이 지적되면서 부각되었다. 이러한 문제점을 극복하기 위한 지원 고용의 전제 조건은 다음과 같다. ① 실제의 작업(real work)에 고용되어야 한다. ② 그러한 고용은 정규적이고 통합된 작업환경(regular and integrated work setting)에서 이루어져야 한다. ③ 지속적인 지원이 있어야 하며 그러한 지원을 지속시키는 데 필수적인 것이어야 한다. ④ 고용의 상태를 유지하기 위해서는 지속적인 지원을 필요로 하는 중증의 장애인을 대상으로 한다.

지원고용의 모델에는 대표적으로 개별배치 모델(individual placement model), 이동작업반모델(mobile work crews model), 소집단모델, 소기업모델이 있다.

① **개별배치모델**(individual placement model)

업자의 안정적이고 만족스러운 작업 수행을 위해 사업장 내부 혹은 외부에서 1 : 1의 집중적인 훈련과 지도 감독, 고용 관리, 지원 서비스를 제공하는 모델이다. 이 모델의 장점은 낮은 생산성 때문에 고용되지 않았던 많은 중증장애인에게 고용 기회를 제공하고, 지원고용 전문가가 작업장에 배치되어 1 : 1의 지원이 이루어지므로 지원의 효과가 크며, 월평균 임금이 다른 모델에 비해 높다는 장점을 갖고 있다. 반면 프로그램의 효과가 지원고용

전문가에게 달려 있고 훈련을 하는 데 드는 비용이 다른 모델에 비해 많이 든다는 단점이 있다.

② 이동작업반모델(mobile work crews model)

4~5명이 한 팀이 되어 지원고용 전문가와 함께 이동하면서 공원 관리, 빌딩 청소, 차량 관리, 쇼핑몰 관리와 같은 작업을 하는 것이다. 지원고용 전문가는 이동 작업 대원을 감독하고 사업체와 관련된 세부 사항들에 주의를 기울여야 한다. 작업 배치 계획, 생산 수준이 낮은 고용인의 관리, 차량 관리 등 작업상의 변수들을 다소 쉽게 조절할 수 있는 장점이 있지만, 장애인들끼리만 상호작용을 하기 때문에 사회통합 차원에서 비판을 받고 있다.

③ 소집단모델(small group model)

장애인들이 소집단으로 비장애인들과 함께 특정 작업장 내에서 고용의 기회를 갖는 형태이며, 소집단의 규모는 6~8명 정도가 적절하다. 부족한 노동력을 채우고 높은 생산성을 유지할 수 있다는 점에서 이 모델을 선호하는 고용주들도 있다. 그러나 한 번에 많은 중증장애인을 고용하고자 하는 사업체를 찾기도 쉽지 않고, 한 명의 지원고용 전문가를 활용하므로 개별적인 지원을 하기가 어려우며, 장애인끼리만 상호작용을 할 가능성이 높아 이상적인 사회통합에 기여하지 못하는 단점이 있다.

④ 소기업모델(small enterprises model)

일반 대중과 접촉할 기회가 있는 장소에 위치하고 일부 소기업에서는 비장애인을 고용하여 장애인과 비장애인이 통합될 수 있는 방식으로 운영되기도 한다. 이 모델은 주로 소규모 창업으로 식당, 상점, 선물가게, 제과점, 꽃가게, 사회적 기업 등을 들 수 있다. 기존에 직업재활시설에서 서비스를 받던 중증장애인에게 유급 기회를 제공할 수 있다는 장점을 지니고 있지만, 일부 하청 중심으로 이루어지는 소기업은 하청 물량에 따라 고용 여부가 결정되는 단점이 있다.

(4) 장애인직업재활시설

장애인직업시설은 장애인복지법 제48조에 근거하여 일반고용이 어려운 장애인들에게 특별히 준비된 작업환경에서 직업훈련을 받거나 직업생활을 영위 할 수 있도록 하는 시설이다.

2007년 장애인복지법 개정에 의해 직업재활시설 · 인력 기준을 강화하여 장애인의 생활환경을 개선하고 고용 및 직업능력 개발 기능 강화를 위하여 장애인직업재활시설의 종류가 개편되었다.

장애인직업재활시설은 3개의 유형으로 장애인 근로사업장, 장애인보호작업장, 장애인 직업적응훈련시설이 있다(장애인복지법 제58조 제1항 및 같은 법 시행규칙 제41조).

〈표 7-2〉 장애인직업재활시설의 유형

구분	내용
장애인 근로사업장	직업능력은 있으나 이동 및 접근성이나 사회적 제약등으로 취업이 어려운 장애인에게 근로의 기회를 제공하고, 최저임금 이상의 임금을 지급하며, 경쟁적인 고용시장으로 옮겨갈 수 있도록 돕는 역할을 하는 시설
장애인 보호작업장	직업능력이 낮은 장애인에게 직업적응능력 및 직무기능 향상훈련 등 직업재활훈련 프로그램을 제공하고, 보호가 가능한 조건에서 근로의 기회를 제공하며, 이에 상응하는 노동의 대가로 임금을 지급하며, 장애인 근로사업장이나 그 밖의 경쟁적인 고용시장으로 옮겨갈 수 있도록 돕는 역할을 하는 시설
장애인 직업적응훈련시설	작업능력이 극히 낮은 장애인에게 작업활동, 일상생활훈련 등을 제공하여 기초작업능력을 습득시키고, 작업평가 및 사회적응훈련 등을 실시하여 장애인 보호작업장 또는 장애인근로사업장이나 그 밖의 경쟁적인 고용시장으로 옮겨갈 수 있도록 돕는 역할을 하는 시설

알아두기

- 장애인작업활동시설

장애가 매우 심하여 최소한의 작업생산이 가능한 장애인에게 지속적인 직업적응훈련, 작업활동 등을 통하여 장애인의 기초생활능력과 전반적인 작업기능을 강화시키기 위한 장애인작업활동시설의 설치 및 운영에 관하여 필요한 사항을 정하여 작업활동을 통한 장애인의 자활 · 자립을 도모하는 데에 있다.

• 장애인보호작업시설

일반고용이 어려운 중증 장애인에게 취업을 위한 직업적응훈련을 실시하고 그 기간동안 일거리를 제공함으로써 전인격적인 발달을 도모하는 한편, 일정 기간 안정된 직장생활을 영위할 수 있도록 하기 위한 장애인보호작업시설의 설치 및 운영에 관한 지침을 정함으로써 장애인의 자활기반을 도모하고 궁극적으로 사회통합을 이루는 데 있다.

• 장애인근로작업시설

일반고용이 어려운 장애인에게 자신의 능력과 적성에 맞는 직업생활을 통하여 인간다운 생활을 할 수 있도록 적합한 취업기회를 제공하는 장애인근로작업시설의 설치 · 운영에 필요한 사항을 정하여 직업을 통한 장애인의 자활 · 자립을 도모하는데 있다.

• 장애인직업훈련시설

장애인에게 직업기술을 훈련하여 경쟁고용(지원고용 포함)이 달성되도록 개인의 능력과 적성에 적합한 사업체에 취업알선하거나 보호고용이 가능한 시설로 전이하고, 사후지도를 하여 직업적, 경제적인 자립을 이루고 나아가서 완전한 사회통합을 이루게 한다.

• 장애인생산품판매시설

장애인 생산품의 판매 및 판로개척, 홍보, 정보제공, 각종 상담을 통하여 장애인 직업재활을 지원하며, 특히 장애인생산품을 국가 · 지방자치단체 · 공공단체에 납품하는 데에 필요한 업무를 수행한다.

• 장애인직업 훈련교사

직업훈련 기본법에 근거한 국가자격으로 각 직업에서 필요로 하는 기술, 이론 등을 실기와 강의를 통하여 가르치고 시험으로 평가하여 취업상담과 진로지도 등을 실시하는 전문인력이다.

장애인 직업 훈련교사는 전문교사, 일반교사, 현장훈련교사로 구분되어 있으며, 이들 가운데 각종 장애인직업훈련시설에서 장애인들에게 직종별 기술 및 이론 등을 가르치는 교사를 장애인전담 직업훈련교사라고 할 수 있으며, 장애인 직업훈련과 관련하여 별도의 자격체계는 없다.

• 장애인직업생활상담원

장애인직업생활상담원은 장애인이 고용되어 있는 업체에서 장애인 근로자의 효율적인 고용관리와 직장 내 생활상담 지도업무등의 역할을 담당한다.

「장애인고용촉진 및 직업재활법」 제75조에 의거 상시 20인 이상의 장애인을 고용하는 사업주는 장애인근로자의 직장적응 및 직업생활 지원을 위하여 의무적으로 장애인직업생활상담원을 두어야 한다.

한국장애인 고용공단은 장애인직업생활상담원의 양성교육을 연중 실시하고 있으며, 온라인교육과 집합교육으로 이루어진 양성교육을 수료하면 사업체에서 장애인직업생활상담원으로 활동할 수 있는 소정의 수료증을 발급하여 준다.

- 자격기준
  - i. 장애인 직업 훈련교사
  - ii. 장애인 직업재활 전문요원
  - iii. 장애인 직업능력 평가사
  - iv. 고용노동부 장관이 정한 전문요원 양성과정의 훈련실시기관, 훈련교과 및 훈련기간을 따른 장애인 직업생활 상담원 양성과정을 마친 사람

4. 장애인 교육보장

장애인을 위한 교육정책은 헌법 제31조의 ‘모든 국민은 능력에 따라 균등하게 교육을 받을 권리를 가진다’는 이념에 근거하고 있다. 「장애인 등에 대한 특수교육법」 제2조에서는 특수교육을 특수교육대상자의 특성에 적합한 교육과정, 교육방법 및 교육매체 등을 통하여 교과교육, 치료교육 및 직업교육 등을 실시하는 것으로 정의하고 있으며, 이러한 과정을 통하여 장애인들은 교육의 기회를 평등하게 부여받고 사회의 한 구성으로서의 역할을 수행해 나갈 수 있는 능력을 향상시키게 되는 것이다.

또한 수술 후 회복 시기이거나 그 외의 다른 건강상의 이유로 학교에 출석하기 어려운 아동에 따라서는 의무교육과정에 해당하는 학교교육기회 제공을 목적으로 순회교사가 가정이나 시설, 병원, 일반학급으로 파견되어 교육을 담당하면서 지속적으로 원적학급 교사와 연계하고 궁극적으로 학교에 다시 출석할 수 있도록 돕는다.

우리나라에서는 순회교사가 대상 아동들의 담임교사가 되며 일시적이기보다는 장기적인 순회학급 형태를 가지는 경우가 많다.

우리나라 특수학교는 2021년 4월 1일 기준으로 전국에 187개교가 있으며 2020년 대비 특수학교 5개교가 신설되었고, 특수학급은 2021년 4월 기준 전국의 일반학교 특수학급 수는 12,042학급으로 2020년보다 381개 학급이 증가하였다.

이 중 사립이 90개교, 국공립이 97개교로 국공립이 조금 더 많은 양상을 보이며 특수학교에 다니는 학생은 2021년 4월 기준 특수학교의 재학생은 27,027명으로 2020년의 26,299명에 비해 728명이 증가하였고, 유치원 과정부터 고등학교 과정까지를 통합 운영하는 곳이 많다.

2021년 4월 기준 일반 학교 특수학급의 학생 수는 54,266명으로 2020년의 52,744명에 비해 1,522명이 증가하였고, 최근 통합교육의 확산에 따라 일반학교 배치 특수교육대상자와 특수학급이 증가하고 있으며 2020년도에 비해 381개의 특수학급이 증가하였다.

〈표 7-3〉 설립별 및 장애영역별 특수학교 수

(단위 : 교)

구분	시각장애	청각장애	지적장애	지체장애	정서장애	계
국립	1	1	1	1	1	5
공립	2	3	80	6	1	92
사립	10	10	51	14	5	90
계	13	14	132	21	7	187

장애영역별 구분은 주 장애 영역을 말함

출처 : 교육청(2021). 2021년도 특수교육연차보고서.

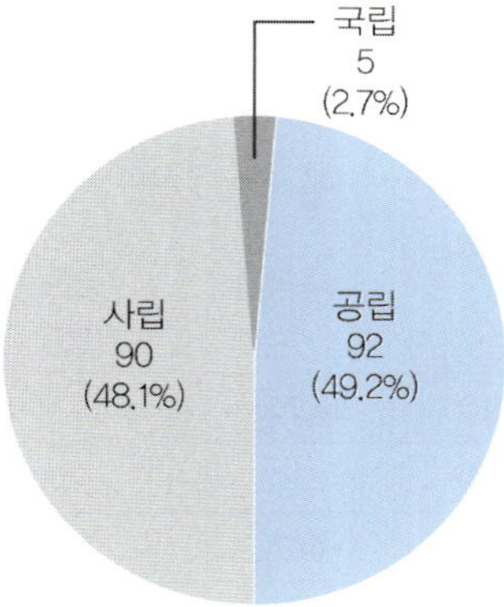

계 : 187교

| 그림 7-1 | 특수학교 현황

출처 : 교육청(2021). 2021년도 특수교육연차보고서.

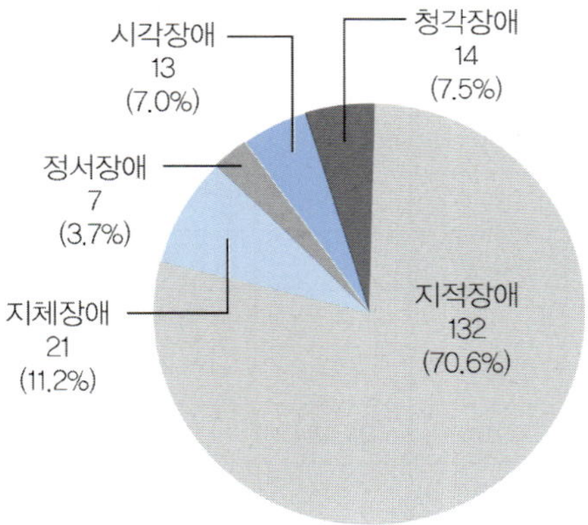

계 : 187교

| 그림 7-2 | 특수학교 장애영역별 현황

출처 : 교육청(2021). 2021년도 특수교육연차보고서.

〈표 7-4〉 특수교육 주요 현황

(단위 : 명, 교, 학급)

배치별			특수학교	일반학교		특수교육 지원센터	계
				특수학급	일반학급 (전일제 통합학급)		
특수교육대상자 수			27,027	54,266	16,600	261	98,154
학생 수	장애영역별	시각장애	1,130	234	460	2	1,826
학생 수	장애영역별	청각장애	605	689	1,723	9	3,026
학생 수	장애영역별	지적장애	14,356	32,537	4,883	12	51,788
학생 수	장애영역별	지체장애	3,826	3,425	2,376	68	9,695
학생 수	장애영역별	정서·행동장애	79	1,199	596	-	1,874
학생 수	장애영역별	자폐성장애	6,247	8,004	960	4	15,215
학생 수	장애영역별	의사소통장애	159	1,380	911	-	2,450
학생 수	장애영역별	학습장애	19	705	390	-	1,114
학생 수	장애영역별	건강장애	7	105	1,687	-	1,799
학생 수	장애영역별	발달지체	599	5,988	2,614	166	9,367
학생 수	장애영역별	계	27,027	54,266	16,600	261	98,154
학생 수	학교과정별	장애영아	108	-	-	261	369
학생 수	학교과정별	유치원	927	4,444	1,826	-	7,197
학생 수	학교과정별	초등학교	8,704	28,484	7,626	-	44,814
학생 수	학교과정별	중학교	5,750	10,755	3,707	-	20,212
학생 수	학교과정별	고등학교	6,365	10,363	3,441	-	20,169
학생 수	학교과정별	전공과	5,173	220	-	-	5,393
학생 수	학교과정별	계	27,027	54,266	16,600	261	98,154
학교 및 센터 수			187	11,709		199	12,095
				8,729	7,986		
학급 수			5,114	12,042	15,772	59	32,987
특수학교(급)교원 수[3]			9,501	12,718	-	1,275	23,494
특수교육 보조인력 수			4,614	8,880	269	-	13,763

출처 : 교육청(2021). 2021년도 특수교육연차보고서.

3) 국·공·사립 교원(기간제 교원 포함)

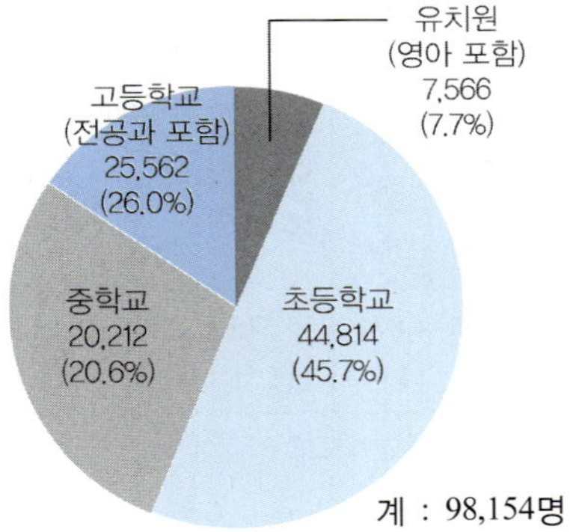

❙ 그림 7-3 ❙ 학교과정별 특수교육대상자 현황

출처 : 교육청(2021). 2021년도 특수교육연차보고서.

〈표 7-5〉 교육기관별 특수교육대상자 현황

특수학교	일반학교			특수교육 지원센터	전체학생 수
	특수학급	일반학급	소계		
20,027 (27.5%)	54,266 (55.3%)	16,600 (16.9%)	70,866 (72.2%)	261 (0.3%)	98,154 (100%)

출처 : 교육청(2021). 2021년도 특수교육연차보고서.

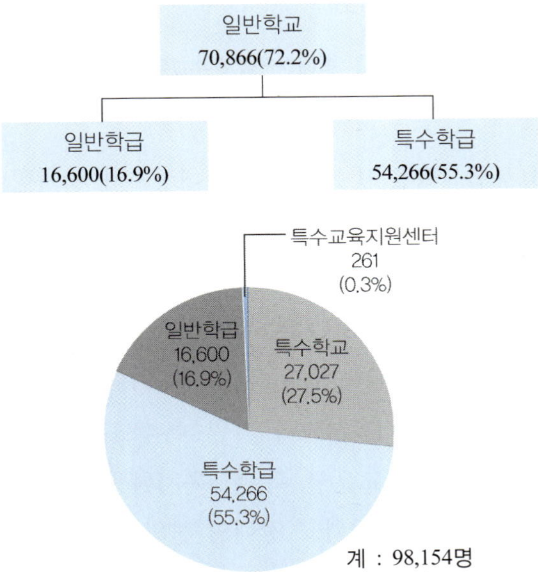

❙ 그림 7-4 ❙ 교육기관별 특수교육대상자 현황

출처 : 교육청(2021). 2021년도 특수교육연차보고서.

〈표 7-6〉 장애영역별 특수교육대상자 현황

(단위 : 명, %)

시각 장애	청각 장애	지적 장애	지체 장애	정서 · 행동 장애	자폐성 장애	의사 소통 장애	학습 장애	건강 장애	발달 지체	전체 학생 수
1,826 (1.9)	3,026 (3.1)	51,788 (52.8)	9,695 (9.9)	1,874 (1.9)	15,215 (15.5)	2,450 (2.5)	1,114 (1.1)	1,799 (1.8)	9,367 (9.5)	98,154 (100)

출처 : 교육청(2021). 2021년도 특수교육연차보고서.

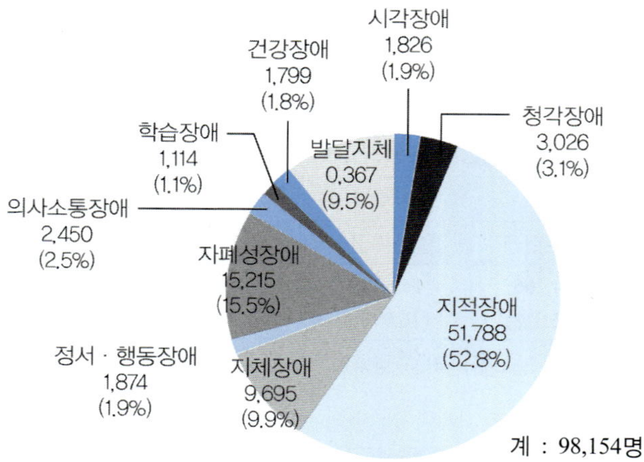

❙ 그림 7-5 ❙ 장애영역별 특수교육대상자 현황

출처 : 교육청(2021). 2021년도 특수교육연차보고서.

일반학교에서 통합교육을 받는 특수교육대상자가 증가함에 따라 특수학교의 학생은 장애정도가 심한 중도 · 중복장애학생이 많아지는 경향을 보이며, 2021년 특수교육대상자는 98,154명으로 2020년보다 2,734명이 증가하였으며, 이에 따라 학급 수와 교원 수는 지속적으로 증가하여 특수교육대상자의 교육기회 확대 및 지원 서비스가 더욱 강화되고 있는 추세이다.

특수교육 지원내용으로는 무상교육 지원, 특수교육 보조인력 배치, 특수교육기관 종일반 · 방과후 학교운영, 특수교육지원센터 운영 지원, 치료지원 제공, 병원학교 설치 운영, 일반학교 장애인 편의시설 설치, 특수교육대상자 학교급식비 등 지원, 장애영아 무상교육 지원, 학교기업 운영 등 진로직업교육 지원, 장애인식개선 사업 등이 있다.

〈표 7-7〉 순회교육 현황

(단위 : 명, 학급)

구분	학생 수										학급 수	교사 수
	기관					학교과정						
	가정	시설	병원	일반학교	계	유치원(영아포함)	초등학교	중학교	고등학교	계		
특수학교에서 순회·파견	717	204	38	-	959	169	364	202	224	959	289	294
특수학급에서 순회·파견·겸임	516	294	15	68	893	61	370	210	252	893	270	284
특수교육지원센터	330	75	19	2,249	2,673	806	1,035	539	293	2,673	-	1,346*
계	1,563	573	72	2,317	4,525	1,036	1,769	951	769	4,525	559	1,924

* 특수교육지원센터 기간제 교사 등 104명 포함

CHAPTER 08

장애인의 재활

1. 장애인의 재활과 재활이론
2. 재활의 패러다임

CHAPTER

08 장애인의 재활

1. 장애인의 재활과 재활이론

1) 재활의 개념과 의의

재활(rehabilitation)이라는 용어가 처음 사용된 것은 1943년 미국재활회의에서였는데 이 회의에서 재활의 개념을 "신체적 장애를 가진 사람에게 그가 가지고 있는 잔존 기능을 최대한으로 발휘하게 함으로써 신체적 · 정신적 · 사회적 · 직업적 · 경제적 능력을 회복시키는 것"이라고 정의하였으며, 세계보건기구(WHO)에서는 "의학적 · 사회적 · 교육적 · 직업적 수단을 동원하고 이를 상호 조정하며 훈련 또는 재훈련 과정을 통하여 장애의 기능적 능력을 가능한 한 최고의 수준으로 높이는 것"이라고 정의하고 있다. 또한 웹스터 사전에서는 재활(rehabilitation)이란 사회복귀, 회복, 재활로 번역되어 사용되고 있으며, 이러한 정의로 볼 때 재활이라는 개념은 단순한 치료나 훈련의 기술적인 측면만이 아니고, 계획된 목표지향적이고 개별화된 일련의 연속된 과정으로 체계적인 서비스를 제공하여 심신의 장애를 가진 사람이 훌륭한 사회인으로서 생활할 수 있게 되는 것을 의미한다. 즉, 장애의 보충이나 보상, 치료회복과 개선, 문제의 해결과 극복으로서 장애인의 전인적인 복권이 이루어지도록 모든 욕구를 충족시켜주는 종합적인 서비스인 것이다. 'rehabilitation'의 어원은 접두사 're(다시)'와 어간으로 되는 라틴어 형용사 'habilis(적합한)'와 접미사 'ation(~으로 하는 것)'의 복합어이다. "다시 적합하게 하는 것"을 의미하며, '재활(rehabilitation)'의 're'는 그 전의 완전한 상태로 다시 돌아가는 것을 의미하므로 질병이나 사고 등에 의한 기능 저하(debilitation)된 것을 기능 향상 발달 방향(habilitation)으로 바꾸는 것을 'rehabilitation'이라고 하며 상대적 의미로서 아동기부터 갖게 된 선천적 요인에 의한 장애에 대해서는 'habilitation'이라고 할 수 있다.

rehabilitation의 어원

rehabilitation의 're'는 '다시'라는 의미가 있다. 'rehabilitate'라는 동사에는 '숙련하다', '할 수 있다' 등의 의미가 있기 때문에 rehabilitation은 '다시 할 수 있다', '다시 힘을 찾는 것'이라고 할 수 있으며 '회복(回復)'이라는 의미로도 사용된다.

rehabilitation은 우리말로는 일반적으로 '재활'이라고 쓰이며, '다시 활기차게 살아간다', '다시 활력을 찾는다', '다시 활동적으로 된다'는 뜻으로 사용되고 있다.

2) 재활의 이념

재활의 기본이념은 인간존재의 가치실현에 있고, 각 인간은 존경받을 만한 가치를 지니며 또한 민주사회 내에서 생계를 유지할 수 있는 천부의 권리를 부여받았다는 것이다(이상춘 외, 1992; McGowan & Poter, 1967). 이러한 이념적 바탕에는 다음의 세 가지 원리가 포함되어 있다.

첫째, 기회의 균등이 모든 사람에게 보장되어야 한다. 이 원리는 모든 사람으로 하여금 장애인에게 특별한 서비스를 제공하게 하여 그들이 취업과 함께 비장애인으로서 시민의 권리와 의무에로의 참여를 준비할 수 있도록 한다. 여기서 장애인에게 기회의 균등을 보장하기 위해서는 장애인을 대상으로 사회활동에 보다 평등하게 참여할 수 있도록 하는 제도적·행정적·물리적·사회적 차원에서의 다양한 지원이 필요하다고 볼 수 있다.

둘째, 인간은 전인격적인 존재이다. 다시 말하자면, 인간은 신체적·정신적·사회적·직업적 또는 경제적 부문으로 나뉘어질 수 없다는 것이고, 이는 인간을 유기적인 하나의 전체로서 보아야 한다는 것이다. 즉, 인간은 하나의 완전한 개인이며, 개개의 각 부분이 전체를 형성하는 다른 부분과 상호작용한다는 관점으로 접근해야 한다. 따라서 장애인의 다양한 욕구에 대응하기 위해서는 어느 한 부분에 초점을 맞추는 단편적인 재활서비스를 제공하기보다는 의료적 · 교육적 · 직업적 · 사회적 차원 등의 통합적인 재활서비스 접근이 필요하다.

셋째, 모든 인간은 독특한 존재이다. 장애에 대한 심리적, 개인적 반응은 개인에 따라 제각기 다르다. 어느 누구도 완전히 똑같은 욕구나 잠재능력을 가지지 않는다. 즉, 각 개인마다 독특한 욕구와 소질, 대처방법 및 목표가 있다. 따라서 각 개인의 욕구나 특성에 따른 개별적인 재활계획을 수립하고 이를 실행할 필요가 있다.

따라서 재활사업의 주요 영역이라고 할 수 있는 의료재활, 교육재활, 직업재활, 사회재활 등의 사업을 수행함에 있어서 기회의 균등, 재활서비스의 통합성 및 개별성 등의 원칙이 바탕이 되어야 하며, 그 기저(基底)에는 인간의 존엄성이라는 장애인복지의 주요 이념이 자리잡고 있어야 할 것이다.

3) 재활의 철학

재활의 기본적 철학은 장애인에 대한 권리와 옹호에 대한 지속적인 신념을 대변해 주고 있다. 파커와 시만스키(Parker & Szymanski, 1998)는 재활서비스를 제공하는 데 기본이 되는 재활철학의 기본적 원리를 다음과 같이 제시하고 있다.

- 모든 인간은 존엄한 가치를 지니며 그 권리를 존중받아야 한다.
- 모든 인간은 사회의 한 구성원이며 재활을 통하여 개인의 충분한 능력을 개발해야 한다.
- 장애인의 장점은 강조되고 지원되며 개발되어야 한다.
- 현실적 요인은 환경에 적응하는 것에 강조를 두어야 한다.
- 삶의 여러 영역들은 서로 의존적이기 때문에 포괄적 치료는 전체적 인

간을 대상으로 하여야 한다.

- 치료는 개개인의 특별한 특성을 다루기 위해 다양하고 융통성이 있어야 한다.
- 모든 사람은 재활서비스 전달 계획과 실행에 있어서 가능한 한 주도적으로 참여할 수 있어야 한다.
- 사회는 모든 공적 · 사적 기관을 통해서 장애인에게 재활서비스 참여 기회를 제공할 수 있어야 한다.
- 재활서비스 프로그램은 다학문적(interdisciplinary) 통합과 기관 상호 간(inter-agency) 협력에 의하여 수행되어야 한다.
- 재활서비스는 도움을 필요로 하는 한 계속 적용되어야 한다.
- 장애인의 심리적 · 개인적 반응은 늘 존재하고 종종 결정적이다.
- 재활과정은 복잡하지만 개인과 자체 프로그램을 위해 정기적으로 재검토되어야 한다.
- 장애 정도는 환경의 조건에 따라 증가되기도 하고 감소되기도 한다.
- 장애의 중요성은 자신과 그의 상황에 대한 감정에 의해 영향을 받는다.
- 장애인은 고립된 개인으로 보지 않고 가족을 비롯한 다른 사람을 포함한 큰 집단으로 보아야 한다.
- 재활서비스에서 집단적 성과에 근거한 예측변인을 개별 사례에 적용할 때는 신중을 기해야 한다.
- 자조(self-help) 조직은 재활서비스 전달과정에서 중요한 협력자이다.
- 장애인을 위한 입법과 지역사회복지서비스에 관한 정보를 효과적으로 전달할 수 있는 방안이 만들어져야 한다.
- 재활 분야에 관한 기본 연구는 장애인의 문제를 경감시키고 재활 분야에 중요한 내용이 된다는 유용성이라는 문제에 근거하여 접근되어야 한다.
- 장애인은 재활전문가를 포함한 재활서비스를 계획하고 평가하며 조언해 주는 사람으로부터 서비스를 받도록 요청해야 한다.

따라서 재활사업의 주요 영역이라고 할 수 있는 의료재활, 교육재활, 직업재활, 사회재활 등의 사업을 수행함에 있어서 재활철학의 기본적 원리와 이념이 바탕이 되어야 하며, 그 기저(基底)에는 인간의 존엄성이라는 장애인복지의 주요 이념이 자리잡고 있어야 할 것이다.

2. 재활의 패러다임

1) 재활 유형

재활은 장애인이 지닌 잠재능력을 최대한으로 발휘하도록 치료, 훈련 등 여러 가지 방법을 활용하여 가능한 한 빨리 회복시키거나 개선을 도모하는 모든 조치가 포함되는 것으로 그 과정은 역동적이고 총체적이며 광범위하다. 그러므로 재활 사업은 장애인의 특수한 제한점이나 능력 등 독특한 요구에 적합하게 각 영역으로 분화되어 있다. 그 영역은 의학적, 심리적, 사회적, 교육적, 직업적 측면이며 서로 관련된 재활 서비스를 다양하게 제공한다.

최근에는 재활공학이라는 영역도 새롭게 등장하여 보철구 공학, 운동 공학, 근신경 공학, 환경 및 교육 공학 등으로 분류하기도 한다. 이러한 재활의 각 영역들은 각기 독자적인 방법에 의하여 성과를 거두어야 하며 또 서로 유기적인 관련과 종합적인 기능도 발휘하여야 한다.

재활의 영역을 간단하게 소개하면 다음과 같다.

(1) 의료재활(medical rehabilitation)

의료재활은 영어로 'medical rehabilitation'이라 하며 의학(醫學), 의술(醫術)로 재활의 개입을 의미하고 의학적 재활, 재활의료 등으로 불린다.

의료재활은 종합적인 장애인 재활사업의 첫 단계이며 중심적 역할을 담당하는 분야로서 장애인이나 그 가족의 가장 첫 번째 욕구이며 가장 큰 욕구이다. 그 이유는 어떤 사고나 질병으로 인해 장애를 갖게 되므로 장애와 의료는 뗄 수 없는 관계에 있기 때문이다.

의료재활은 제2차 세계대전 후부터 급속히 대두되었다. 그때까지는 치료를 하는 것이 병자에 대한 유일한 서비스였다. 그러나 간단히 질병이 치유되어도 즉시 사회에 복귀하는 단계에 도달하지 못하는 경우가 많기에 이에 대한 관심이 높아져 온 것이다. 즉, 신체적 장애를 입은 자에게 남아 있는 능력으로 생활해 가려면 교육·훈련을 시킬 필요성을 느끼게 되었다. 이것이 다시 확대되어 조금이라도 신체장애가 회복될 가능성이 있으면 이를 최대한 돕고자 하는 의료적 서비스로 발전해 왔다. 이를 위해서는 현재의 치료의학만으로 적절치 못하고 이에 대한 새로운 지식과 경험이 요청되었다.

뉴욕대학의 러스크(Howard A. Rusk) 교수는 의료적 치료는 '외상이나 질병에 대한 병소를 치유시키는 것만으로 끝나는 것이 아니며, 환자가 장애를 갖게 되었을 때 남아있는 기능으로 일상생활은 물론이며 직장생활도 할 수 있도록 훈련시키는 것까지 포함되어야 한다'라고 의료재활의 당위성을 강조한 바 있다. 재활치료의 목적은 환자의 건강 및 생명을 최선의 상태로 회복하고 이를 유지하는 데 있다고 말하면서 재활의학이란 치료의학, 예방의학에 이은 제3의 의학이라고 제창하였다.

의료재활은 장애인의 재활과정 중 첫 단계로부터 전 과정에 관여하게 되는 가장 기본적이고 중요한 부분이며, 의료재활을 전문으로 취급하는 의학의 한 전문 분야가 재활의학이다.

재활의학은 의학에 있어서 심신의 기능을 다시 활성화시키는 의학이라는 뜻이며 우리나라에서는 '재활의학'이라고 부르지만 중국에서는 '강복(康復) 의학'이라고 부른다. 또한 일본에서는 '리해빌리테이션 의학'이라 부르며 미국에서는 '물리의학 및 재활(physical medicine and rehabilitation)'이라고 부른다. 미국에서 물리의학을 강조한 것은 네 가지 범주로 구분되는 모든 치료법, 즉 화학적 요법(chemical therapy), 물리적 요법(physical therapy), 심리적 요법(psychological therapy), 수술적 요법(surgical therapy) 가운데 물리적인 치료방법을 재활의학에서 특히 많이 이용하기 때문이다. 또한 물리의학 및 재활을 한 단어로 표시할 때는 피지아트리(physiatry)라고 부르며, 재활의학 전문의를 피지아트리스트(physiatrist)라고 부른다.

장애인은 당장 생명의 위협을 받는 것은 아니지만 장애로 인해 장기간 활동을 하지 못하게 되고, 어려움은 가중되며, 직업을 갖지 못하면 경제적 어려움으로 장애인이 안고 있는 문제는 더욱 심각해지게 되는데, 재활과 복지 측면에서 볼 때 장애인 재활에 있어서 의료재활의 비중이 큰 것은 장애에 대한 의료적인 치료뿐만 아니라 장애의 발생을 최소한으로 줄이도록 하는 예방의 역할도 담당하여 장애의 원인이 되는 질병이나 외상의 치료 초기부터 관여하기 때문이다. 또한 의료재활은 직업재활을 위한 기능검사와 적응 훈련에도 관여하게 되며 장애인이 직업을 갖고 사회생활을 하는 중에 발생하는 여러 가지 신체적, 정신적 문제에 대한 의료적인 상담과 치료도 담당하게 된다.

의료재활은 사회적 책임도 중요하다. 그 이유는 책임을 충분히 다하지 못하면 경증 장애인을 중증 장애인으로 만들어서 자립성을 갖지 못하는 존재로 만들 것이기 때문이다. 발병 초기에 장차 생겨날 장애를 고려해서 이에 대한 적절한 조치를 취하지 않는다면 후일에 가서 심화된 장애를 회복시켜 주는데 막대한 신체적 경제적 부담을 환자에게 안겨주게 된다.

재활 프로그램은 개인을 되도록 높은 수준의 신체적, 경제적, 사회 · 심리적, 직업적 자립으로 회복시켜주는 것이기 때문에 한 개인이 사회에서 적정한 위치를 확보하고 그에 맞는 사회적 활동을 하도록 도와주는 재활의학의 중요성은 그 사회의 복지 수준과 관계가 있으며 그러하기에 더욱 중요하다고 할 수 있다.

의료재활의 내용은 크게 다음의 세 가지 방법으로 분류할 수 있다.

첫째, 수술, 변형의 과정, 마비의 회복훈련 등 기본적인 기능장애의 개선을 도모하는 방법이다.

둘째, 기본적인 기능장애의 회복에 한계가 있는 경우, 다른 기능의 훈련 등을 통해 통상적인 기능을 발휘할 수 있도록 하여 전체적인 능력의 향상을 도모하며, 보장구 등을 활용하여 기능장애를 대체할 수 있는 방법이다.

셋째, 장애인이 자립생활을 영위할 수 있도록 생활환경, 직장생활의 개선 등을 의료적 입장에서 자문하고 서비스하는 방법이다(남상만 외, 1998).

치료의 종류로는 장애의 원인이 되는 병적 요소를 제거하기 위한 약물치료와 수술치료, 기능을 향상시키기 위한 ① 물리치료, ② 작업치료, ③ 언어치료 등이 주로 실시된다.

① 물리치료(physical therapy)는 열, 광선, 전기, 운동, 초음파 등의 물리적 요소를 이용하여 신경근골격계의 병변을 치료하는 것이다. 오늘날에는 의학의 발달과 의용공학의 발달로 인하여 새로운 치료기구들이 개발되면서 새로운 치료방법이 나오고 치료기술도 많이 발전되었다. 관련 장애는 성인의 경우 뇌졸중, 관절염, 근육증, 산재, 교통사고 등으로 인한 후천적 장애 등이며, 아동의 경우는 주로 출산 전, 후 뇌손상으로 인한 뇌성마비, 근육증 등이다.

〈표 8-1〉 물리치료의 내용

프로그램명	내 용
아동물리치료	보바스, 보이타, PNF 등을 활용해 부족한 운동 조절 능력을 개발시키고 손상된 기능을 회복, 유지, 발전시킨다. 정기적 평가를 통하여 치료 방향을 설정하고 치료방법을 보호자에게 교육시켜 가정에서도 치료가 계속될 수 있도록 한다. 운동치료, 광선, 전기, 온열 치료 등의 방법을 이용하여 치료한다.
성인물리치료	보바스, PNF 등의 치료를 통해 잠재된 능력을 향상시키고 운동 형태의 정상화를 촉진 시켜 새로운 환경에 적응하도록 한다. 운동치료, 보바스, 광선, 전기, 온열 치료 등의 방법을 이용하여 치료한다.

출처 : 문선화 외(2009). 장애인복지론, p. 345.

■ 보바스 치료

뇌성마비, 운동발달지체를 가진 아동의 운동치료 방법으로는 일명 보바스 치료법을 사용하고 있다. 이 치료법은 영국 런던의 의사인 보바스(Bobath) 박사와 물리치료사인 부인에 의해서 창시되었다. 1940년부터 고안하여 체계화되고 지금도 발전 중이다.

치료방법은 치료사의 handing을 통하여 재활치료 중에 환자의 반응이 가능한 정상운동에 가깝게 움직임을 가질 수 있도록 치료하여 정상 운동 패턴을 경험하게 하며, 비정상적으로 나타나는 근육의 긴장에는 자세나 운동교정치료를 통해서 억제시킴으로써 과도한 근 긴장도를 중추(뇌)에서 자동으로 조절하게 하여 정상 운동 발달을 촉진시키는 방법이다.

■ 보이타 치료

1954년 체코 프라하에 있는 칼스대학병원에서 뇌성마비 소아에 대한 연구를 하던 소아 신경학 박사인 보이타(V clav Vojta)에 고안된 치료법이다. 뇌성마비 소아의 엎드린 자세에서 어떤 부위에 자극을 줄 때 배밀이 동작과 유사한 행동을 하는 것을 발견하게 되었고, 이후 그는 1959년까지 관찰을 계속해서 이런 뇌성마비 소아에서 반사적 진행동작의 규칙성을 확인하고 반사적 기기라는 협동 운동 복합체를 발견했다. 그는 또한 건강한 신생아나 영아에게도 일정한 부위의 똑같은 유발점 자극을 통해서 뇌성마비 소아에서 나타났던 반사적 진행동작의 규칙성과 같은 일정한 동작과정을 보이는 협동 운동 복합체를 발견하고 이 협동 운동 복합체 외에 새로운 또 하나의 다른 방식의 진행 동작인 반사적 뒤집기를 발견한 바 있다. 보이타 박사는 뇌성마비 소아의 자발운동성(spontaneous motions)을 관찰하여 운동발달연령과 연대연령(chronological age)을 비교하고 자신에 의해 체계화된 7가지 자세 반응평가 및 원시반사검사를 통한 이학적 검사의 조기 진단법을 만들어 조기치료가 가능하도록 하였다. 보이타 치료법은 반사적 진행동작인 반사적 기기와 반사적 뒤집기인 신경생리학적, 발달운동학적 방법을 사용하여 비정상적인 발달 및 병적 상동증을 고정되지 못하게 하면서 정상운동 발달을 활성화시키는 것이다. 보이타 치료법의 기본원리는 소통체계로서의 반사적 이동동작으로 이해되는데, 반사적 이동동작이란 ① 자세반응, ② 정립기전, ③ 위상성 동작을 기본 원칙으로 하고 생후 첫 3개월에서 5개월 이내(신체의 여러 기본 위치에서의 자세나 동작의 기본패턴이 중요하게 색인되어지는 기간)에 보이타 치료를 시작해야 한다.

■ PNF(Proprioceptive Neuromuscular Facilitation stretching) : 고유수용감각신경근촉진 스트레칭

고유수용감각신경근촉진 스트레칭은 원래 신체의 증가된 긴장과 활동근을 이완시키는 목적으로 개발되었다. 그리고 운동선수와 일반인의 관절가동범위를 증가시키

는 목적으로 확대 이용되어 왔다. 고유감각신경근촉진은 관절가동범위를 증가시키는 효과적인 방법으로 폭넓게 받아들여지고 있다. 일반적으로 파트너와 함께 이루어지는 이들 기술은 수동적인 움직임과 능동적 단축성(concentric), 등척성(isometric) 근활동을 모두 동반하는 운동으로 구성되어 있다. 다양한 고유감각신경근 촉진 기술 중에서 가장 많이 쓰이는 것은 근육의 이완을 유지하면서 해당 근육이나 관절을 정적 스트레칭 자세로 유지하는 것이다. 이 정적 스트레칭 자세를 약 10초간 유지한 이후에 약 6~8초간 파트너 혹은 고정된 외부 물체에 대해 강한 등척성 수축 자세를 취한다. 스트레칭 시에 파트너는 상대의 관절이 움직이지 않도록 주의시켜야 한다. 1~2초간의 짧은 휴식 후에 10~30초간의 수동적 스트레칭을 실시하는데, 이때에는 신전되는 정도가 더 증가할 수 있다. 등척성 수축은 각각의 골지건기관을 자극하여 결합조직의 길이를 늘이고 관절가동범위를 증가시킴으로써 두 번째 실시하는 스트레칭 시 근육의 긴장상태를 낮게 유지하도록 돕기 때문이다. 고유수용감각신경근촉진 스트레칭을 안전하게 적용하기 위해서는 적절한 수준의 훈련이 요구되며 파트너와 함께 해야 하기 때문에 다른 방법에 비해 시간이 많이 소요될 수 있다. 또한 정적 혹은 동적 스트레칭도 유연성 증가에 효과적이며 대부분의 사람들은 일반적으로 탁월한 유연성을 향상시킬 필요성이 없기에 이러한 경우에는 일반적으로 고유수용감각신경근촉진 스트레칭을 사용하지 않는다.

② 작업치료(occupational therapy)는 정신이나 신체에 질병 또는 장애가 있는 사람에게 여러 가지 흥미롭고 목적 있는 작업이나 동작, 놀이를 통해 불완전한 신체기능을 회복시키고 일에 대한 동기를 부여하여 장애를 가지고도 학교, 직장, 가정에서 최대한의 독립된 생활을 할 수 있도록 돕는 치료이다. 따라서 건강을 촉진, 유지시키고 신체적·정신적·사회적 기능장애가 있는 환자를 치료하고 훈련시키기 위하여 선택된 특정 동작이나 활동을 할 수 있도록 가르치게 된다. 작업치료활동은 일상생활에 관계가 깊은 동작이나 목공, 금속공예, 수예, 원예, 인쇄, 게임, 연극 등 창조적·예술적 여가선용 등의 활동이 포함되며 이러한 작업의 수행에는 목적의식과 신체적 운동, 정신적 활동성이 요구된다.

〈표 8-2〉 작업치료 프로그램 및 내용

프로그램명	대 상	내 용
아동작업치료	뇌병변, 지적장애, 운동발달지체아동	• 인지능력 및 지각 향상 치료 • 신경발달치료(보바스치료) • 협응동작훈련 및 감각통합치료 • 인지 능력 및 지각 향상, 일상생활동작훈련(식사, 옷 입고 벗기, 개인위생, 그리기 및 쓰기 활동 등)
성인작업치료	뇌졸중, 교통사고에 의한 뇌손상 환자	• 공간감각문제, 양측 협응과 관련된 기본 운동 • 정신적 · 심리적 개별 및 집단서비스 • 이동 및 보행지도 • 자조활동 : 의복 착용, 식사하기, 대소변처리, 목욕하기, 신변 처리 교육

출처 : 문선화 외(2009). 장애인복지론, p. 350.

③ 언어치료(speech therapy)는 말이나 언어장애로 인하여 인사소통에 문제를 가진 자의 잠재된 언어능력을 최대한 개발시키며, 의사소통기술을 습득케 하여 일상생활에서 원만한 의사소통을 할 수 있도록 정상적인 언어발달을 유도하는 치료이다. 언어장애는 증상에 따라 언어발달지체 및 장애, 조음장애, 말더듬, 발성장애, 실어증 등으로 구분되며, 치료는 호흡훈련, 발성기관훈련, 조음기관훈련, 문장훈련, 회화훈련 등을 통하여 의사소통이 보다 잘 이루어질 수 있도록 하는 전문적인 훈련과정으로 이루어진다(남상만 외, 1998; 박옥희, 2001).

(2) 교육재활(education rehabilitation)

교육재활(education rehabilitation)이란 장애인이 가진 능력을 향상시키고 또는 잠재능력인 가능성을 개발하여 장애인이 자기의 능력과 적성을 최대한으로 발휘할 수 있도록 육성하는 것을 목적으로 한다.

장애인을 대상으로 한 교육은 장애인이 가지고 있는 특성에 맞추어 교육내용이나 교육방법이 특수한 성격을 띠므로 이를 특수교육이라 하며, 특수교육은 심신의 장애 때문에 독특한 교육적 요구를 가진 자에게 그 요구를 충족시켜 주는 교육적 환경을 정비하여 가능성을 최대한으로 신장시키고 적응력을 몸에 익히고 창조성이 풍부한 사람으로 성장시켜 주는 것이다.

현재 특수교육은 주로 장애를 가진 아동을 대상으로 실시하고 있는데 장애로 인해 일반학교 교육과정을 일반학급에서 교육받기 곤란한 아동이나 교육상 특별한 배려가 필요한 아동에게 특성에 맞는 교육환경을 마련하여 아동의 가능성을 최대한 발휘하도록 하기 위한 교육의 한 분야이다. 이러한 특수교육은 20세기 후반에 이르러 장애인도 비장애인과 함께 생활해야 한다는 사회통합의 이념이 강조됨에 따라 장애아동에 대한 특수교육도 분리교육보다는 비장애아동과 함께 공부하는 통합교육이 강조되어 오늘날에는 통합교육에 역점을 두고 있다.

던(Dunn)은 특수교육의 대상을 "신체적 · 심리적 특성의 정도가 평균으로부터 차이가 있는 아동으로 장애아의 각자 능력에 맞는 수준에까지 성취시키기 위하여 특수교사나 특수한 보조적 지도가 필요한 아동"이라고 하였으며, 우리나라는 「장애인 등에 대한 특수교육법」의 특수교육대상자는 시각장애, 청각장애, 정신지체, 지체장애, 정서 · 행동장애, 자폐성장애, 의사소통장애, 학습장애, 건강장애, 발달지체 등이며 경증장애는 일반학급 또는 특수학급에서, 중증장애는 특수학급 또는 특수학교에서 교육할 것을 권장하고 있다.

특수교육의 기본가정과 원리는 다음과 같다.

첫째, 특수교육의 목적은 일반교육에 비하여 특이하지 않다.

둘째, 특수교육의 방법은 일반교육과 다르다. 즉, 특수아동은 정상성에서 벗어나는 점 때문에 특별한 시설과 교육방법, 특별한 훈련을 받은 교사와 여러 가지 보조서비스가 필요하다.

셋째, 특수교육은 종합적인 노력의 소산이다. 즉, 특수아동을 발견하여 효과적인 교육적 조치를 하기 위해서는 여러 영역의 전문가들의 관여가 필수적이다.

넷째, 특수아동은 이질적인 집단이다. 특수아동은 동일 영역의 장애아동이라 하더라도 개인차가 심하므로 획일적인 교육 프로그램을 사용할 수가 없다.

다섯째, 특수교육은 많은 보조서비스를 필요로 한다. 대부분의 특수아동은 의료서비스, 특별한 시설 및 기자재, 특별한 훈련 프로그램, 특별한 학급 크기 등을 필요로 한다.

여섯째, 특수교육과정은 선별, 진단, 교수, 평가 등 네 가지 요소로 구성된다.

일곱째, 통합교육을 한다. 즉, 특수아동은 필요한만큼만 특수교육 전문 영역에 배치하여 교육받게 하고 가능한 일반학급에서 일반아동과 함께 교육받게 한다. 일반학급에서 통합교육을 받기 위해서는 개별화학습, 융통성 있는 교육프로그램, 물리적 환경의 개선 등이 필요하다.

이러한 특수교육의 기본가정과 원리는 특수교육의 개별성, 통합성, 전문성 등의 특징을 잘 나타내주고 있다.

(3) 사회 · 심리재활(psychosocial rehabilitation)

국제보건기구(WHO)에서는 사회재활을 "전 재활과정에 방해가 되는 모든 경제적 · 사회적 곤란을 감소시켜 장애인으로 하여금 가정이나 지역사회 또는 직장에 적응할 수 있도록 원조하고 사회에 통합 또는 재결합하는 것을 목표로 하는 재활운영의 일환"으로 정의하고 있다. 이러한 사회재활은 전인재활이라는 차원에서 사회적인 측면으로 장애인이 사회생활이나 가정생활에 잘 적응할 수 있도록 서비스하는 과정, 즉 장애를 가진 인간이 어떻게 하여 인간으로서의 존엄과 삶의 보람을 가지고 살아갈 수 있는지 혹은 그 인간을 둘러싸고 있는 사회에서 어떻게 해야 장애를 가진 사람들에게 적절한 생활환경을 마련하고 살아갈 수 있게 하는지를 의미하는 것이다(남상만 외, 1998).

국제재활협회에서는 사회재활을 장애인이 사는 물리적 · 사회적 · 경제적 · 심리적 환경조건을 정비하여 장애인이 인간다운 생활을 영위할 수 있도록 하는 것이라 규정한다. 결국 사회재활은 장애인이 의료적 · 직업적 문제를 해결한 후 가정과 사회에서 자신감을 갖고 생활할 수 있도록 하는 과정이다

(강위영 외, 2009, 정무성 외, 2017 재인용).

이와 같이 볼 때 사회재활이란 장애인을 둘러싼 사회적 · 물리적 · 경제적 · 심리적 환경조건을 정비하여 장애인이 인간다운 생활을 하고 궁극적으로는 사회통합될 수 있도록 지원하는 재활 분야이다.

사회재활의 대상은 넓은 의미로 보면 장애를 가진 모든 사람이라고 볼 수 있으나, 좁은 의미로 보면 장애로 인하여 사회적 불리를 경험하는 장애인이라고 할 수 있다. 따라서 사회재활은 사회적인 불리를 가지고 있는 장애인들이 가정, 지역사회, 직장의 사회생활에 보다 잘 적응할 수 있도록 지원하는 재활서비스이다.

사회재활은 장애인이 완전참가와 평등의 이념에 입각하여 아무런 차별과 불편을 느끼지 않고 그가 속한 사회의 주류문화를 공유하면서 직업재활, 가정생활 등의 사회생활을 충분히 영위하도록 국민의 수용적 태도와 사회적 인식의 개선을 말한다. 이것은 인간이 사회생활을 영위해 나가는 데에 따르는 욕구 전반에 관심을 가지고 장애인이 일반사회의 한 성원이 될 수 있도록 장애인과 사회의 관계를 물심양면으로 개선하는 것을 목표로 한다.

이와 같이 사회재활은 사회의 장애인에 대한 태도가 수용적이어야 하며 물리적 환경이 장애인들의 접근을 용이하게 하도록 해야 한다. 이렇게 하기 위해서는 개인의 태도의 변화뿐만 아니라 사회제도나 정책적인 배려로서 장애인들이 현실적으로 사회적 역할을 수행하는 데 지장이 없도록 사회적인 환경이 조성되어야 하며 사회복지사는 특히 사회적 활동을 적극적으로 추진해야 한다. 장애는 1차적으로 그 개인의 생물학적인 면에서 장애이지만, 인간은 사회생활을 영위하기 때문에 사회적 영향으로부터 벗어날 수 없다. 따라서 행동능력의 제한과 장애라는 이유 때문에 편견과 차별 등의 불이익을 받지 않도록 노력해야 하며 이는 사회재활을 실현하기 위한 중요한 과업이다(전용호, 2000).

심리적 측면을 강조하는 심리재활은 장애에 따른 행동의 제한 및 인간관계의 긴장, 불안감, 열등감, 욕구불만 등을 이유로 자신의 능력에 대하여 비관하며 결국 재활의욕을 상실하게 만드는 요인들을 제거하고 장애인이 새로운 가능성을 찾도록 도와주는 것으로 정의된다(전용호, 2001; 정무성 외, 2017 재인용).

심리적 측면이 장애인의 욕구, 정서, 관심, 가치관, 태도 등에 영향을 미치기 때문에 심리재활은 장애인 및 가족의 심리적 안정을 도모하는 것이며, 이것은 의료, 교육, 직업, 사회재활과 더불어 전문적인 재활 분야이면서도 다른 재활 분야의 토대가 되고 재활서비스를 향상시키는 기초가 된다는 점에서 중요하다.

사회·심리재활은 장애인의 완전한 사회참여와 평등의 이념에 입각하여 장애인이 아무런 차별과 불편을 느끼지 않고 사회의 주류문화를 공유하면서 가정, 학교, 직장 등에서 사회생활을 충분히 영위하도록 지원하는 것이며, 장애인에게 각 재활 분야에서 훌륭한 서비스가 제공된다 하더라도 사회·심리적인 측면에서 결핍이 있으면 진정한 재활이 이루어졌다고 보기 어렵다. 그러므로 사회·심리적 재활은 전 재활과정에 방해가 되는 모든 경제적·사회적·심리적 곤란을 감소시켜 장애인이 가정이나 지역사회 또는 직장에 적응할 수 있도록 원조하며 궁극적으로 장애인의 사회통합을 목표로 하는 재활서비스이다.

(4) 직업재활(vocational rehabilitation)

신체적으로나 정신적으로 결함이 있는 사람들이 유익한 일을 할 수 있고, 더욱 자립하고, 공적인 재정 원조에 덜 의존하도록 훈련시키는 것이다. 장애인이 직업훈련 및 구직활동, 고용유지 등을 할 수 있도록 지원하는 전반적인 일을 직업재활이라 한다.

현대사회에서 직업은 가장 중요한 형태의 개인적 활동이며, 가장 유용한 성취수단이다. 직업을 가진다는 것은 생계유지의 중요성뿐만 아니라 직업을 통한 적극적 사회참여와 평등한 사회구성원으로서의 사회적 역할 분담이 가능하기 때문이다. 그러나 장애인은 신체적·정신적 손상으로 인하여 비장애인과 일반경쟁고용에서 안정된 직업을 확보하고 유지하는 것이 매우 제한적이다. 직업재활은 장애를 지닌 사람들에게 직업을 유지하고, 직업에 복귀하고, 직업을 갖도록 도와주는 개입과정이다. 또한 직업재활은 가장 인도주의적 사업이며, 의존적 생활로부터 독립의 생활로 변화시킴으로써 자기비하나 사회적 멸시로부터 자존과 존엄을 찾게 해주는 역할을 한다.

국제노동기구(ILO)에 의하면 '직업재활은 직무지도와 훈련, 그리고 취업알선 등과 같은 직업적 서비스를 포함하는 연속적이고 협력적인 재활 과정의 일부로서 장애인이 적절한 고용을 확보하고 유지할 수 있도록 원조하는 것'을 의미한다고 정의한다.

장애인직업재활의 대상은 심신의 결함이 있는 모든 장애인에게 필요한 것이 아니라 심신의 결함이 직업을 갖는 데 큰 지장과 방해가 있으나 일정한 의료적 · 교육적 · 사회적 · 직업적 대책을 마련해 주면 직업을 가질 수 있는 가능성이 있는 장애인으로 제한하는 것을 말한다. 즉, 장애 정도가 경미하여 특별한 계획을 세우지 않아도 정상인과 같은 직업에 종사할 수 있는 사람이나 장애 정도가 아주 커서 독립된 생활을 영위하기 어려워 직업을 갖기 불가능한 사람은 대상이 될 수 없다는 의미이다.

직업재활의 대상은 시각이나 주어진 여건에 따라 조금씩 차이가 있겠지만 국제노동기구(ILO)는 제99호 권고에서 그 대상을 '신체적 또는 정신적 손상의 결과 적당한 취업의 장을 얻고 또한 그것을 계속할 수 있는 상태가 상당히 감퇴하고 있는 자'로 정의하고 있다.

우리나라 「장애인고용촉진 등에 관한 법률」에서는 직업재활의 대상을 '신체 또는 정신상의 장애로 인하여 장기간에 걸쳐 직업재활에 상당한 제약을 받는 자'로 규정하고 있다.

직업재활은 장애인의 잔존하는 기능을 극대화하여 경제적 · 정신적 · 사회적 · 신체적인 자립을 할 수 있도록 원조하는 것으로 이러한 과정은 여러 분야 전문가들의 지도와 개입에 의하여 이루어진다. 직업재활의 과정은 일반적으로 직업평가, 직업훈련, 취업알선, 사후지도로 구분되며 이를 살펴보면 다음과 같다(남상만 외, 1998; 전용호, 2000).

① 직업평가

직업평가는 장애인이 직업훈련의 어떤 분야에 직업적인 능력과 가능성이 있는지를 평가하는 것이다. 맥고완(McGowan)은 직업평가의 목적을 첫째, 직업에 대한 개인의 적합성을 측정하기 위하여 신체적 · 정신적 장애와 작업에 대한 실질적인 제한을 의학적으로 진단 판별하며, 둘째, 현재의 일반적 건강상태를 증진시키고 파악되지 아니한 직업적 능력의 가능성과 한계를 측정하며, 셋째, 신체적 장애에 대한 개선의 정도와 범위를 어떠한 방법으로 제거 · 수정 또는 최소화할 수 있는지를 측정하며, 넷째, 장애인의 능력과 한계에 맞는 직업대상을 선택하기 위한 사실적 근거를 제공하기 위함이라고 하였다.

직업평가의 목적은 서비스의 대상자를 어느 범위로 정할 것인지에 따라 달라진다. 그러나 공통적으로 다음의 사항들이 직업평가에서 고려되어야 한다.

첫째, 재활의 가능성을 결정할 것, 둘째, 개인의 능력을 확인할 것, 셋째, 재활을 저해하는 요인을 발견할 것, 넷째, 직업적 방향성을 찾아낼 것, 다섯째, 바람직한 행동계획을 책정할 것 등이다.

이상을 종합해 보면 직업평가의 목적을 달성하기 위해서 직업평가는 장애인의 의학적 · 심리적 · 교육적 · 사회적 · 작업기능적인 측면에서 종합적으로 평가해야 한다. 따라서 이러한 직업평가를 통하여 장애인이 직업훈련의 어떤 분야에 직업적인 능력과 가능성이 있는지를 평가하게 된다.

② 직업훈련

직업훈련은 단순히 직업적인 기능의 습득뿐만이 아니라 직업인으로서 갖추어야 할 작업태도, 작업행동, 직업에 대한 이해력, 습관 등 종합적인 영역을 교육하는 것이다. 이러한 장애인의 직업훈련은 내용상 직업적응훈련과 직업훈련으로 나뉘는데, 직업적응 훈련은 장애인이 작업환경에 적응하기 위해 직업인이 되기 위한 자세, 태도, 의식 등에 중점을 두고 훈련하는 과정이며, 직업훈련은 특정한 직종의 구체적인 기술과 지식을 습득하는 과정이다.

직업훈련의 의의는 다음의 세 가지로 요약할 수 있다.

첫째, 장애인들을 경제적으로 자립시킴으로써 사회의 부담을 경감시키고 납세자로서 사회에 기여할 수 있도록 하는 생산적인 활동이다.

둘째, 개인의 직업능력을 개발하여 발전시켜 준다.

셋째, 직업훈련 자체가 치료과정이 될 수 있다.

직업훈련의 방법으로는 교육기관을 활용하는 방법, 특수직업 및 훈련기관을 활용하는 방법, 사업주에게 위탁 훈련하는 방법이 있다. 일반교육기관을 활용하는 방법은 비장애인을 대상으로 하는 실업고등학교, 전문대학, 대학교 또는 직업훈련원을 장애인이 이용하는 것인데, 대부분의 경우 건물의 시설 개선 없이는 장애인의 활용에 어려움이 있다. 특수기관훈련은 장애인만을 위한 훈련기관을 만들어 장애인들을 훈련시키는 방법을 말하며, 사업주 위탁훈련은 사업주에게 장애인을 위탁하여 작업현장에서 훈련을 받게 하는 것이다.

③ 취업알선

취업알선은 장애인이 직업인으로서 갖추어야 할 직업의 능력을 구비하였을 때 그들이 적합한 직업을 가질 수 있도록 지원하는 일련의 과정이다. 장애인의 취업 알선을 위하여 고려해야 할 사항을 살펴보면 다음과 같다(정순민, 1994).

첫째는 취업을 위한 준비가 잘 되어 있는지에 대한 사항이다. 장애인들이 일반적으로 학력이나 사회적인 경험이 부족한 데다 전문적인 지식이나 기술이 결여되어 일에 대한 적응력이나 습성의 문제로 취업과정에서 다소의 문제점이 발생되는 경우가 있다. 따라서 직업적응능력을 갖추기 위한 기초능력 교육이나 전문적인 훈련을 받아야 한다.

둘째는 장애인에 대한 인식에 관한 사항이다. 장애의 정도나 장애의 여건에 따라 다양한 문제가 있겠지만, 장애인의 취업에 대해 가장 큰 장벽은 장애인의 능력과 가치에 대한 사회적인 인식부족과 편견이라고 할 수 있다. 따라서 장애인에게 취업을 알선함에 있어서 주변환경의 장애인에 대한 인식을 고려해 볼 필요가 있다.

셋째는 고용환경에 대한 사항이다. 장애인들은 일단 취업이 되었다고 하더라도 직장의 직무환경이나 교통편의, 주변환경 등에 대한 부적응으로 인하여 취업의 한계를 느끼는 경우가 적지 않다. 취업능력은 있으나 고용환경에 대한 부적응으로 인하여 취업에 제약을 받거나, 취업을 했다고 하더라도 감당하지 못하고 중도포기하고 마는 경우도 있다. 따라서 고용환경에 대한 세심한 검토를 하여 장애인이 보다 효과적으로 적응할 수 있도록 배려해야 할 것이다. 넷째는 장애인고용제도에 관한 사항이다. 장애인의 취업에 있어서 검토해야 할 중요한 사항 중의 하나는 그 사회의 고용정책이다. 장애인고용촉진 및 직업재활법에서 규정하는 다양한 장애인고용제도에 대한 숙지를 통하여 장애인들이 보다 더 많은 취업지원을 받을 수 있도록 하는 것은 취업알선단계에서 가장 중요한 과업인 것이다.

④ 사후지도

사후지도(follow up service)는 장애인들이 일정한 과정을 마치고 취업한 뒤에 발생하는 직업과 관련된 문제해결을 위한 조력을 제공하는 일련의 활동이다. 상담자는 클라이언트가 취업한 뒤에도 항상 밀접하게 연결되어 있어야 하며 문제발생을 사전에 적절히 예방하고 또한 대책을 수립해야 한다. 일반적으로 장애인들이 직업훈련을 마치고 산업현장으로 진출하게 되면 여러 가지 문제에 직면하게 된다. 장애인에 대한 고용주나 동료들의 편견, 신체장애에 대한 불안감, 열악한 작업환경 등의 문제들이 내재되어 있어 근무하는 데 지장을 초래할 경우가 생길 수 있다. 따라서 적절한 사후지도를 통하여 장애인들의 지속적인 고용이 유지될 수 있도록 하는 것은 직업재활과정의 중요한 과제인 것이다.

출처 : 한국장애인고용공단.

2) 시설중심재활과 지역생활중심재활

(1) 시설중심재활(Institution Based Rehabilitation)

시설중심재활의 개념은 모든 재활서비스가 장애인 생활시설에 수용되어 있는 시설 장애인을 대상으로 제공되는 것을 말한다.

생활시설이란 장애인이 장애인 생활시설에서 필요한 기간 동안 생활하면서 재활에 필요한 상담, 치료, 훈련 등의 서비스를 받아 사회복귀를 준비하거나 장기간 요양할 수 있는 시설을 말한다.

1900년대 중반까지는 미국이나 서구 유럽 국가에서 수용시설 위주의 재활 사업이 주류를 이루었으며, 1950년 한국전쟁으로 인한 장애고아와 각종 질병으로 인한 장애아동 수용보호의 필요성에 따라 시설이 증가했으며, 1980년 이전까지 재활서비스 방식은 도시의 시설 중심으로 이루어졌다. 시설보호의 한계점은 시설수용 보호서비스가 고도의 장비와 기술의 도입, 전문 인력을 확보하기 위하여 많은 비용이 소요되었으며 아무리 많은 시설을 증설하여도 전체 장애인의 2~3% 이상을 수용할 수 없었다. 재활의 궁극적 목표는 장애인이 지역사회에서 가족, 친지, 이웃들과 어울려 사는 것인데 시설에서의 장기수용은 사회통합에 역행하고 장애인을 사회적으로 격리시키는 결과를 초래하는 한계를 보였다. 시설중심재활의 한계와 탈시설주의에 대한 움직임이 시설중심재활의 필요성과 효과성이 없어졌다는 것을 의미하지는 않는다. 기존 시설중심재활 서비스를 필요로 하고, 그런 서비스가 합당하고 효과적인 장애인에게는 시설중심 재활서비스가 지속적으로 제공되어야 할 것이다. 장애인복지 분야뿐만이 아니라 다른 사회복지 분야(아동, 노인 등)에서 시설중심서비스와 지역사회중심서비스는 서로 병존하면서 필요로 하는 클라이언트에게 적합한 서비스를 제공하여야 한다. 장애인 생활시설에는 장애 유형별 생활시설(지체, 뇌병변, 시각, 청각, 언어, 지적장애 등)이 있고 중증장애인 요양시설, 장애영유아 생활시설 등이 있다. 거주 장애인을 수용·보호·치료의 대상으로 간주하며, 의료적·전문가 중심의 제한된 자원에 의한 서비스가 주류였던 과거의 시설중심재활은 그 기능이나 성격, 개인적·사회적 영향 면에서 많은 문제점이 발생하여 비판의 대상이었다.

과거의 시설중심재활의 궁극적 목적은 가족·이웃·지역사회와의 상호작용, 적응도모, 사회통합이며, 지역사회 주민들과 어울려 함께 사는 것이지만 시설에서의 장기적 수용으로 인하여 재활의 궁극적인 목적과는 달리 장애인의 사회적 격리를 만들게 되었다.

최근 시설중심재활의 이러한 문제점과 한계인식으로 탈시설화, 정상화이념으로 지역사회 중심의 재활로 바뀌고 가고 있다.

(2) 지역생활중심재활(Community Based Rehabilitation)

지역사회중심재활의 개념은 장애인 재활은 장애인의 생활 기점인 가정과 지역사회를 중심으로 그 안에서 이루어지는 것이 바람직하므로 장애인 자신과 그 가족 및 지역사회 내에 이미 존재하고 있는 인적·물적 자원을 개발, 활용하여 장애인의 기본적 문제를 해결하고, 장애인이 완전자립하고 지역사회 내에 완전히 통합되고 참여할 수 있도록 지원하는 것이다.

세계보건기구(1976)의 기본 원칙은 재활의 주체는 장애인 자신과 가족이며, 지역사회 주민들이 자립과 재활의 책임의식을 갖도록 하며 지역사회 내의 가능한 인적·물적 자원이 최대한 동원되어야 한다. 그리고 기존의 재활서비스 전달체계에 통합되어 수행되며 지역사회의 수준에 적합하며 저렴한 비용으로 할 수 있는 기술과 방법을 활용하도록 권장하고, 재활서비스 전달체계 구축 및 통합 기관, 2차, 3차 기관으로 의뢰할 수 있는 후송 의뢰체계가 필요하다. 지역사회중심재활은 산업화, 도시화, 의료 발달로 장애 인구의 비율 증가와 시설보호중심재활의 한계에 대한 방향의 전환이며, 재활의 궁극적 목표는 장애인이 지역사회에서 가족, 친지, 지역사회 주민과 어울려 사는 것이다. 새로운 장애인복지의 패러다임의 전환, 즉 장애인의 시민적 권리라는 개별적 존중이라는 면에서 볼 때 지역사회중심재활의 필요성을 강조할 수 있다. 지역사회중심재활사업 실천의 기본 요소는 새로운 기구나 단체를 만들기보다 이미 존재하는 관련 서비스를 연계되어야 하고, 삶의 질을 향상시키기 위한 측면에서 장애문제를 검토해야 한다. 또한 장애인이 자발적, 주체적으로 참여가 필요하며, 지역사회 내에 있는 가용 자원을 활용하며, 지역사회 내에 축적되어 있는 기술을 활용한다. 지역사회중심의 재활은 지역사회주민들에게 장애인 및 재활에 대한 올바른 이해를 증대시키고 재활에 대한 공동 책임의식 고취, 자조·자립의 의지와 능력을 강화시키는 장점이 있으며 장애인의 복지에 있어서 한 걸음 더 나아가는 면이 있다.

시설중심재활(IBR)	지역사회중심재활(CBR)
• 장애인 개인의 변화를 목적	• 지역사회의 변화 목적
• 의료 중심의 서비스 제공	• 장애인, 가족, 지역사회에 기술 이전
• 분산된 서비스 제공	• 장애인, 가족, 지역사회 중심
• 서비스의 중앙집권화	• 계획과 평가 과정에 지역사회의 참여
• 제한된 자원 활용	• 문제해결적, 인간중심적
• 고도의 기술수준에 의존	• 여러 부문의 통합된 서비스 제공
• 전문가 중심	• 여러 부문의 다면적 접근
• 지역사회의 역할 마비	• 이용 가능한 자원을 활용한 현장 기술 사용
• 공급자에 의한 일방적 서비스	• 장애인의 욕구에 기반을 둔 권리 지향적 서비스
• 복지 지향적 서비스	• 간단한 기술에 의존
• 개인의 최대 독립성과 기능 추구	• 장애인의 적극적 참여

출처 : 문선화 외(2009). 장애인복지론, p. 190.

① 장애인복지법 제58조 제1항에 근거한 장애인복지시설의 종류는 다음 각 호와 같다.

1. 장애인 거주시설 : 거주공간을 활용하여 일반가정에서 생활하기 어려운 장애인에게 일정 기간 동안 거주·요양·지원 등의 서비스를 제공하는 동시에 지역사회생활을 지원하는 시설
2. 장애인 지역사회재활시설 : 장애인을 전문적으로 상담·치료·훈련하거나 장애인의 일상생활, 여가활동 및 사회참여활동 등을 지원하는 시설
3. 장애인 직업재활시설 : 일반 작업환경에서는 일하기 어려운 장애인이 특별히 준비된 작업환경에서 직업훈련을 받거나 직업 생활을 할 수 있도록 하는 시설
4. 장애인 의료재활시설 : 장애인을 입원 또는 통원하게 하여 상담, 진단·판정, 치료 등 의료재활서비스를 제공하는 시설
5. 그 밖에 대통령령으로 정하는 시설

   법 제58조 제1항 제5호에서 “대통령령으로 정하는 시설”이란 장애인생산품 판매시설 및 법 제59조의13 제1항에 따른 피해장애인의 임시 보호 및 사회복귀 지원을 위하여 “장애인 쉼터”를 말한다. [개정 2019. 6. 11.]

② 제1항 각 호에 따른 장애인복지시설의 구체적인 종류와 사업 등에 관한 사항은 보건복지부령으로 정한다.

장애인복지법 시행규칙 제32조 [별표 5] 규정에 의한 지역재활시설의 종류와 기능은 다음과 같다(개정 2021. 6. 30).

1. 장애인 거주시설
   1) 장애유형별 거주시설
      장애유형이 같거나 유사한 장애를 가진 사람들을 이용하게 하여 그들의 장애유형에 적합한 주거지원 · 일상생활지원 · 지역사회생활지원 등의 서비스를 제공하는 시설.
      (1) 지체장애인 · 뇌병변장애인을 위한 시설
      (2) 시각장애인을 위한 시설
      (3) 청각장애인 · 언어장애인을 위한 시설
      (4) 지적장애인 및 자폐성장애인을 위한 시설
   2) 중증장애인 거주시설
      중증장애의 정도가 심하여 항상 도움이 필요한 장애인에게 주거지원 · 일상생활지원 · 지역사회생활지원 · 요양서비스를 제공하는 시설
   3) 장애영유아 거주시설
      6세 미만의 장애영유아를 보호하고 재활에 필요한 주거지원 · 일상생활지원 · 지역사회생활지원 · 요양서비스를 제공하는 시설
   4) 장애인 단기거주시설
      보호자의 일시적 부재 등으로 도움이 필요한 장애인에게 단기간 주거서비스 · 일상생활지원서비스 · 지역사회생활서비스를 제공하는 시설
   5) 장애인 공동생활가정
      장애인들이 스스로 사회에 적응하기 위하여 전문인력의 지도를 받으며 공동으로 생활하는 지역사회 내의 소규모 주거시설

2. 장애인 지역사회재활시설
   1) 장애인복지관 : 장애인에 대한 각종 상담 및 사회심리 · 교육 · 직업 · 의료재활 등 장애인의 지역사회생활에 필요한 종합적인 재활서비스를 제공하고 장애에 대한 사회적 인식개선사업을 수행하는 시설
   2) 장애인 주간보호시설 : 장애인을 주간에 일시 보호하여 장애인에게 필요한 재활서비스를 제공하는 시설
   3) 장애인 체육시설 : 장애인의 체력증진 또는 신체기능회복 활동을 지원하고 이와 관련된 편의를 제공하는 시설
   4) 장애인 수련시설 : 장애인의 문화 · 취미 · 오락활동을 통한 심신수련을 조장 · 지원하고 이와 관련된 편의시설
   5) 점자도서관 : 시각장애인에게 점자간행물 및 녹음서를 열람하게 하는 시설
   6) 점자도서 및 녹음서출판시설 : 시각장애인을 위한 점자간행물 및 녹음서를 출판하는 시설
   7) 장애인생활 이동지원센터 : 이동에 상당한 제약이 있는 장애인에게 차량운행을 통한 직장 출퇴근 및 외출보조나 그 밖의 이동서비스를 제공하는 시설
   8) 한국수어 통역 센터 : 의사소통에 장애가 있는 청각 · 언어장애인에게 한국수어 통역 및 상담서비스를 제공하는 시설
3. 장애인 의료재활시설 : 장애인을 입원 또는 통원하게 하여 상담, 진단 · 판정, 치료 등 의료재활서비스를 제공하는 시설.
4. 장애인 생산품 판매시설 : 장애인 생산품의 판매 및 판로개척, 홍보, 정보제공, 각종 상담을 통하여 장애인 직업재활을 지원하는 시설.

3) 재활공학(Rehabilitation Engineering)

의학의 발달과 경제성장 등의 영향으로 인간의 평균수명이 점차 늘어나고 환경문제, 산업재해, 교통사고 및 만성퇴행성질환의 비중 증가 등으로 인

해 노인 인구 및 장애 인구의 비율이 지속적으로 증가하고 있다. 이로 인해 재활서비스의 필요성과 전문성이 더욱 강조되고 있다.

특히 장애에 대한 개념도 ICIDH(International Classification of Impairments, Disabilities, Handicaps : WHO, 1980)모델로부터 보다 긍정적이고 역동적인 ICF(International Classification of Functioning, disability and health : WHO, 2001)모델로 변화되면서 장애를 바라보는 시각이 사회 환경의 부적절, 기회의 불균등, 적절한 재활치료 서비스 제공 등의 부족으로 인해 기인되는 것으로 변화되고 있는 상황이므로 재활서비스의 접근방법 또한 다양하고 체계적인 방법으로 전환되어야 한다.

우리는 흔히 21세기를 디지털정보화사회, 탈구조화 사회, 글로벌리제이션 사회, 인터넷사회 등으로 이야기하는데, 이러한 사회특성 때문에 장애인의 일상생활이나 사회생활 속에서 정보통신기술이 매우 큰 영향을 미친다고 할 수 있다. 이러한 정보통신기술 등과 같은 공학의 발달은 장애인의 삶에도 큰 변화를 가져왔고, 장애인의 재활 수단으로 중요한 자리를 차지하게 되었다. 즉, 21세기의 재활패러다임은 과거에 행해졌던 재활치료서비스를 포함하여 정보통신기술을 기반으로 한 장애인의 이동권과 정보접근권이 함께 보장되어야 한다고 할 수 있다.

미국의 재활공학 정책은 장애인뿐만 아니라 노인인구와 아동들까지 그 서비스 대상을 확대되고 있으며, 정보통신기술 적용이 약자 계층의 자립과 사회참여를 확대시킬 수 있음을 강조하고 있다. 또한 유럽 국가들을 포함하여 전 세계적으로 보편적 디자인(universal design)과 언제 어디서나 정보 접근이 가능하도록 유비쿼터스(ubiquitous) 환경에 대한 논의가 활발히 이루어지고 있다.

재활공학의 정의는 '재활과정에 사용되는 공학', '복지사회의 실현을 목표로 한 공학', '장애인의 사회적 장애를 개선하기 위해 과학과 기술을 응용하는 것', '장애인의 행복을 목적으로 하는 재활의료에 필요한 과학의 응용' 등의 여러 가지 정의를 내리고 있다.

글자 그대로의 의미로 재활공학은 재활과 공학의 접목으로 이루어진 합성어로 재활이라는 목적을 위해 공학이라는 수단을 활용하는 이론과 방법을 연구하고 응용하는 분야라 볼 수 있다.

일반적으로 공학은 과학적 지식을 현실적 문제의 해결에 효율적으로 활용하는 방법을 다룬다. 즉, '공학이란 실제적 과제해결을 위하여 과학적인 또는 조직적인 지식을 체계적으로 적용함'을 뜻한다. 이런 의미에서 재활공학의 정의를 살펴보면 '인간의 재활문제 해결을 위하여 과학적인 또는 지식을 체계적으로 적용하는 것이라고 볼 수 있다.

재활의학사전의 정의를 따르면 '재활공학이란 장애를 가진 개인을 위해 그들의 재활에 필요한 것을 제공하는 기술이나 공학분야'로 설명하고 있다.

1986년 개정된 미국의 재활법에는 재활공학을 '교육, 재활, 취업, 교통, 독립적인 생활 및 여가활동을 포함한 분야에서 장애인들의 욕구를 충족시키며 장애인들에게 직면한 문제들을 해결하기 위한 기술공학, 공학방법론이나 과학적 원리들의 체계적인 응용'이라 명시되어 있다.

대한재활공학회(2001)에서는 재활공학을 "장애인의 이동과 신체의 교정 등을 위하여 사용되는 보장구(보조기, 의지, 휠체어, 보청기 등)와 장애인의 학습·일상생활·사회생활 편의를 증진시키기 위하여 사용되는 저급공학(low-technology)이나 고급공학(high-technology) 하드웨어 및 소프트웨어 등 재활을 지원하는 기술·공학 전반"을 포괄하는 용어로 사용하고 있다.

재활보조공학(assistive technology)이라는 용어는 1980년대 후반부터 미국에서 사용되었으며, 그 전에는 특수교육공학(special education technology), 재활공학(rehabilitation technology), 재활엔지니어링(rehabilitation engineering)이라는 용어와 혼용되어 사용되어 왔으며, "장애인들이 직면한 문제들을 다양한 기구, 서비스, 보상방법, 그리고 실습을 통해 착상 및 응용(concerned and applied)을 하여 개선시키는 기술"을 의미하는 것으로 사용하여 왔다.

재활공학은 의료적·교육적·사회 심리적·직업적 재활을 원활히 수행하고 그 재활의 효과를 극대화할 수 있도록 기구나 장비 그리고 정보시스템 편의시설 등 모든 분야의 기술을 응용한 과학이다. 일반적으로 재활공학은 재활엔지니어링과 재활보조공학의 두 영역으로 분류할 수 있다. 이에 대한 내용은 다음과 같다.

(1) 재활 엔지니어링(rehabilitation engineering)

장애인의 일상생활 및 사회생활의 편의를 지원하기 위한 공학기기의 개발, 제조, 그리고 주거환경의 개조 등에 중점을 두어 이루어지는 하드웨어적 공학 분야이다.

(2) 재활보조공학(assistive technology)

장애진단 및 평가를 통한 재활공학기기의 처방(개조를 위한 처방 및 주거환경 개선을 위한 설계처방 포함)과 재활 엔지니어링 영역에서 개발된 공학기기의 적용(adaptation) 및 사용방법을 훈련시키며, 장애인의 학습권 및 정보접근권을 높여주기 위한 소프트웨어의 개발 및 컴퓨터 사용방법 등에 중점을 두어 이루어지는 소프트웨어적 활용기술 분야이다.

CHAPTER 09

장애인의 자립생활

1. 자립생활의 개념
2. 자립생활의 이념
3. 자립생활의 원칙

CHAPTER 09

장애인의 자립생활

1. 자립생활의 개념

자립생활(independent living)은 장애인 스스로가 자신의 삶을 선택하고 결정하며 자신의 생활 전반에 대한 통제력을 기반으로 삶을 영위해야 한다는 것이다.

여기에는 신변처리, 지역사회 내의 일상적 활동 참여, 사회적 역할 수행 등의 문제가 포함되며 자립생활의 개념 속에서의 자립은 철저한 개인의 문제로 개별적 논의가 요구되는 상대적 개념이다.

자립생활이라는 개념은 “기능적 자립을 추구하는 프로그램에 의존하지 않고 자신의 삶의 양식을 스스로 정하여 생활하는 능력이며 사회 속에서 자유롭게 활동하는 권리이며 자신의 삶을 타인의 간섭으로부터 최소화하는 것이고 자신의 생활을 관리하여 일상생활의 참여와 사회적 역할의 수행, 자신의 의지에 의한 결정”이라고 설명하고 있다(Independent Living Glossary, 1988; 정종화, 2001 재인용).

미국의 자립생활조사연구소(Independent Living Research Utilization)는 자립생활이란 “타인에게 의존을 최소화하기 위해서는 장애인이 원하는 것에 기초하여 지원받아야 한다. 이러한 지원을 통해 장애인은 자신의 생활을 스스로 관리할 수 있게 된다. 이때 자립은 개인마다 다르게 적용되는 상대적 개념이다”고 강조하였다. 이 개념에서 주목할 것은 장애인의 자립생활에 필요한 지원수준은 모두에게 동일한 것이 아니라, 장애인 각자의 여건과 따라 차이가 있는 상대적이라는 점이다.

또한 스웨덴의 라츠카 박사[1]는 '자립생활은 우리가 모든 것을 우리 스스로 하기를 원한다거나 누군가의 도움이 필요하지 않다는 것만을 의미하는 게 아니다. 자립생활의 우리의 비장애 형제와 자매, 이웃과 친구들이 당연히 누리고 있는 매일의 삶을 우리 스스로 선택하고 통제할 수 있는 동등한 기회를 얻게 되는 것을 말한다. 우리는 우리의 가족들과 함께 살기를 원하고 우리가 교육을 받고 우리의 적성에 따라 선택한 일을 하며 스스로의 가족을 부양하기를 원한다. 우리는 진정으로 평범하게 사람들이 공유하는 느낌을 느끼고 인식하고 또한 사랑하기를 원한다'라고 정의하고 있다.

이 외에도 많은 학자와 기관이 자립생활의 개념을 설명하고 있지만 핵심은 다음과 같이 정리할 수 있다. "자립생활이란 장애인이 자신에게 필요한 지원을 권리로서 제공받고, 자신의 생활을 스스로 선택하고 결정하며, 다른 사람들처럼 지역사회에서 자유롭게 생활하고 다양한 활동에 참여하는 것이다."

자립생활은 장애인복지 서비스의 새로운 모델의 하나로 인식되기보다 장애인과 장애문제를 바라보고, 논의하는 관점상의 변화, 사고들의 전환을 요구하고 있다. 장애인의 자립은 재활패러다임에서나 의료모델에서나 혹은 장애인복지나 재활서비스에 관여된 모든 전문가 집단에게 궁극적인 목표로 이어져 왔고 앞으로도 마찬가지일 것이다. 자립생활의 개념을 논의함에 있어 반드시 다루어져야 할 주제어는 자기결정(self-determination)과 선택권(choice-making)이다.

1990년대 이전까지 의료 · 직업 · 재활상담 등의 장애인을 위한 복지서비스 전달체계에 있어서의 지배적 패러다임은 의료적 모델에 근거한 재활패러다임이었다.

기존의 재활패러다임에서의 의료적 모델에서 장애인은 사회적으로 병자

1) "Dr. Adolf Ratzka 라츠카 박사" ILI(Institute on Independent Living 스웨덴자립생활연구소. 소장)

의 역할(sick role)을 요구받았으며 이러한 사회적 역할은 장애인 개인에게뿐 아니라 장애인 가족과 친구에게도 사회적 낙인(stigma)이 되어 편견과 차별의 직접적 원인이 되고, 일상적 활동을 비정상적으로 수행한다거나 인력시장에서 경쟁고용에 있어 부적절하다는 것이다. 뿐만 아니라 장애인이 장애문제를 해결하기 위해 필요한 것은 재활치료이고 이러한 문제에 대해서는 의사, 물리치료사, 작업치료사, 직업재활 전문가, 사회복지사 등과 같은 재활전문가의 지시나 조언을 따라야 하는 것은 당연한 것이다. 즉, 장애인은 환자나 클라이언트의 역할을 수행해야 하고 따라서 재활과정의 목표가 최대한의 신체적 기능수행이나 혹은 고용을 통한 직업활동에 있으며 재활에 있어서의 성공은 재활전문가의 몫이라는 것이다.

반면 자립생활 패러다임에서는 장애인의 문제는 장애인에게 있는 것이 아니라 전문가-클라이언트 관계라는 의존성에 있다. 따라서 장애인의 문제는 궁극적으로 재활이나 치료방법으로 해결할 수 없으며 물리적 환경과 전반적인 사회통제 기제를 포함하는 환경적인 요인에 있다는 것에서 인식의 출발을 해야 한다는 것이다. 이 목표를 이루기 위한 전략으로는 장애인은 환자의 역할(sick role)을 벗어나 자기 문제에 대한 통제력(locus of control)을 가진 소비자의 역할(consumer role)을 담당해야 한다는 것이다.

2. 자립생활의 이념

자립생활에서 중요시하는 것은 당사자주의, 자기결정권과 자기선택권, 책임, 자조 등의 개념을 중시하며 인생 전반에 걸쳐서 자기 자신이 결정하고 선택하는 모든 과정이라고 할 수 있다. 이것은 이전의 재활이념에서 추구해온 개인의 기능회복이나 사회에서 필요로 하는 기능 및 역할의 회복 및 훈련과는 여러 면에서 차이를 보인다.

즉, 중증의 장애를 가지고 있더라도 자신의 삶을 스스로 선택, 결정하며 책임을 지면서 지역사회에서 생활하는 것이다. 즉, 자립생활은 장애인 당사자 스스로가 선택의 권리를 가지고 있으며, 이 선택할 권리는 일상생활에서부터 시작되며, 실패를 통해 더 나은 생활을 본인이 만드는 것이다. 또한 장애인은 사회에서 자립생활에 필요한 각종 서비스를 제공받을 권리가 있다는 것이며, 이 서비스들은 스스로 관리할 수 있고 이것이 바로 장애인 당사자의 자기결정권 확보에서 시작되는 것이다(한국장애인자립생활센터총연합회).

그러므로 자립생활 이념은 장애인에게 자신이 어디서 살 것인지, 누구와 함께 살 것인지, 어떤 생활양식을 선택할 것인지, 자신의 시간을 어떻게 활용할 것인지 등에 대한 생활 전반에 걸친 제반 상황을 스스로 결정하고 선택할 수 있는 권리가 있다는 것이다. 이와 같은 자립생활 이념에는 장애인은 스스로의 선택과 결정에 대한 모험이나 그 결과에 따른 위험상황에도 대처할 책임이 있으며 이에 따른 성공 혹은 실패를 경험할 수 있는 권리를 갖는다.

이것은 자신의 결정과 선택에 의한 행동 그리고 이로 인한 결과의 책임성은 논의의 중심이 된다는 것이다. 바꾸어 말하면 장애인 스스로가 자신의 삶을 관리하고 그 생활 전반에 걸쳐 방향을 설정하여 스스로의 삶을 주도하여 나아갈 뿐 아니라 사회활동에 적극적으로 참여함을 의미한다.

3. 자립생활의 원칙

자립생활은 이념적 맥락에서 두 가지 중요한 원칙을 포함하고 있다. 첫째, 자립생활은 신체 능력이나 지적능력과 상관없이 모든 사람에게 적용되는 권리라는 점이다. 따라서 도움이 필요하지 않은 완전한 자립생활을 기대하기 어려운 최중증장애인도 당연히 포함된다. 최중증장애인의 경우 다양한 사회적 지원을 통해 이전의 상황에 비해 나아졌다면 이를 자립생활에 가까운 상대적 자립으로 중시된다. 둘째, 자립생활은 사회의 협력 없이 저절로 만들어지는 것이 아니라 다양한 지원체계를 통해 가능하다는 것이다. 자립생활은 운동 이상의 장애정책 개념, 서비스 내용, 서비스 체계, 장애인과 전문가의 역할 등 전반에 대해 새로운 방향성을 제시하고 있다.

- 장애인 당사자 원칙

  서비스를 제공하는 재활과 사회복지 전문가가 아닌, 서비스를 제공받는 소비자인 장애인 당사자가 실제적으로 자신의 이익을 가장 잘 판단하고 대변할 수 있을 것이다. 장애인 당사자가 자신의 욕구와 이해에 맞추어서 서비스가 어떻게 구성되고 전달되는지를 결정하는 것이다. 결국 장애인 스스로가 자신의 자립생활을 위해서 주체적으로 선택하고 결정하는 권한을 확보하는 것을 의미한다.

- 선택가능성의 원칙

  실질적인 중증장애인의 자기결정권이 보장받기 위해서는 선택할 수 있는 다양한 대안과 가능성이 주어져야 한다. 선택에 대한 자유가 주어지지 않고, 단지 하나의 방법과 가능성을 부여한다면 진정한 의미에서 자기결정을 행사했다고 볼 수 없을 것이다. 이러한 선택가능성은 장애인이 일상생활에서(주거, 직업, 여가 등) 보장되어야 할 가장 중요한 원칙으로서, 자기결정권의 근본을 이룬다.

- 사회통합의 원칙

  자기결정권은 현대사회의 장애인, 비장애인 모두에게 부여되는 당연한 권리이다. 개인의 자기결정권은 한 사회에서 행해지는 자율과 사회통합 간의 양쪽 사이에서 긴장관계를 가지고 있다고 볼 수 있다. 즉, 개인의 자율을 지나치게 강조하게 될 경우 전체적인 사회구성원의 사회통합에서는 갈등관계를 형성할 수도 있다. 각 개인의 자기결정권의 행사는 사회책임이 동반되어야 하며, 사회통합의 범위 안에서 자신의 자기결정권을 보장받게 된다.

- 정의의 원칙

  한 개인의 소득이나 사회적인 지위에 기초하여 서비스가 제공되는 것이 아니라, 누구에게나 공평한 부담과 개인 필요와 욕구에 기반한 서비스가 주어져야 한다. 정의원칙에 의한 장애인 당사자의 개별 권리를 부여받기 위해서는 차별, 배제, 타인의 간섭으로부터 자유로워야 한다. 정의원칙의 근본적인 목적은 한 개인을 타인, 집단, 사회로부터의 악용된 공격으로부터 보호와 불평등의 해소라고 할 수 있다. 이러한 정의원칙의 기반은 개인의 개별욕구에 의한 자율적인 노력과 이에 대한 개인 간의 평등한 지원이라고 할 수 있다.

- 상호교환의 원칙

  장애인과 비장애인 상호 간의 사회교환 이론으로서, 각기 장애인 비장애인 상호 간의 적극적인 수용 기초하에 서로 간의 긍정적인 효과와 평가의 과정이다. 상호교환의 측면에서 한 개인은 자신에 대하여 긍정적으로 호감을 표현하는 상대자를 파트너로 안정할 수 있게 된다. 서로에 대한 개인 상호 간의 관심이나 호감없이 서로 적대적인 관계가 형성될 때에는 상호 간의 관계형성 단절을 야기할 수 있다.

자립생활은 장애인복지에서 중요한 패러다임이자 실천모델이다. 1970년대 미국에서 시작된 이후 자립생활은 장애를 어떻게 바라볼 것인지, 장애와 관련된 문제는 무엇이며 어떻게 접근할 것인지, 어떻게 해결한 것인지에 대해 새로운 시각을 제시하고 있다. 따라서 자립생활 패러다임은 기존의 장애문제를 규정하는 방식을 재정립하고 그에 따른 새로운 형태의 개입을 요구하는 패러다임으로 등장하였다. 또한 자립생활패러다임은 장애인과 관련된 환경적 문제를 해결하기 위해서는 장애인을 단지 의존적인 서비스 이용자로 보는 시각에서 벗어나 적극적인 소비자의 관점으로 볼 것을 강조한다. 이 과정에서 가장 중시되는 것은 자립을 어렵게 하는 환경적 장벽을 없애는 것이다. 우리는 자립생활패러다임을 이해함으로써 자립생활의 핵심적인 관점, 기본적인 시각, 인식변화를 보다 체계적으로 파악할 수 있다.

자립생활패러다임을 명확히 이해하기 위해서는 기존의 재활패러다임과 비교하여 살펴보아야 한다. 재활패러다임은 자립생활패러다임과 대비되는 전통적인 패러다임으로, 자립생활패러다임은 재활패러다임에 대한 비판에서 시작되었다. 예를 들면 재활패러다임은 개인적 맥락에서, 자립생활패러다임은 사회적 맥락에서 장애를 이해하고 해석하고 있다. 따라서 두 패러다임의 비교를 통해 장애를 둘러싼 문제의 정의, 문제의 해결방법, 통제나 관리의 주체, 바람직한 결과에 대한 차이를 파악할 수 있다.

〈표 9-1〉 재활패러다임과 자립생활패러다임 비교

구분	재활패러다임	자립생활패러다임
문제의 정의	신체 손상, 직업기술 부족, 심리적 부적응, 동기와 협동 부족	다른 사람(전문가, 가족 등)에게 의존, 적절한 지원서비스, 건축물 장벽, 경제적 장벽 등
문제의 근원	개인	사회나 환경, 재활과정
문제의 해결방법	의사, 물리치료사, 작업치료사, 직업상담사 등 전문가 집단	동료상담, 옹호, 자조, 소비자 주권, 장애물 제거
사회적 역할	환자, 클라이언트	소비자
통제의 주체	전문가	소비자
바람직한 결과	일상생활능력 극대화, 유급 취업, 심리적 적응, 동기향상, 완치 등	자기관리, 사회적 가치 향상, 최소한의 제한된 환경(사회, 경제)

출처 : Dejong(1979). The moment for Independent Living Origin.

CHAPTER 10

장애인의 사회복지서비스

CHAPTER 10

장애인의 사회복지서비스

1. 생애주기별서비스 접근

장애와 관련하여 생애주기(life cycle)의 개념을 도입하는 시도는 지극히 당연한 것이면서도 비교적 소홀히 다루어져 왔다. 일반적으로 개인의 성장과 발달의 단계를 설명하는 포괄적인 기준은 개인의 생애주기와 각 생애주기에 따른 발달과업이라고 볼 수 있다.

최근 들어 국내외적으로 생애주기를 강조하는 경향은 보편적인 장애인복지 이념과 패러다임의 변화와 더불어 주목을 받기 시작했다. 장애인이 일반적인 사회에서 일반적인 사람들과 같이 살아갈 수 있도록 하는 서비스 이념인 정상화와 사회통합은 일반적인 사람들과 똑같이 장애인의 경우에도 생애주기와 발달과업에 대하여 집중적인 관심을 기울일 것을 강조하고 있다. 따라서 생애주기에 대한 논의는 장애인복지의 이념과 패러다임의 변화와 긴밀한 관련성을 갖는 것이라고 볼 수 있다.

장애인들의 생애주기에 따른 발달을 위한 틀을 개발할 때는 그들이 살고 있는 사회·문화적 맥락을 설명해야 한다. 역사적으로, 장애인들은 발달을 다루는 문헌에서 소홀히 다루어져 왔다.

장애인이 포함된 경우도 장애가 당사자와 가족에게 가져다 준 문제들에 초점을 맞추고 있는 것이 대부분이었다. 그러나 생애주기에 초점을 맞추는 경우에 사회적 맥락에서 장애가 함축하는 바에 대해 접근하여야 한다. 즉,

생애 가운데 서로 다른 시기에 장애를 갖게 되고, 살아간다는 것이 의미하는 바에 주목해야 하고, 정상화와 사회통합을 이루기 위해서는 비장애인과 똑같이 생애주기와 발달과업에 대하여 집중적인 관심을 가져야 할 것이다.

1) 출생 후부터 3세까지

삶의 초기에 가지게 된 장애가 내포하는 주요한 의미 가운데 하나는 개인들이 그들의 장애를 인식할 수 있는 인지능력을 가지기 이전에 장애가 있다는 것이다. 그들의 첫 번째 경험들은 장애에 대한 시각(perspective)으로부터 시작한다. 가족들은 유아기부터 장애를 가지고 있다는 것을 알고 있으며, 유아를 장애를 가진 아동으로 인식한다.

그 아이의 초기 기억들은 장애 아동으로 취급되고 인식되는 것일 것이다. 아이를 돌보는 데 있어서 의료적 모델 접근에 의해 강하게 영향을 받은 가족들은 장애 아동을 비장애 아동과 다르게 다루기 쉽다.

반면에 어떤 아동들은 특별하거나 모자란 존재라기보다는 비장애 아동들과 별다른 차이 없이 취급되는 가족과 공동체 속에서 자란다. 이러한 아동들은 발달과업을 수행할 때 지원을 받으면, 그들이 인지적으로 발달할 때 그들의 다름(difference)을 느끼지 않을 수도 있다.

장애가 초기에 시작된 아동은 비장애아동보다 더 많은 보호를 경험할 수 있다. 유아기에는 욕구가 점점 증가하기 때문에 부모나 다른 보호자들과의 접촉이 증가한다. 에릭슨(Erikson)의 도식을 사용한다면, 이것은 환경에 대한 강한 신뢰감으로 이어질 수 있다. 반면에 만약 유아와의 접촉이 고통스럽다면, 예를 들어 치료적인 물리적 접촉이나 혹은 수술을 필요로 하는 신체적 장애가 일어난다면, 부모와 다른 사람들과의 접촉이 불안한 것으로 느껴질 수도 있다. 불신은 입원이나 입소로 인해 가족으로부터의 분리가 일어날 때 특히 문제가 될 수 있다. 청각장애와 시각장애와 같은 감각장애를 가진 아동은 그들의 장애를 책임져줄 보살핌이 필요하다. 예를 들면, 부족한 청력을 보충해줄 수 있도록 부모를 쉽게 볼 수 있는 위치에 놓음으로써 아동이 보호자가 가까이 있다는 것을 알 수 있도록 하는 것이다. 시각장애아동은 환경 안에 청각적인 자극이나 목소리를 증대시켜줌으로써 도움을 받을 수 있다.

모든 이론가들의 공통된 초기의 발달과업은 유아들이 그들을 둘러싸고 있는 환경에 대한 신체적·인지적 통제력을 갖는 것이다. 장애를 가진 유아들은 장애를 가지지 않은 아이들보다 그들의 환경을 조작하고 통제하는 것을 배우는 데 많은 어려움을 가지고 있다. 신체적인 한계는 딸랑이를 흔들거나 병을 쥐는 데 어려움을 가지고 있는 뇌성마비 아동과 같은 장애아동들의 노력에 지장을 줄 수 있다. 맥락(context)과 지원적인(supportive) 환경에 대한 강조는 장애아동의 발달을 이해하는 데 도움이 될 수 있다. 예를 들면, 장애 발생 후 3년 동안 조기교육의 기회를 받은 지적 또는 인지적 장애를 가진 아동은 과거의 전문가들이 가능하다고 생각했던 것보다 훨씬 더 많은 능력을 보여주고 있다.

(1) 장애아동과 부모가 직면하는 환경적인 문제들

① 과보호

어떤 부모들은 때때로 그들의 아이들이 그들의 연령에 기대되는 인지적·신체적 발달 과업을 성공적으로 수행할 수 없을 정도로 과보호적일 수 있다. 비록 선의에서 비롯되고 전문가들의 조언에 따른 것이라고 하더라도, 아동들이 그들의 환경을 통제하는 데 있어서 맞서거나 실패와 성공으로부터 배우는 것이 허락되지 않는 상황에 놓일 수도 있다. 부모들은 장애를 가진 그들의 아이들이 가진 발달 욕구를 배우고, 기술을 발달시키며, 그리고 그러한 아이들이 성공적으로 발달과업을 수행하고 그들이 직접 접하는 환경을 통제하는 것을 배우는 것을 도와야 한다.

② 즐겁지 않은 환경

장애아동은 그들의 환경을 즐겁지 않은 방식으로 경험할 커다란 위험에 처해있다. 수술, 주사, 물리치료, 그리고 약물치료가 그 예이다. 다른 사람들의 접촉에 놀라거나 기분 나쁠 때도 있다. 입원을 위해 가족으로부터의 분리가 요구되기도 한다. 그러므로 거부감을 주는 절차를 보상하기 위한 노력이 필요하다. 부모들은 아이가 다른 사람들과 추가적이고, 안전하고, 보호적인 접촉을 받고 있다는 것을 확신할 수 있도록 교육과 도움이 필요하다. 환경은 아이들의 공포를 최소화하기 위해서 수정되어야 한다.

③ 학대

장애아동은 비장애아동에 비해 잘못 취급되거나 학대받을 가능성이 아주 높다. 여러 가지 요소들이 이것에 기여한다. 어떤 아동들은 그들을 착취할지도 모를 다른 사람들로부터 더 높은 수준의 신체적 접촉을 필요로 한다. 어떤 아이들은 학대가 일어났을 때, 그것을 이해하거나 설명하지 못할 가능성이 많다. 나아가 다른 사람들이 학대가 일어났을 때, 믿지 않거나 중요하게 생각하지 않을 수도 있다.

④ 낮은 기대감

낮은 기대는 전통적으로 아동을 심각하게 제한한다. 예를 들면, 과거에 다운증후군 장애를 가진 아이를 가진 부모는 상례적으로 분리되고 시설에 입소시키라는 충고를 받았다. 비록 가장 잘 돌볼 수 있는 전문가들도 개인적인 관심과 가정 환경에서 양육되는 것을 보상할 수는 없다. 오늘날 대부분의 다운증후군 아동은 태어나면서부터 가정에서 길러진다.

2) 3세부터 6세까지

3세 무렵이 되면, 아동의 상징 세계에 대한 이해 능력이 급속도로 증가한다. 언어 발달이 세계에 대한 그들의 이해를 넓혀나감에 따라, 단어는 그들의 생활에서 일차적인 상징이된다. 언어는 다른 사람들과의 의사교환과 인지적 정교화를 위한 인지도식(scheme)을 제공한다. 아동들은 옳고 그름에 대한 분별력을 발달시키기 시작하며, 다른 사람들의 기대와 욕구에 반응하는 행동을 형성하기 시작한다. 출생부터 의미가 있는 음색, 얼굴 표정, 제스처와 같은 비언어적 언어는 계속해서 중요하다. 관계의 범위가 부모, 가족, 케어 제공자를 넘어서서 친구와 다른 사람들에게로 확대된다.

장애는 이 시기의 발달에 큰 충격을 줄 수 있다. 예를 들면, 언어발달은 장애에 따라 다르다. 지적 장애를 가진 아동은 언어 기술에 정체를 경험할 수 있다. 그들은 제스처, 비언어적인 발성, 그림들과 같은 의사소통의 대안적 방식에 의존할 수 있다. 그들은 지적 장애를 가지지 않은 아동들보다 늦게 언어 능력을 발달시킨다. 청각장애 아동은 언어에는 반응한다. 그러나 구어에는 반응하지 못한다. 이러한 아동들의 언어 발달에는 시각적인 의사소통과 손짓에 대한 조기 관심이 매우 중요하다. 언어 이해력은 청각보다는 시각적으로 발달한다. 그러므로 비록 언어 발달이 비장애 아동과 다르다고 하더라도 기술적인 도움을 포함하는 지원적인 환경은 상징적 도식 발달에 대한 기술을 획득하는 것을 도와줄 수 있다. 전통적인 발달이론가들은 이 연령 시기에 중요한 과업으로서 '언어 발달'에 초점을 두고는 있지만, 실제로 중요한 것은 이러한 표현의 한 형태가 아니라 언어와 의사소통이다.

장애아동이 접하는 환경의 확대는 다른 아동들의 경우와 마찬가지로 중요하다. 그들은 장애인과 비장애인과 상호작용할 수 있는 기회를 갖는 것이 매우 중요하다. 그들이 이 연령기에 확대된 세계를 경험하기 위해서는 신체적 장애를 가진 아동들은 휠체어나 물리적인 도움과 같은 기술이 필요할 수도 있다. 다른 사람들의 반응 때문에 그들은 '다르다는 것(being different)'을 대처하는 방법을 배워야 한다. 이러한 과업을 성공적으로 수행함으로써 그들은 그들의 삶을 통제할 수 있게 된다. 장애를 가진 다른 사람들과의 접촉은 그들에게 비슷한 사회적 경험과 세계에 대한 물리적인 관점을 가지고 있는 다른 사람들과 함께 할 수 있는 기회를 제공한다.

장애아동에 관련된 두 가지의 공통된 실천은 그들의 발달을 심각하게 제한해 왔다. 장애아동을 시설에 입소시키는 것은 그들을 넓은 세상으로부터 고립시켰으며, 세계와 상호작용하는 기술을 발달시키는 그들의 능력을 방해했다. 다른 사람들은 보호를 위해 집안에 고립되었다. 이러한 실천은 장애아동들로부터 기술을 발달시킬 수 있는 환경을 박탈하였으며, 그들이 사회 속에서 도전에 직면하는 법을 배울 기회를 부인해왔다. 다행스럽게도 이제는 장애아동이 덜 분리되고 더 통합되고 있다.

3) 6세에서 12세까지

대개의 아동들은 6세에서 12세 사이에 급격히 성장한다. 학교와 동료의 수가 증가하고 사회적으로 지리적으로 그들의 세계는 확장된다. 구체적인 문제를 풀어 가는 기술의 증가는 아동들이 새로운 상황에 대해서 대처하는데 도움을 준다는 측면에서 중요하다.

이것은 많은 기회를 위한 시기일 뿐만 아니라 발전이 제한될 수 있는 문제의 시기이기도 하다. 아이들이 그들의 가족으로부터 떨어져 성인이 되기 위한 첫 번째 단계에 접어들었기 때문이다. 어떠한 차별대우 없이 장애를 가진 학생의 욕구에 부딪힐 근본적 준비를 한다는 측면에서 교육적 환경은 그들에게 중요하다. 그들의 특별한 방식을 수용하는 배움을 위해 아마 장애아동들에게 개별교육이 필요할지도 모른다.

신체적으로 장애를 가진 아동들은 형태는 다소 다를 수 있어도 동일한 체육활동의 기회를 요구할 수 있다. 그것은 교육적 욕구에 대한 희생 없이 다른 학생들과 함께 통합을 위한 욕구의 균형을 맞춘다는 의미에서 중요하다. 이 시기에는 장애를 가진 동료와 의미 있는 접촉은 중요하다.

전통적으로 어린 학령기 장애아동들은 그 자신을 불완전하게 보는 문화를 지속적으로 배우게 된다. 이 나이의 생각은 아직 구체적이기 때문에, 아동은 특히 그들이 잘못되고 바람직하지 않다는 생각을 가지기 쉽다.

이 시기의 발달에서 신체적 장애를 가진 사람들이 경험하는 일반적인 내면화된 능력주의의 조짐은 그 자신의 실체와 조화되지 않는 신체 이미지이다. 그들은 장애에 대한 널리 퍼진 부정적인 의미의 대상이 되기 때문에 장애를 가진 아동은 보통 자신이 장애를 갖지 않은 것으로 장애의 존재를 부정하게 된다. 예를 들어, 한 저자는 아동기에 언제나 장애를 갖지 않은 자신을 꿈꾸었다. 장애에 대한 부정적인 의미는 그 자신을 장애를 갖지 않은 존재로 바라보도록 영향을 주었다.

이 시기 발달에서 장애아동의 중요한 이슈는 장애의 발생 연령이다. 생의 초창기부터 장애를 갖고 성장하면서 이 나이가 되면 그들이 이 나이가 되면, 가족들은 점차적으로 그들의 삶을 변화시킬 것이고, 심정적으로 아동의 장애에 맞추어 갈 것이다. 하지만 이 나이에 장애를 입게 되면, 이것은 특히 혼란스러울 수 있다. 예를 들어, 근육위축과 같은 경우는 이 나이까지 진단이 되지 않을 수 있는데, 근육위축을 가진 아동은 점차적으로 신체적인 한계와 신체적인 제약에 직면하게 될 것이다. 아동은 그 자신의 몸에서 생기는 변화에 대해 혼란스러워하고 낙심하게 될 것이다.

가족들은 평가와 진단과정 동안에 불확실한 고비를 경험하게 된다. 자아개념은 장애에 대해 반응하며 수정된다. 가족과 사회적 연관성은 변화된다. 슬픔과 비통함이 가족으로부터 표현될 수 있다. 경제적인 비용이 과도해지고 지원 체계가 부담이 될 수 있다.

이 시기에 장애의 발생은 장애를 가지고 태어난 아동이 경험하지 않는 인지적, 감정적, 사회적 변화에 직면하게 된다. 그러나 아동기에 장애를 입은 경우는 출생 시부터 장애를 가진 경우보다 유리한 측면도 있다. 그들은 출생에서부터 차별적인 태도와 경험에 의해 제한되지 않았다. 따라서 초기의 개성발달과 긍정적인 자아개념은 장애에 의해 생기는 변화와 함께 아동의 대처자원으로서 중요한 것이 될 수 있다.

<table>
<tr><th colspan="2">서비스 종류</th><th>서비스 내용</th></tr>
<tr><td rowspan="2">클라이언트 서비스</td><td>직접적 접근</td><td>• 장애 사정 및 재활계획 수립
• 장애 및 가족 관련 상담
• 각종 교육, 치료 프로그램</td></tr>
<tr><td>간접적 접근</td><td>• 권익옹호 프로그램
• 부모 자조 네트워크 형성 지원
• 각종 교육, 치료 프로그램
• 이용 가능한 자원의 개발과 연결
• 각종 상황에 대한 컨설테이션</td></tr>
<tr><td rowspan="2">지역 사회 서비스</td><td>직접적 접근</td><td>• 장애 예방 자료 제작 및 보급</td></tr>
<tr><td>간접적 접근</td><td>• 장애 예방 조치를 위한 입법 및 조례 제정 운동</td></tr>
</table>

4) 12세부터 18세까지

개인의 삶에 대한 의미와 개성에 대한 연구는 청소년기의 생활에서 주요한 요소들이다. 사춘기에는 신체적, 감정적 그리고 사회적 변화들과 마주치게 된다. 성적인 발달과 느낌은 이 시기에 싹트게 된다. 장애를 가진 청소년들도 장애를 가지지 않은 청소년들과 같은 변화를 갖게 되지만, 때로 그 발달은 사회적 환경에 의해 어려움을 겪는다. 일반적인 청소년의 발달 과제는 가족으로부터 독립하는 것과 독특한 자신의 정체성을 확립하는 일이다. 부모들로부터 신체적인 보살핌을 받고 있는 청소년들은 이러한 독립에 어려움이 있다. 청소년이 일상적인 생활을 위해 부모님의 도움이 필요하지만, 친근한 보살핌을 제공하는 부모에 대해 화가 날 때, 부모와 청소년자녀 간에 모순과 충돌이 일어날 수 있다. 기술적인 도움들과 보조자가 친근한 부모와 아동의 신체적 접촉에 대한 필요성을 감소시킬 수 있다. 이들의 보조는 고마운 것이지만, 이것은 또한 전통적인 가족 간의 보살핌을 침해할 수 있고 서로 대치되는 반응을 만들어 낼 수 있다.

장애를 가진 사람들에게 있어서 정체성의 발달은 장애와 동반되는 문제들로 인하여 곤란을 겪게 된다. 동료와의 관계와 장애에 대한 역할 방식, 장애를 가진 사람의 무능한 역할, 그리고 그들의 장애를 판단하는 환경 등에 대한 상황은 자신의 이미지에 대해 장애를 확신하게 하고 수치심에 기반하여 정체성을 거부하게 한다. 인지적으로, 청소년기는 복잡하게 상호 연결된 사회적 규칙과 기준에 대한 이해가 발달한다.

장애학생들은 자신의 장애를 사회에서 그들에게 강요하는 한계의 원인으로 받아들이는 경향이 있다. 지지적인 환경과 긍정적인 정체성을 통해 그 한계들이 주로 내부적인 것보다 외부적으로 부여되는 것이라는 인식을 갖도록 하는 것이 중요하다. 초기 연령에서 발달되는 옳고 그름에 대한 판단은 옳고 그름, 정의와 불의에 대해 보다 풍부하게 넓혀진다. 긍정적인 자아정체감은 장애를 가진 청소년이 사회적으로 부여된 능력주의를 그대로 받아들이기보다는 사회적인 불합리를 인식할 수 있도록 도와준다.

긍정적인 성적 자아의 발달은 청소년기의 중요한 부분이다. 이것은 오늘날 대중매체와 주류 문화에서 제시하는 미와 신체적인 기준과 맞지 않는 장애를 가진 청소년에게는 중요한 문제가 될 수 있다. 성인의 역할 모델은 정상적인 성적 발달을 촉진하는 좀 더 실제적인 이해와 사회적 기회를 제공할 수 있다. 유사한 장애를 가진 성인이 없는 가족에서는, 이러한 역할 모델을 가족 밖에서 찾아야 한다. 부모와 다른 이들이 성인으로서 결혼을 하거나 다른 지속적인 관계를 이루는 것을 당연하게 생각하게 되면서 청소년은 자신을 성적인 존재로 보게 될 것이다. 성 관계에 대한 과보호나 회피는 청소년에게 그 자신이 성과 관계가 없는 중성 인식을 갖도록 할 수 있다. 궁극적으로 성에 대한 지식은 일반적인 성에 대한 지식과 성에 있어서 장애가 갖는 특수한 문제점 모두에 있어서 중요한 것이다. 청소년은 자기 탐험에 대한 기회가 필요하다. 덧붙여 성과 장애에 대한 집단적 교육 프로그램은 긍정적인 성-심리 발달을 도와줄 수 있다.

어떠한 청소년들은 개인적인 보조자, 의사, 간호사, 치료사 혹은 다른 사람과 친밀한 신체적 접촉을 가질 수 있다. 다른 이들과의 친밀한 접촉의 증가는 청소년의 성적 발달을 증진할 수 있으나, 반대로 오히려 제한할 수도 있다. 성장하는 성은 이러한 사람들과의 접촉에 영향을 받을 수 있고, 청소년은 돌봐주는 사람에 대해서 로맨틱하고 성적인 감정을 경험할 수 있다. 만약 이들의 신체가 간호나 치료, 검사 혹은 또 다른 과정에서 다른 사람들에 의해 대상화된다면, 이들은 자신의 신체를 성과 관계가 없는 것으로 바라보게 될 것이다. 그리고 장애를 가진 청소년은 이 약점을 이용할 수 있는 부양자나 다른 이들에 의해서 성적 학대를 당할 위험이 크다. 성적 학대는 어떠한 연령에서도 발생할 수 있다. 이러한 일을 막고, 청소년들이 성적 판단에 대해 스스로 결정하도록 훈련하는 것은 개인의 성적 성장에 중요하다.

청소년기에 장애를 얻은 사람들은 장애를 가진 청소년들이 가지지 않은 도전들과 마주친다. 일반적으로 이들은 장애를 받아들이는 것을 가로막을 수 있는 전형적인 능력주의 자세를 취한다. 때때로 장애 이전의 친구관계를 잃어버리고, 다른 동료와 다른 활동을 찾도록 강요당할 것이다. 예를 들어,

음악감상은 청력을 잃은 사람에게는 불가능할 것이고, 신체적 장애를 가지게 된 사람에게는 개조된 스포츠가 필요할 것이다. 장애를 가진 상태에서 정체성의 발달은 특히 발병한 이후 몇 달 동안 어려울 수 있고 혼란을 일으킬 수 있다. 따라서 청소년기의 발달적 필요를 고려하고 장애를 확인하는 지지적인 환경은 중요하다. 새로운 동료 그리고 좋은 조언자 관계를 개발하는 것뿐 아니라, 친구관계와 가족관계를 유지하는 기회는 이 과정에서 중요한 도움이 될 수 있다.

5) 청년기

사람들이 성인이 될 때, 장애는 많은 도전을 받을 수 있다. 성인 장애인은 이 시기에 가족으로부터 독립하게 된다. 이 시기는 일차적인 친밀한 관계가 이전의 가족관계에서 사랑하는 사람과의 새로운 가족관계로 이동하는 때이다. 젊은 성인이 성공적으로 이 시기의 삶의 도전을 맞이하는 것은 가족들이 그들을 얼마나 잘 준비하여 독립적인 삶을 즐길 수 있게 하는지에 달렸다.

계속적인 도움을 필요로 하는 장애를 가진 사람들에게 독립이라는 것은 보살핌을 제공하는 사람에게 무엇을 어떻게 요구해야 하는지를 의미한다. 어떤 점에 있어서 이것이 그들 자신이 간병인의 고용주가 되는 것을 의미한다. 적절한 보조는 이러한 이행에서 중요하다. 흔히 장애를 가진 성인은 요양소와 같은 큰 시설에 위탁되었다. 이것은 그들이 어디에서도 자신의 필요한 것들과 만날 수 없었기 때문이다. 시설보다는 지역사회에 할당된 자원이 생활의 선택에 대한 보다 다양한 접근을 가능하게 해준다.

소외를 방지하기 위해서, 청년들은 적절한 자원의 도움을 받는다. 장애를 가진 사람들에 대해서, 직업과 교육적 기회, 대중교통과 과학기술에 대한 접근은 특히 중요하다. 이러한 자원이 없다면, 결과적으로 의존과 통제의 결핍을 낳게 될 것이다.

장애를 가진 젊은 성인들은 이 시기가 장애에 대한 문화와 자존심을 기르기 위한 역할 모델을 발달시킬 수 있는 때이다. 같은 시기에 그들은 그들이 따르는 장애 문화를 형성하고 개발한다. 또한 기회와 권리가 주어지면, 그들은 능력주의 사회의 관점이 지속되리라는 일반적인 미신을 제거하는 데 도움을 줄 수도 있다. 이것은 더 나아가 부모로서의 역할을 준비하게 하고, 차례로 이것은 장애를 가진 부모가 사랑과 양육을 제공할 능력을 가지게 할 것이다.

청년기에 장애를 입은 사람들은 일반적으로 자기 생활을 가지고 있다. 그들은 이미 개발된 자기 이미지와 개성을 가지고 있다. 하지만 새로운 장애는 변화된 자기 이미지를 강요하고, 그로 인해 친근한 관계를 수정시킬 수도 있다. 얼마 되지 않은 결혼과 같은 새롭게 형성된 친밀한 관계는 만약 배우자의 한쪽이 장애를 얻게 되면, 특히 어려움을 겪게 된다. 자립생활센터, 전문가와 동료들의 지원은 장애를 얻은 사람이 성공적으로 개인적인 변화에 융화되도록 하고, 장애로 인해 어려움을 겪는 가족들을 지원할 수 있다. 장애를 받아들이고 자신의 새로운 삶의 상황에서의 문화적 사회적 요소에 들어가는 이 시기의 삶이 성공적일 수 있도록 도와준다.

6) 중년기

중년기는 관심과 선택이 넓어지는 시기이다. 40대와 50대에 장애를 가진 사람은 가족과 함께 시간과 힘을 투자하는 것을 계속한다. 하지만 이들의 초점은 지역사람과 다른 이들에게로 넓혀질 수 있다. 사회에 있어 생겨나는 성과나 공헌들은 생에 있어서 이 시기에 갖는 유산이다. 이 시기에 사람들은 그들의 관심을 이전보다 더 외부로 넓혀 나간다.

중년의 나이에 장애를 가진 사람들은 장애문화와 정치적, 법적 전망을 개발하는 수단을 가지고 있다. 장애를 가진 일부 중년의 사람들은 정부, 지역사회조직 등과 같은 다양한 영역에서 공헌한다. 그들의 영향에 대한 전망이 무엇이든, 장애를 가진 사람의 미래 세대들에 대해 역할 모델을 실천함으로써 장애를 가진 중년은 그들의 성취로부터 개인적인 만족을 얻을 수 있다. 또한 프랭클린 루즈벨트(Franklin Roosevelt)와 같은 장애를 가진 국가적 지도

자는 사회에서 장애를 가진 사람들에 대해 긍정적인 인식을 갖게 하는 데 기여한다. 특히 장애를 가진 장애 대변자들은 넓혀진 권리와 기회에 대한 조치를 유도하여 사회에 공헌할 수 있다.

생에 있어서 중년기에는 많은 사람들이 당뇨나 심장질환과 같은 질병으로 노화에 따른 장애를 얻기 시작한다. 일반적으로, 이 나이에 얻는 장애는 보통 장애의 일반적인 문화로 인식하지 않는다. 그들은 신체적인 문제를 가진 비장애인으로 인식된다. 장애를 가지는 것의 의미를 알고 이것으로부터 성장하는 것은 도움이 된다. 유사한 장애를 가지고 성공적으로 생활하는 다른 사람들과 소통하는 것은 이러한 성장을 촉진하는 훌륭한 방법이다.

새롭게 장애를 얻거나 오랫동안 장애를 가진 사람은 지역사회에서 큰 공헌자가 될 수 있다. 삶의 이 시기에서 오는 성숙과 안정은 이들이 지역사회에 더 큰 영향을 줄 수 있는 기회를 제공한다.

서비스 종류		서비스 내용
클라이언트 서비스	직접적 접근	• 장애 사정 및 재활계획 수립 • 장애 및 가족 관련 상담 • 생활적응훈련 프로그램 • 각종 직업재활 프로그램 • 장애 유형별 재활 프로그램
	간접적 접근	• 권익옹호 프로그램 • 가정 환경에 대한 원조 • 자조 네트워크 형성 지원 • 이용 가능한 자원의 개발과 연결 • 각종 상황에 대한 컨설테이션
지역 사회 서비스	직접적 접근	• 장애 예방 자료 제작 및 보급
	간접적 접근	• 장애 예방 조치를 위한 입법 및 조례 제정 운동

7) 노년기

장애를 가지지 않은 사람들을 '한시적으로 능력을 보유한 신체'라고 부른다. 나이가 들어감에 따라, 대부분의 사람들은 다양한 장애를 얻게 된다.

시각, 청각 그리고 신체적 장애들은 흔히 나타난다. 오랫동안 살게 되면 누구라도 그 생애에 어떠한 형태의 장애들을 경험하게 된다. 하지만 비록 자신의 삶의 나중 단계에 그 자원과 원조가 중요한 것이 되지만, 생의 후반부에 장애를 얻는 대부분의 사람들은 장애문화에 동의하지 않는다. 노인차별은 사회적 정책과 태도에서 드러나게 되면, 모든 삶을 위태롭게 할 수 있다.

장애를 가지고 살아온 사람들은 삶의 후반부에 장애를 입은 사람들에 비해서 노령기에 나타나는 문제들을 더 잘 준비할 수 있다. 하지만 이들도 그 자신의 오랜 장애의 결과로 수많은 문제점을 가질 가능성이 있다.

노년기에 들어가면서, 기부에 대한 자기결정과 기회가 중요하다. 신체적이든 아니면 도움을 받는 다른 사람을 지시해서든 독립성은 자아 통합성을 유지하도록 도움을 주는 데 중요하다. 다른 단계들에서와 마찬가지로, 지지적인 환경은 노년기를 성공적으로 사는 데 있어 중요하다. 다른 사회적인 지원은 의료기구들이라고 할 수 있다. 이것은 이들의 독립성을 키워줄 것이다. 독립성을 증진하는 도구에 대한 적절한 접근은 노년기의 의미를 장애를 가진 노인이 그자신의 삶을 조절하고 자신의 결정을 실행할 수 있도록 하는 도구에 접근하는 것으로 변화시킬 수 있다.

서비스 종류		서비스 내용
클라이언트 서비스	직접적 접근	• 장애 사정 및 재활계획 수립 • 장애 및 가족 관련 상담 • 각종 교육, 치료 프로그램 • 생활적응훈련 프로그램 • 장애유형별 재활 프로그램
	간접적 접근	• 권익옹호 프로그램 • 가정 환경에 대한 원조 • 자조 네트워크 형성 • 이용 가능한 자원의 개발과 연결 • 각종 상황에 대한 컨설테이션
지역사회 서비스	직접적 접근	• 장애 예방 자료 제작 및 보급
	간접적 접근	• 장애 예방 조치를 위한 입법 및 조례 제정 운동

2. 접근성 서비스

1) 접근권의 개념

우리가 인간답게 살고 사회에 참여하여 살아가기 위해서는 단순히 공간적인 이동만으로는 불가능하다. 이동과 접근이 보장되어야 하고, 정보에 대한 접근 역시 보장이 되어야만 가능하다.

접근이란 단순히 접촉을 의미하는 것이 아니다. 접근에는 이동과 이동의 목적을 성취하는 것까지를 포함하는 의미가 내포되어 있다. 접근권이란 공간적인 이동과 접근을 보장함은 물론 정보에 대한 이용과 접근에 대한 보장까지 포함하는 권리이다. 따라서 이동권이 단순히 공간에 대한 이동만을 보장하는 권리라면 접근권은 한 단계 더 나아가 이동과 정보에 대한 접근을 보장해 주는 권리라고 할 수 있다. 접근권이 의미하는 것은 이러한 이동과 정보에 대한 접근을 보장함으로써 완전한 참여와 평등을 가능하게 해 주는 것이다.

또한 장애인의 접근권은 장애인의 사회참여와 자기실현을 실천할 수 있는 근거가 되고 재활 및 자립생활서비스, 고용창출을 위한 정책 등 다양하고 포괄적인 접근은 사회통합을 도모하는 데 도움이 될 수 있으며, 장애인 등은 인간으로서의 존엄과 가치 및 행복을 추구할 권리를 보장받기 위하여 비장애인들이 이용하는 시설과 설비를 동등하게 이용하고 정보에 자유롭게 접근할 수 있는 권리이다.

접근성이란 1993년 비엔나에서 개최된 세계인권대회의 '비엔나 선언 및 행동계획'에서는 모든 사람은 평등하게 태어나며 생명과 복지, 교육과 노동, 독립적인 삶과 사회의 모든 측면에 대한 적극적인 참여에 대하여 똑같은 권리를 가지므로 장애인에 대한 어떠한 직접적 차별이나 기타 소극적인 차별적 처우도 그 권리에 대한 침해임을 선언하여 장애인의 접근권과 보장에 대한 사회적 책임을 공식적으로 제시하였다.

접근성의 강조는 2002년 일본에서 개최한 아시아·태평양 지역대회의

「아 · 태장애인 10년(1993~2002) 행동계획안의 이행에 대한 주요성과」에 대한 종결과 평가에 따른 핵심내용 13개 영역에서도 지속되었고, 2002년 일본에서 열린 국제연합 아 · 태지역경제사회위원회(UN ESCAP) 고위급 정부간회의에서 채택한 '비와코(Biwako) 헌장의 7개 핵심사업 영역'에서도 동일하게 강조하고 있다.

「아 · 태장애인 10년 행동계획안」 13개 영역

① 국가조정
② 입법발달
③ 정보
④ 사회인식
⑤ 접근과 의사소통
⑥ 교육
⑦ 취업훈련과 고용
⑧ 장애예방
⑨ 재활
⑩ 지원기술
⑪ 자조사업단체
⑫ 지역협력
⑬ 완전참여 설명

비와코(Biwako)헌장의 7개 핵심사업 영역

① 장애인 자조단체 지원
② 여성장애인
③ 장애의 초기발견을 위한 개입과 교육
④ 취업훈련, 고용, 자영업
⑤ 공공시설과 대중교통의 접근성 개선
⑥ 정보통신 ICT 접근,
⑦ 역량개발을 통한 빈곤퇴치, 사회보장 및 지속적인 생계보장

2) 편의시설의 정의

"편의시설"이란 장애인 등이 일상생활에서 이동하거나 시설을 이용할 때 편리하게 하고, 정보에 쉽게 접근할 수 있도록 하기 위한 시설과 설비를 말한다(장애인 · 노인 · 임산부 등의 편의증진보장에 관한 법률 제2조 제2항, 2016. 1. 19 개정). 이러한 편의시설을 설치하여야 하는 구체적인 대상물로는 도로, 공원, 공공건물 및 공중이용시설, 공동주택, 교통수단, 통신시설 등이라는 법률적

정의와 "장애로 인하여 파생되는 여러 가지 불리(handicap) 때문에 비장애인들을 대상으로 설치된 사회적 제반 시설을 이용하는 것에 제약이 따르기에 장애인들의 사회적응에 대한 불편이나 제약을 최소화 또는 제거하기 위한 사회적 기구나 제반 시설과 설비"라고 규정하는 사회적 모델의 정의가 있다. 장애인복지의 기본이념인 '완전한 사회참여와 평등'을 실현하기 위해서는 장애인이 일상생활이나 사회활동을 하는 데 있어서 아무런 불편이 없어야 하는데 이를 구체적으로 실현시키는 것이 편의시설이다.

3) 장애인 접근권의 범위

접근권을 장애인이 사회 전 분야에 걸쳐 기회의 균등과 적극적 사회참여를 목적으로 교육, 노동, 문화생활을 향유할 수 있는 근본적 권리라는 측면에서 볼 때, 접근권은 물리적 장벽을 없애는 것으로서의 이동권과 주택을 포함한 대상물 접근권, 각종 정보에의 장벽을 없애는 것으로서의 정보접근권 등 세 가지 권리로 세분될 수 있다.

(1) 정보 접근권

현재 한국사회는 산업화를 넘어 정보화를 시급히 추진해야 하는 한편, 급속한 산업화 과정에서 소홀히 다루었던 국민복지의 문제를 본격적으로 해결해야 하는 상황에 처해 있다. 정보화와 복지화라는 두 과제는 별개의 것이 아니라 점차 상호의존적 관계로 발전해 가고 있다. 우선 정보화는 그 추진방식에 따라서는 기존의사회적 불평등에 새로운 정보격차를 덧붙일 위험성을 안고 있기 때문에 정보화의 추진에 있어서 복지와 사회통합에 대한 고려가 요구된다.

① 복지정보통신의 개념과 의의

'복지정보통신'이라는 개념은 바로 '정보통신의 복지화'와 '사회복지 정보화'라는 두 가지 지향이 만나는 문제영역이라고 할 수 있다. 즉, 복지정보통신이란 한편으로는 정보화 추진과정에서의 복지적 요소의 내장, 다른 한편으로는 정보화의 복지적 효과활용을 의미하며, 나아가 '정보화와 복지화의 발전적 결합영역'을 지칭하는 것으로 이해할 수 있다. 여기서 정보통신의 복지화는 정보통신기술의 발달을 고려한 '보편적 서비스'이념의 확장이라는 의미를 갖는 것으로서, 보편적 접근을 그 목표로 삼는 것이다. 다른 한편, '생산적 복지'와 '공동체적 복지'라는 새로운 복지이념을 구현하기 위해서는, 사회적 약자의 사회참여 통로를 보장하고, 민간의 실제적 · 가상적 공동체가 가지고 있는 잠재적 활력을 이끌어내야 하는바, '사회복지의 정보화'란 바로 이를 위해 고도의 정보통신기술을 이용하고자 하는 것이다.

② 보편적 서비스와 정보통신의 복지화

전기통신은 비교적 초창기부터 복지의 이념과 밀접한 관련을 맺어 왔다. 우선 전화기 자체가 청각장애인을 위해 음성정보를 시각적으로 전환해 주는 기기를 발명하려는 시도의 부산물이었다. 지금까지 '보편적 서비스'란 지역 · 소득 등에 관계없이 모든 국민이 전화서비스를 이용할 수 있도록 해야 한다는 통신정책상의 이념을 의미하고 있다.

㉠ 원하는 모든 곳까지 공중전화망을 연결해 주고, ㉡ 기본음성서비스에 대하여 이용구간 · 이용량 등에 따른 가격차별을 배제하되, 특히 시내통화료를 값싸게 유지하며, ㉢ 저소득층에 대해 전화기 및 전화서비스의 가격을 보조해 주는 것이다.

이를 위해서는 전형적으로 '규제하의 독점'에 기초한 '내부상호보조(cross-subsidization)' 체제가 필요하게 되었다. 한편 '보편적 서비스'라는 규범적 이념은, 통신산업이 갖고 있는 경제적 특성, 즉 '네트워크 외부효과(network externality)'를 전제로 하여 경제적 효율을 추구하고자 하는 것과 무관하지 않다. 즉, 정보통신산업은 수요의 상호의존성과 공급 면에서의 규모의 경제 등 수급 양면에서 네트워크 외부효과를 갖는 산업이다. 이제 다가오는 고도정보사회에서 모든 국민이 언제 어디서나 누구든지 저렴한 비용으로 쉽게 정보통신서비스를 이용할 수 있도록 하기 위해서는 첫째, 전화기 이외의 다양한 단말기기, 둘째, 기본적 음성서비스뿐 아니라 다양한 디지털 정보통신서비스, 셋째, 정보통신기기 및 서비스의 가격보조라는 경제정책적 수단뿐 아니라 정보통신기기 및 서비스의 '보편적 설계'라는 기술정책적 수단, 넷째, 지역 · 소득에 따른 격차뿐 아니라, 이용능력에 따른 접근기회의 격차 등이 고려되어야 할 것이다. 즉, '확장된 보편적 서비스'는 기본적으로 보편적 접근의 보장을 그 목표로 하며, 지역 · 소득 · 이용능력에 따른 접근기회의 격차를 해소하기 위해 기기 및 서비스의 가격보조제도와 '보편적 설계'를 그 수단으로 한다.

(2) 장애인 정보화에 대한 법률적인 접근

우리나라의 경우에는 1990년대 중반 이후 취약계층의 정보접근과 이용의 중요성을 인식하고 이를 위한 법제도적 지원노력이 나타나기 시작하였다. 1997년에 제정된 「장애인 · 노인 · 임산부 등의 편의증진보장에 관한 법률」에서는 최초로 장애인 등의 정보 접근권을 헌법상의 인간다운 생활을 할 권리로서 확인하였으며 다섯 개 조항에 걸쳐서 정보접근을 언급하고 있다. 또한 기존 국가정보화기본법을 지능정보화기본법으로 전부 개정하여(2020. 12) 장애인 · 고령자 등의 지능정보서비스 접근 및 이용보장, 장애인 · 고령자 등의 정보통신접근성 품질인증, 정보격차 해소 관련 기술개발 및 지능정보제품 보급지원, 지능정보서비스 과의존의 예방 및 해소, 지능정보사회 역기능 해소 및 예방에 관한 법률을 제정하고 소외계층의 정보격차를 줄이기 위해 전면적으로 다루고 있어 기대를 모으고 있으며, 지능정보화기본법 제46조(장애인 · 고령자 등의 지능정보서비스 접근 및 이용 보장) 제4항(국가기관등은 지능정보제품을 구매할 때 장애인 · 고령자 등의 정보 접근과 이용 편의를 보장한 지능정보제품의 우선 구매를 촉진하기 위하여 필요한 시책을 마련하여야 한다)과 제7항 (제4항에 따른 우선 구매 대상 지능정보제품의 검증기준, 검증절차, 구매촉진 및 그 밖에 필요한 사항은 대통령령으로 정한다)은 2021년 6월부터 시행하고 있다.

① 방송법

2000년 1월에 방송매체 간의 균형 있는 발전을 도모하고 방송의 독립성 및 공공성을 확보하며 기타 위성방송의 근거를 마련하는 등 방송환경의 급격한 변화에 대처한다는 취지로 기존의 방송관련법 네 개를 통합하여 새로운 방송법이 제정되었다.

② 장애인 · 노인 · 임산부 등의 편의증진보장에 관한 법률

1997년 4월에는 「장애인 · 노인 · 임산부 등의 편의증진보장에 관한 법률」이 제정되었는데, 이 법률에서는 '정보에의 접근권 보장' 등 장애인과 관련된 정보통신문제가 본격적으로 다루어지고 있다. 이 법에서는 제1조, 제2조, 제4조, 제6조에 걸쳐 장애인 등의 정보접근에 대한 규정을 두고 있다.

③ 장애인복지법

개정된 장애인복지법(2016. 2. 3, 2017. 12. 19, 2019. 12. 3. 개정)에서는 장애인이 정보접근에 원활할 수 있도록 명시하였는데 그 내용을 살펴보면 다음과 같다.

㉠ 국가와 지방자치단체는 장애인이 정보에 원활하게 접근하고 자신의 의사를 표시할 수 있도록 전기통신·방송시설 등을 개선하기 위하여 노력하여야 한다.

㉡ 국가와 지방자치단체는 방송국의 장 등 민간 사업자에게 뉴스와 국가적 주요 사항의 중계 등 대통령령으로 정하는 방송 프로그램에 청각장애인을 위한 한국수어 또는 폐쇄자막과 시각장애인을 위한 화면해설 또는 자막해설 등을 방영하도록 요청하여야 한다. [개정 2016. 2. 3 제13978호(한국수화언어법)] [시행일 2016. 8. 4.]

㉢ 국가와 지방자치단체는 국가적인 행사, 그 밖의 교육 · 집회 등 대통령령으로 정하는 행사를 개최하는 경우에는 청각장애인을 위한 한국수어 통역 및 시각장애인을 위한 점자 및 인쇄물 접근성바코드(음성변환용 코드 등 대통령령으로 정하는 전자적 표시를 말한다. 이하 이 조에서 같다)가 삽입된 자료 등을 제공하여야 하며 민간이 주최

하는 행사의 경우에는 한국수어 통역과 점자 및 인쇄물 접근성바코드가 삽입된 자료 등을 제공하도록 요청할 수 있다. [개정 2012. 1. 26, 2016. 2. 3 제13978호(한국수화언어법), 2017. 12. 19] [시행일 2018. 6. 20.]

㉣ 제2항과 제3항의 요청을 받은 방송국의 장 등 민간 사업자와 민간 행사 주최자는 정당한 사유가 없으면 그 요청에 따라야 한다.

㉤ 국가와 지방자치단체는 시각장애인과 시청각장애인(시각 및 청각 기능이 손상된 장애인을 말한다. 이하 같다)이 정보에 쉽게 접근하고 의사소통을 원활하게 할 수 있도록 점자도서, 음성도서, 점자정보단말기 및 무지점자단말기 등 의사소통 보조기구를 개발 · 보급하고, 시청각장애인을 위한 의사소통 지원 전문인력을 양성 · 파견하기 위하여 노력하여야 한다. [개정 2019. 12. 3] [시행일 2020. 6. 4.]

㉤ 국가와 지방자치단체는 장애인의 특성을 고려하여 정보통신망 및 정보통신기기의 접근·이용에 필요한 지원 및 도구의 개발 · 보급 등 필요한 시책을 강구하여야 한다.

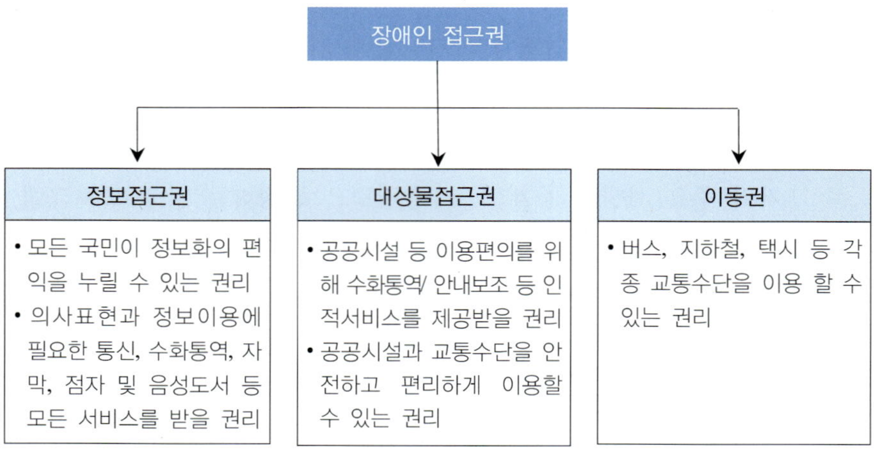

(3) 대상물 접근권(물리적 접근권 : 편의시설에 대한 법률적인 접근)

편의시설이라는 용어가 처음 사용된 것은 1981년 당시 보건사회부가 제정한 심신장애자복지법에 편의시설에 대한 조항이 삽입됨으로써 비롯되었으며 그 배경은 UN의 권고가 크게 작용하였다.

편의시설의 어원을 보면 심신장애자복지법 제정 당시 'accessible'과 'facility'에 상응할 만한 용어가 없어서 이 때 제기되었던 용어가 장애인에게 편리한 시설이라는 의미로서의 '편의시설'이었다(이성제, 1998, 국립특수교육원, 2007 재인용).

우리나라의 편의시설 확보를 위한 운동은 두 방향으로 발전되어 왔다. 하나의 방향은 계속 이어진 장애인들의 죽음과 사고 그리고 장애인들의 요구와 운동이었으며, 다른 하나는 법제도화를 통한 편의시설확대 운동이었다.

장애인 편의시설 설치를 법제로서 권고하기 시작한 시기는 1981년 심신장애자복지법 제13조에 "도로 · 공원 · 공공건물 · 교통시설 · 통신시설 · 기타 공중이 이용하는 시설을 설치하는 자는 심신장애자가 이를 편리하게 이용할 수 있는 시설이나 설비를 갖추도록 노력하여야 한다."고 명시한 이후부터이다. 그러나 이러한 조항은 법적인 규정일 뿐 이에 대한 지침이나 규칙이 없어서 단지 선언적인 내용에 불가하다.

그 이후 1985년 건축법 시행령(제61조 제2항)에서 500석 이상의 관람석을 갖춘 시설에는 지체장애인이 이용할 수 있는 공간을 확보하고, 통로는 경사로 등 지체장애인에게 편리한 구조로 해야 한다"라고 명시되어 있고, 1988년 건축법 시행령 제25조와 55조에서는 화장실과 승강기의 구조를 규정하였으며, 1989년 장애인복지법이 전면 개정되면서 동법 제33조에 편의시설에 관한 조항이 국가 및 지방자치단체의 책임으로 설치되도록 권고하고 있다. 그러나 편의시설 설치규칙 또한 장애인의 이동에만 초점을 맞추어 실제로 장애인들이 사회생활 전반에 걸쳐 겪게 되는 모든 이동과 건축물 및 정보 등에의 접근을 포괄적으로 보장해 주지 못하였으며, 이의 시행 여부에 대한 강제규정도 소액의 벌금으로 인하여 실효성을 갖지 못하는 등 기존의 법규

내용과 큰 차별성을 지니지 못하였다. 「장애인·노인·임산부 등의 편의증진 보장에 관한 법률」(1997; 이후 편의증진법으로 표기)은 차별금지 또는 차별철폐의 기본정신으로 사적사용 건물 외에 모든 건물에 편의 시설을 반드시 설치하도록 하는 것과 이행강제금의 부과와 행정형벌로서 벌금형의 도입, 편의시설, 설치를 보장하기 위한 기금의 설치 등 세 가지를 기본원칙으로 정하였다.

① 편의시설의 정의

"편의시설"이란 장애인등이 일상생활에서 이동하거나 시설을 이용할 때 편리하게 하고, 정보에 쉽게 접근할 수 있도록 하기 위한 시설과 설비를 말한다(제2조).

또한 이와 동시에 이 법 제16조 제1항에서는 장애인 등이 많이 이용하는 공공건물 및 공중이용시설의 시설주는 휠체어, 점자(點字) 안내책자, 보청기기, 장애인용 쇼핑카트 등을 갖추어 두고 장애인등이 해당 시설을 편리하게 이용할 수 있도록 하고 (개정 2021.7.27. 시행일 2022.7.28.), 제1항에 따라 휠체어, 점자 안내책자, 보청기기, 장애인용 쇼핑카트 등을 갖추어 두어야 하는 공공건물 및 공중이용시설의 범위와 휠체어, 점자 안내책자, 보청기기, 장애인용 쇼핑카트 등 갖추어 두어야 할 용품의 종류 등은 보건복지부령으로 정하고 있다.

또한 제1항에 따른 휠체어, 점자 안내책자, 보청기기, 장애인용 쇼핑카트 등의 이용료는 무료를 원칙으로 하되, 수리 비용 등을 고려하여 실비로 할 수 있다고 규정하고 있다.

장애인을 위한 편의시설로는 장애인 전용 주차구역, 저상버스, 장애인용 화장실, 점자블럭, 휠체어 리프트, 경사면 등이 있다.

대상물 접근권 환경은 휠체어가 자유롭게 이동할 수 없는 버스, 건물의 복도, 화장실, 장애인이 접근할 수 없는 버스 노선, 그리고 비장애인에 의해 건설된 사회의 제반 구조물 등을 통해 장애인을 주류사회로부터 자연스럽게 격리시킨다. 사실상 장애문제의 해결에는 그 기능들이 이루어지는 환경과 장애로 인해 초래되는 제약의 정도에 달려 있다(이달엽, 2008). 손상되지 않은 신체체계의 일부가 강화될 수 있고 환경이 수정될 수 있으며, 환경의 요구에 대한 잔여기술들을 일치시키기 위해 그 개인과 환경 간의 공유면이 변화될 수 있다(정무성 외, 2017).

편의시설은 장애인들과 비장애인들이 가지고 있는 사회적 불리를 인적·물적·사회적 자원의 활용과 협력을 통해 최대한으로 감소시키는 데 필요한 시설임을 의미하고, 장애인들만을 대상으로 하는 것이 아닌 사회 전 구성원들을 대상으로 무장애의 환경 구축을 목적으로 하고 있는 것이다.

또한 편의시설은 장애인의 사회참여를 위한 가장 기본적인 것으로 지역사회 내 장애인의 사회통합은 참여가 이루어지는 장소에 대한 장애인의 접근 또는 이동이 가능하였을 때만 그 목적을 달성할 수 있다는 것이다.

② 편의시설의 구체적인 내용

첫째, 편의시설 설치기준으로 대상시설별 편의시설의 종류를 제시하고 있는데 설치해야 하는 대상은 도로, 공원, 공공건물 및 공중이용시설, 공동주택, 교통수단, 통신시설이다.

둘째, 시장·군수·구청장 등은 소관 대상 시설의 설치 및 운영에 관하여 지도와 감독을 행하는 한편 편의시설 실태조사를 실시하고 연도별·대상시설별 편의시설 설치 계획을 수립·시행하게 된다.

셋째, 국가 등은 민간이 편의시설 설치 시 금융·기술지원 등을 실시하며 설치비용에 대하여는 조세관계법령이 정하는 바에 따라 조세를 감면하도록 한다.

넷째, 편의시설 설치를 활성화하기 위해 정부출연금 등을 재원으로 하는 '편의시설 설치촉진기금'을 설치하여 편의시설 설치에 필요한 자금의 융자 및 보조사업 등을 수행하게 된다.

이러한 편의증진법의 특징은 첫째, 편의시설의 이용대상을 확대하였다는 것이다.

둘째, 편의증진법은 접근권을 명시하고 있다.

셋째, 편의증진법은 이전의 법령들보다 강력한 강제규정을 가지고 있다.

넷째, 편의증진법은 편의시설설치촉진기금을 설치하도록 하고 있다.

다섯째, 편의증진법은 단순히 편의시설에 관련된 법이 아닌 접근권에 대한 법이다.

여섯째, 편의증진법은 차별금지의 정신을 담아내고 있는 법이다.

분류	종류
대상물 외부시설	보행로, 도로, 교통도로 등 통행로, 각종 설치물, 교통시설, 기타설비 등
매개시설	주차장 등
대상물 내부시설	계단, 출입구, 통로, 경사로, 승강기, 화장실, 기타 설비 등
공통시설	정보통신시설, 안내표시 등

〈표 10-1〉 공공건물 등의 비치용품

대상시설		비치용품	
		의무용품	권장용품
제1종 근린생활시설	읍 · 면 · 동사무소	점자업무안내책자, 8배율 이상의 확대경, 공중모사전송기 및 보청기기	편의시설안내지도
	우체국, 전신전화국	8배율 이상의 확대경, 공중모사전송기 및 보청기기	점자업무안내책자
	공공도서관	보청기기	저시력용 독서기
문화 및 집회시설	공연장, 관람장	보청기기	점자공연안내책자
	전시장, 동 · 식물원		휠체어 및 점자전시 안내책자
판매시설	바닥면적의 합계가 1천제곱미터 이상인 도 · 소매점		음성계산기
교육 연구시설	도서관	저시력용 독서기, 음성지원컴퓨터 및 보청기기	점자프린터, 컴퓨터(정보통신보조기기를 포함한다)
업무시설	국가 또는 지방자치단체의 청사(공중이 직접 이용하는 시설에 한한다)로서 제1종 근린생활시설에 해당하지 아니하는 것	점자업무안내책자(시 · 군 · 구청에 한한다), 휠체어, 8배율 이상의 확대경, 공중모사전송기 및 보청기기	점자업무안내책자, 편의시설안내지도, 컴퓨터(정보통신보조기기를 포함한다)
숙박시설	관광숙박시설		점자관광안내책자

(4) 이동권

장애인들이 일상생활에서 비장애인들과 마찬가지로 원하는 곳으로 이동하고자 하는 데 불편함이 없이 움직일 권리라고 정의할 수 있다. 이동권은 일반적으로 알려진 접근권과 함께 쓰이기도 하고, 접근권의 하위 개념으로 사용되기도 한다.

휠체어를 사용하는 장애인들은 비장애인 중심의 도로와 건축환경으로 인해 현실적으로 물리적 이동에 많은 제약을 받고 있다. 장애인 이동권은 이동을 매개로 대인관계 형성, 교육, 소비, 노동 등 생활의 전 영역과 관련되기 때문에 기초적이면서도 중요한 권리이다.

장애인 이동권 보장을 위해 정부는 2005년 '교통약자 이동편의 증진법'을 제정하여 저상버스를 도입하였다. 또한 승합차의 뒷부분을 개조해 휠체어를 싣고 1, 2급장애인이 멀리 이동할 수 있는 장애인 콜택시를 통해 장애인들의 이동편리성을 높이고자 노력하고 있으며, 휠체어 탑승설비를 갖춘 고속시외버스를 단계적으로 도입하는 것이 의무화되었다.

이처럼 장애인 이동권 보장을 위한 정부의 노력에도 불구하고 장애인 이동권은 완전히 보장되지 않고 있다. 앞으로 장애인 이동권 보장을 위해 시내버스의 100% 저상버스화, 시외버스의 저상버스화, 장애인콜택시의 수급 확충 등의 장애인 지원 정책이 마련되어야 하고 장애인 특별교통수단이 아니라 생존권적 기본권에 입각하여 장애인 차별이 없는 사회를 만들기 위해 장애인의 이동권은 보장되어야 한다.

장애인을 포함한 우리 사회 모든 시민들의 이동권과 접근권을 확보하기 위해서는 무엇보다도 인식의 개선이 시급하다. 아울러 장애인 등의 이동권과 접근권에 대한 사회적 관심의 환기 역시 중요한 일이다. 이를 위해서는 다음과 같은 과제가 요구된다.

첫째, 이동권 및 접근권은 차별의 시각에서 다루어져야 한다.

둘째, 현재 시설과 지체장애인 위주의 제도나 법규들도 이동권과 접근권을 포괄적으로 보장해 주기 위해 재정비되어야 한다.

셋째, 장애인을 포함한 시민운동 차원에서 전개되어야 한다.

넷째, 이용당사자의 철저한 시민의식이 요구된다.

3. 장애인의 사회서비스

1) 사회서비스의 개념

이 제도는 기존의 사회보장체계에서 일반적으로 사회복지서비스로 불리던 것이 사회서비스로 변경된 것이다. 사회·경제·문화적 배경에 따른 가족구조의 변화로 상담·교육·돌봄 등 사회서비스에 대한 확대를 가져왔으며, 최근에는 사회보장뿐만 아니라 사회적경제의 활성화 차원에서 사회서비스 영역이 주목받기 시작하였다.

출산, 양육, 실업, 노령, 장애, 질병, 빈곤 및 사망 등의 사회적 위험으로부터 모든 국민을 보호하고 국민의 삶의 질을 향상시키는 데 필요한 소득, 서비스를 보장하는 사회보장제도는 공공부조, 사회보험, 사회서비스 등으로 구분할 수 있다. 여기서 사회서비스는 사회적 취약 계층의 자립과 생활 능력을 높여 주기 위한 비경제적인 지원 제도를 가리킨다.

사회보장기본법 제3조 제4호에 의하면 "'사회서비스'란 국가·지방자치단체 및 민간부문의 도움이 필요한 모든 국민에게 복지, 보건의료, 교육, 고용, 주거, 문화, 환경 등의 분야에서 인간다운 생활을 보장하고 상담, 재활, 돌봄, 정보의 제공, 관련 시설의 이용, 역량 개발, 사회참여 지원 등을 통하여 국민의 삶의 질이 향상되도록 지원하는 제도를 말한다."라고 정의되어 있다. 다시 말하면, 사회서비스는 국가나 지방자치단체, 민간부문의 도움을 필요로 하는 모든 국민에게 상담, 재활, 직업소개 및 지도, 사회복지시설 이용 등을 제공하여 정상적 사회생활이 가능하도록 지원하는 제도이다.

사회서비스는 공공부문뿐 아니라 민간부문에서도 함께 제공하며, 사회보험, 공공부조와는 달리 비금전적 지원을 원칙으로 한다. 따라서 금전적인 지원보다 자활의 능력을 심어 주는 데 주력하므로 생활의 불안을 실질적으로 해결 해 줄 수 있다는 장점이 있다.

데빈(Devine)에 의하면 사회복지서비스의 대상을 빈곤, 질병, 비행으로 보고 3D(Destiution, 빈곤; Disease, 질병; Delinquency, 비행)로 특성화하였다. 즉, 사회복지서비스의 대상은 빈곤, 질병, 비행 등의 요인으로 인해 정상적 일상생활의 범위에서 탈락 또는 낙오되거나 그러한 우려가 표면화될 개연성이 있는 불특정 개인 또는 가족이다. 이러한 3D의 개념을 고려한다면 사회복지서비스의 목적은 정상적 생활을 할 수 없는 사회복지서비스 대상자에게 본래의 기능을 회복하고, 사회에 복귀할 수 있도록 도와주는 것을 말한다 (손광훈, 2013).

복지서비스	보육, 아동 · 장애인 · 노인 보호
보건의료서비스	간병, 간호 등
교육서비스	방과 후 활동, 특수교육 등
고용서비스	고용촉진, 직업훈련 등
주거서비스	공공임대주택, 주택 개 · 보수 지원 등
문화서비스	도서관 · 박물관 · 미술관 등 문화시설 운영 등
환경서비스	생물다양성, 수질보전, 탄소 흡수, 경관 보전 등

2) 사회서비스의 기본 원칙

사회서비스는 전문인력에 의한 서비스가 요구되고 이러한 서비스를 제공하는 매개체는 다양한 시설을 갖춘 사회복지시설이다.

사회적으로 여러 가지 취약점을 지니고 열등한 위치에 있는 대상자에게 적합한 프로그램과 시설을 제공하는 데 있어서 적용해야 할 원칙은 다음과 같다(손광훈, 2013).

(1) 선택성

선택성의 원칙이란 서비스 대상, 방법, 프로그램에 있어 우선순위를 두어야 할 사회서비스의 원칙이다. 모든 결정은 비용과 편익의 양면성을 지니고 있다. 따라서 서비스 결정과정에서 자원의 희소성과 프로그램의 효과에 대해 고려해야 한다. 만약 자원이 희소하지 않다면 선택의 문제나 우선순위에 대한 고려를 할 필요가 없을 것이다. 그러나 현실적으로 클라이언트에게 제공할 수 있는 서비스의 대상, 방법, 프로그램에는 인적·물적 한계가 있기 때문에 관련서비스의 적용으로 인해 나타날 수 있는 비용과 편익을 면밀히 분석한 뒤 잠재적 비용보다 편익이 큰 쪽을 선택해야 한다.

그 이유는 관련 서비스가 장애인복지를 위해 긍정적으로 작용하는 부분이 있듯이 반드시 그 이면에 사회적 비용을 수반하는 부정적인 면 또한 있기 마련이다. 따라서 어떤 서비스를 제공할 것인지를 결정하든 그 서비스가 장애인복지에 미치는 편익이 적용과정에서 발생하는 비용보다 커야 하며, 그러기 위해서는 다양한 대안적 서비스의 기회비용을 고려하여 우선순위를 두고 선택적으로 적용해야 한다.

(2) 통합성

사회서비스를 위한 프로그램은 상호연계성을 가지고 통합적으로 운영되어야 한다. 사회서비스 프로그램을 설정하고 적용하는 데 있어서 통합성에 대한 중요성은 최근 들어 점차 부각되고 있으며, 특히 이러한 현상은 복지서비스 분야에서 뚜렷이 나타나고 있다. 일반적으로 서비스는 내용과 추구하는 바에 따라 다양하게 분류되는데 각각의 프로그램은 독립적으로 작용하기보다 상호연계성을 가지고 있다. 예를 들어, 의료재활서비스와 직업재활서비스는 분리되어 완전히 특성이 다른 서비스처럼 보이지만 상호연계성을 지니고 있다.

(3) 제도성

사회서비스는 보편적 서비스로서 일관성을 유지할 수 있도록 제도화를 지향해야 한다. 사회가 보유하고 있는 자원이 장애인이 필요로 하는만큼 또는 장애인의 욕구만큼 무한하다면 사회서비스를 제공하는 데 있어서 구태여 어떤 원칙을 정하거나 가치문제에 대해 고민하지 않아도 된다. 그러나 자원의 희소성이란 현실적 문제로 인해 항상 자원보다 배분해야 할 집단이나 부분이 많기 때문에 집단 간 이해관계가 형성되고 그러한 이해관계를 가진 집단의 편익을 제한된 자원으로 조정하는 것에 대해 다양한 대안이 존재하게 되면, 이 대안들 중 합리성을 지닌 대안이 사회서비스로 연결된다.

제도성은 희소한 자원을 배분하는 데 있어 어떤 가치를 토대로 할 것인지에 관한 것이다.

즉, 희소한 자원으로 인해 이해관계가 상반된 집단 간에 갈등과 저항이 생기게 되므로 제도권 내에서 권위가 부여된 힘에 의한 조정이 필요하다.

여기서 권위는 제도적 권위로 강압적인 힘이 강제될 수 있는 합리적 조건이 갖추어진 경우에만 혜택을 줄 수 있도록 하는 것이다. 사회서비스가 제도권 내에서 제공될 때 서비스는 일관성과 합리성을 유지할 수 있을 것이다.

(4) 전문성

사회복지 전문인력의 활용과 조직, 기관 및 시설의 현대화를 통한 서비스 전문성의 원칙은 제공되는 사회서비스 프로그램의 질적인 면과 관련이 있다. 재가복지서비스는 클라이언트의 가정을 방문하여 개별적 서비스를 제공하므로 가정마다 안고 있는 문제의 다양성과 특수성에 적절하게 대응하고 자원봉사자 및 후원자를 효과적으로 관리 · 운영할 수 있는 전문인력이 필요하다.

인력의 전문성이 부족하면 자원봉사자를 확보하고 활용하는 데도 어려움이 많을 뿐 아니라 서비스 내용도 다양하지 못하여 프로그램의 지속성이 떨어질 것이다. 양질의 사회서비스를 제공하기 위해서는 클라이언트에 대한 적용체계와 계획을 세우는 데 적용계획에는 프로그램의 우선순위, 진행일정, 인적·물적 자원의 수급계획 등이 포함되어야 한다.

적용계획은 신축적으로 세우는 것이 좋은데, 그 이유는 프로그램의 취지를 파악하고 적용체계를 구축하여 필요한 정보를 수집했더라도 적용과정에서 예측하지 못한 변수가 작용하여 효율적 적용을 방해할 수 있기 때문이다. 적용계획이 신축성을 지니기 위해 그리고 적용환경의 변화에 신속히 대응하기 위해서는 인력의 전문성이 필수적 요건이다.

3) 바우처(Voucher)제도

바우처(voucher) 제도는 서비스 욕구는 크지만 경제적 부담으로 구매가 어려운 계층에게 정부가 특정 서비스를 구입할 수 있도록 지원하는 것으로, 소비자의 구매력 보전을 통해 유효수요를 창출하고, 수요자의 선택권 보장 및 공급자 간 경쟁을 유도함으로써 시장에서 양질의 서비스가 다양하게 제공될 수 있도록 하는 방식이며, 지역사회서비스 혁신 사업은 지역 사회가 지역별 특성과 주민욕구를 반영하여 지역 실정에 맞는 사회서비스를 주도적으로 개발·제공토록 지원하는 사업이다. 특히 지역사회서비스 혁신 사업은 인적자본 형성·건강투자 활성화, 성년 경제활동 활성화, 고령 근로촉진 및 사회참여 활성화 등 사회투자형 서비스 개발을 집중 지원한다.

바우처(voucher)의 사전적 의미는 증서 또는 상품권 등이다. 원래는 마케팅에서 특정상품의 판매를 촉진하고 고객의 충성도를 확보하기 위해 사용되는 기법 중의 하나였으나, 현재는 사회보장제도에서도 널리 사용되고 있다.

사회보장제도에서 바우처 제도가 탄생하게 된 주요 원인은 사회보장의 바탕이 될 상품을 판매하는 공급자의 이익을 보호하고, 또한 사회보장제도의 수혜자가 정부의 의도대로 움직이지 않을 것에 대비한 것이다.

미시경제학의 기본적인 이론에 따르면, 사회보장제도의 수혜자의 효용이 가장 극대화되는 경우는 현금을 제공하는 경우이지만, 이때 사회보장제도의 수혜자는 정부가 기대하는만큼 정부보조 대상의 상품이나 서비스를 구입하지 않는 경우가 발생하게 된다. 그러므로 기본적으로 제공하고자 하는 사회서비스를 바우처로 공급하게 된 것이다.

바우처는 교육, 보건, 복지, 문화 등 일상생활에서 필요로 하는 사회서비스를 편리하게 이용할 수 있도록 증서, 상품권, 할인권, 쿠폰 등의 형태로 지급되는 것을 뜻하며, 일정한 자격을 갖춘 특정 계층에 이 같은 바우처(이용권)를 보급해 특정상품이나 특정 서비스에 대한 지불을 보증한다. 저소득층을 위한 문화바우처, 사회서비스 바우처, 교육바우처, 에너지바우처, 임대료 일부를 지원하는 주택바우처 등이 있으며, 전자바우처는 서비스 신청, 이용, 비용지불, 정산 등의 전 과정을 전산시스템으로 처리하는 전달수단을 말하는 것이다.

4) 사회서비스의 종류

(1) 장애인활동지원서비스

활동지원서비스는 2007년 장애인복지법 제4장의 '자립생활의 지원'에 "국가와 지방자치단체는 장애인의 자기결정에 의한 자립생활을 위하여 활동지원사의 파견 등 활동지원서비스 또는 장애인 보조기구의 제공, 그 밖의 각종 편의 및 정보 제공 등 필요한 시책을 강구해야 한다."는 제53조 조문이 신설되면서 법적인 근거를 갖게 되었다.

① 장애인활동 지원에 관한 법률

이 법의 목적은 '신체적 · 정신적 장애 등의 사유로 혼자서 일상생활과 사회생활을 하기 어려운 장애인에게 제공하는 활동지원급여에 관한 사항을 규정하여 장애인의 자립생활을 지원하고 그 가족의 부담을 줄임으로써 장애인의 삶의 질을 높이는 것'이다. 이 법률(제16조)에 따르면, 활동보조급여는 '활동지원급여'의 하나로, 활동지원사가 장애인(이용자)의 가정 등을 방문하여 신체활동, 가사활동 및 이동보조 등을 지원하는 활동으로 규정하고 있다. 이 법에서는 방문목욕이나 방문간호는 활동보조와는 별도의 활동지원급여로 구분해 두고 있다.

② 장애인활동지원제도

장애인활동지원제도는 혼자서 일상생활과 사회생활이 어려운 장애인에게 활동지원사 등이 가정을 방문하여, 신체활동지원(식사보조, 세면도움 등), 가사활동지원(청소, 세탁 등), 외출 지원 등 활동보조와 방문목욕, 방문간호를 제공하는 제도이다. 활동지원급여를 신청하면 국민연금공단 직원이 각 가정을 방문하여 장애인복지법 제32조의4에 따른 서비스 지원 종합조사를 실시하고 그 결과를 토대로 시·군·구에 설치된 수급자격심의위원회에서 심의하여 활동지원등급을 결정한다.

- 신청자격

  활동지원급여는 만 6~65세 미만의 장애인복지법 상 등록장애인으로, 소득수준이나 장애유형에 관계없이 신청가능하나, 노인장기요양보험법 제2조 제1호에 따른 노인 등에 해당되어 노인장기요양급여를 받는 자, 국민기초생활보장법 제32조에 따른 보장시설 입소자, 의료법 제3조에 따른 의료기관에 30일 초과하여 입원 중인 자, 교정시설 또는 치료감호시설에 수용 중인 자, 그 밖에 가사간병방문지원, 장애아가족양육지원, 노인돌봄서비스 등 다른 법령 또는 국가 예산에 따라 활동지원급여와 비슷한 급여를 받고 있는 자는 신청할 수 없다. 다만, 활동지원 수급자였다가 만 65세 이후에 노인장기요양보험법에 따른 장기요양급여를 받지 못하게 된 사람으로서 장애특성상 활동지원급여가 적절하다고 판단되어 활동지원급여를 희망하는 경우에만 신청할 수 있다.

- 활동지원급여 대상자 선정 기준 및 절차

급여 대상자 장애인의 주민등록상 주소지 읍 · 면 · 동 주민센터에 연중 수시로 신청가능하며, 본인 통장 사본 및 건강보험증, 사회보장급여(사회서비스이용권) 신청(변경)서, 바우처카드 발급 신청서 및 개인정보 제공 · 활용 동의서를 작성하여 제출하면 된다.

관할 시 · 군 · 구는 이를 접수하면 국민연금공단 직원이 가정을 방문하여 서비스 지원 종합조사를 실시한 결과를 토대로 시 · 군 · 구에 설치된 수급자격심의위원회에서 수급자격 인정 여부 및 활동지원등급을 결정한다.

③ 활동지원기관 및 인력

- 활동지원기관

활동지원기관은 시설 및 인력 기준을 갖추고 관할 시 · 군 · 구의 지정을 받아 활동지원급여를 제공한다.

- 활동지원인력

활동지원인력은 활동보조를 수행하는 활동지원인력, 방문목욕을 수행하는 활동지원인력, 방문 간호를 수행하는 활동지원인력으로 구분되며, 자격요건, 소속되는 기관, 제공 가능한 급여가 다르다.

- 활동지원기관의 운영

활동지원기관의 장은 사업목표를 정하고 필요한 조직을 갖추어야 하며, 관련 법령과 지침에 의거하여 제공기관 운영규정을 마련 · 시행해야 한다. 활동지원인력이 의무를 제대로 이행하지 않거나 부주의하거나 부정행위 등을 한 경우, 활동지원기관이 이에 대한 관리감독 소홀 시 이에 대한 책임을 지게 된다.

- 사업비 관리 및 4대보험 등

활동지원기관은 지급된 급여 비용으로 활동지원 인력에게 근로기준법 등 근로자 보호 관련 법령상 내용을 준수하여 임금을 지급하여야 하며, 방문목욕 및 방문간호를 제공하는 활동지원기관은 노인장기요양급여 제공기관인 점을 감안하여 달리 정할 수 있다. 다른 사업을 동시에 수행하는 경우 타 사업의 인건비 지원 사업과 회계를 명확히 구분하여 운영해야 한다.

한편 활동지원기관은 소속 활동지원 인력에 대한 4대보험, 퇴직금을 관련 법령에 따라 처리하되, 퇴직금 전액과 4대보험의 사용자 부담금은 활동지원기관이 부담하고 4대보험의 본인부담금만 활동지원사가 부담한다. 상해보험은 산업재해보상보험으로 갈음하되, 4대보험 대상자가 아닌 경우에는 활동지원기관 부담으로 상해보험 등 별도의 보상대책을 마련해야 한다. 배상책임보험은 활동지원기관 부담으로 소속 활동지원 인력에 대해 의무적으로 가입해야 한다.

- 이용자 교육

활동지원기관은 급여 이용자(및 보호자)에 대하여 사업내용에 대한 안내를 급여 개시 2개월 이내에 실시해야 한다. 활동지원기관은 교육 일시 · 장소 · 내용 · 이용자(보호자) 확인 등이 포함된 자체서식으로 이용자 교육 실시 여부를 확인할 수 있는 근거서류를 작성 · 관리해야 한다.

- 활동지원인력의 모집 및 채용계약

활동지원기관은 활동지원인력을 연중 수시로 모집한다. 활동보조를 제공하는 기관은 활동지원사가 되기를 희망하는 사람에게 활동지원사 교육을 이수할 수 있도록 지정된 활동지원사 교육기관에 교육을 추천할 수 있으며, 교육과정(이론교육 및 실기교육, 현장실습)을 모두 이수하여 이수증을 발급받은 활동지원사와 채용계약을 체결하여야 하고 급여를 제공하게 하여야 한다.

| 그림 10-1 | 장애인활동지원서비스 지원절차

(2) 장애아동가족지원사업

선천적이든 후천적이든 장애를 갖게 되면 한 가정에 예기치 못한 각종 심리적 · 물질적 · 정신적 어려움을 발생시킬 수 있다. 예를 들어, 부부간의 불화, 비장애 형제자매와의 부정적 관계형성, 치료 및 교육 등을 위한 각종 추가비용 발생 등의 어려움이 생기게 된다. 따라서 이에 대한 적절한 서비스 지원은 장애아동뿐만 아니라 그 장애인가족구성원 모두를 대상으로 각 장애인가족구성원 모두 스트레스 경감과 원만한 가족관계 재성립에 기여할 수 있게 되며 가족의 긍정적 적응은 장애인가족 장애아동의 건전한 발달과 성장에도 좋은 영향을 줄 수 있다.

장애아동가족지원사업유형은 다음과 같다(2021년 기준, 보건복지부).

성장기의 장애아동의 인지, 의사소통, 적응행동, 감각 · 운동 등의 정신적 · 감각적 기능향상과 행동발달을 위한 적절한 발달재활서비스 지원 및 정보를 제공하고, 높은 발달재활서비스 비용으로 인한 장애아동 양육가족의 경제적 부담을 경감시키는 것을 목적으로 한다.

① 발달재활서비스

- 사업기간 : 2021. 1. 1.~ 2021. 12. 31.
- 서비스 신청 기간 : 2021년 1월부터
- 서비스 대상자 연령 : 만 18세 미만 장애아동
- 장애유형 : 시각 · 청각 · 언어 · 지적 · 자폐성 · 뇌병변 장애아동
- 중복 장애 인정
- 자격은 소득기준 : 기준 중위소득 180% 이하(소득별 차등 지원)
- 기타요건

  장애인복지법상 등록장애아동이어야 하며, 다만, 영 · 유아(만 6세 미만)의 경우 시각 · 청각 · 언어 · 지적 · 자폐성 · 뇌병변 장애가 예견되어 발달재활서비스가 필요하다고 인정한 발달재활서비스 의뢰서와, 세부영역 검사결과서 및 검사자료로 대체 가능하다(등록이 안 된 경우 읍 · 면 · 동에서 등록 유도).
- 대상자 선정 절차

  장애아동, 부모, 대리인 등이 주민등록상 주소지 읍 · 면 · 동에 신청(연중)하며, 지자체에서는 소득조사를 거쳐 서비스 대상자 여부 및 등급을 결정한다. 소득기준에 따라 5등급으로 구분하며, 기초생활수급자 및 차상위 계층은 타 복지급여 수령 여부 등에 의해 판단(행복e음, 증명서 등을 통해 파악)한다(차상위 초과 기준 중위소득 180% 이하). 건강보험료 본인부담금액을 토대로 판정한다.
- 서비스 내용

  언어 · 청능 · 미술심리재활 · 음악재활 · 행동 · 놀이심리 · 재활심리 · 감각발달재활 · 운동발달재활 · 심리운동 등 발달재활서비스 제공(의료행위인 물리치료와 작업치료 등 의료기관에서 행해지는 의료지원 불가)
- 서비스단가

  27,500/1회, 월 8회(주 2회) 실시하는 것을 기준으로 하되, 시 · 군 · 구에서는 제공기관 지정 시 해당 지역의 시장가격, 전년도 바우처 가

격, 타 지역 가격 등을 고려하여 적정 단가가 설정될 수 있도록 관리하고, 제공기관별 서비스단가내역을 공고한다.

소득기준	총 구매력		바우처 지원액		본인부담금
기초생활수급자(다형)			월 22만 원		면제
차상위 계층 (가형)			월 20만 원		2만 원
차상위 초과 기준 중위소득 소득 65% 이하(나형)	월 22만원	=	월 18만 원	+	4만 원
기준 중위소득 65% 초과 120% 이하(라형)			월 16만 원		6만 원
기준 중위소득 120% 초과 180% 이하(마형)			월 14만 원		8만 원

② 언어발달진단서비스

감각적 장애 부모의 자녀에게 필요한 언어발달지원서비스를 제공하여 아동의 건강한 성장지원 및 장애가족의 자체 역량을 강화하고 있다.

- 지원대상
  - 자격기준 : 만 12세 미만 비장애아동(한쪽부모 및 조손가정의 한쪽 부모가 시각 · 청각 · 언어 · 지적 · 자폐성 · 뇌병변 등록장애인)
  - 소득기준 : 기준 중위소득 120% 이하(소득별 차등지원)
- 대상자 선정 절차
  - 아동, 부모, 대리인 등이 주민등록상 주소지 동 주민센터에 신청(연중)
  - 지자체에서는 소득조사를 거쳐 서비스 대상자 여부 및 등급 결정 소득 기준에 따라 4등급으로 구분하고, 타 복지급여 수령 여부 등에 의해 판단하여(행복e음, 증명서 등을 통해 파악) (차상위 초과 기준 중위소득 120% 이하) 건강보험료 본인부담금액을 토대로 판정한다.
- 지원내용
  - 언어발달진단서비스 및 심리상담서비스
  - 언어재활, 청능재활 등 언어재활서비스 및 독서지도, 놀이지도, 수화지

도 등이 있다(논술지도 · 학습지도 등 교과목 수업 불가, 학습지를 사용한 지도 불가).

③ 돌봄서비스

장애아 가정의 돌봄부담 경감 및 그 가족에 대한 지원 시책이 대두되고, 양육자의 상시적인 돌봄부담으로 비장애 형제자매 등 다른 가족원에게 필요한 가족 기능이 제대로 수행되지 못하는 데 따른 가족갈등 등 문제가 발생하고, 기존 장애인 정책이 장애 당사자의 자립, 생활안정, 사회활동지원을 중심으로 하고 있어 장애아 가족을 위한 지원강화가 필요하게 되었다.

장애아동 가족의 일상적인 양육부담을 경감하고 보호자의 정상적인 사회활동을 돕기 위하여 돌봄 및 일시적 휴식지원 서비스 제공을 목적으로 하여 장애아동복지지원법 제24조(돌봄 및 일시적 휴식지원 서비스지원) 제1항 "국가와 지방자치단체는 장애아동 가족의 일상적인 양육부담을 경감하고 보호자의 정상적인 사회활동을 돕기 위하여 돌봄 및 일시적 휴식지원 서비스를 제공할 수 있다."는 것에 추진 근거를 두고 있다.

추진방향으로는 실제로 돌봄이 필요한 장애아동에게 적기에 돌봄 서비스가 제공되도록 지원하고, 장애아 가정에 대해 실질적인 휴식지원을 제공하는 것이다.

만 18세 미만의 장애인복지법상 등록 1~3급 장애아와 생계 · 주거를 같이 하는 기준 중위소득 120% 이하 가정으로 하며, 지원내용은 양육자의 질병, 사회활동 등 일시적 돌봄서비스 필요시 일정한 교육과정을 수료한 파견하여 장애아동 보호 및 휴식지원아동의 가정 또는 돌보미 가정 등에서 돌봄서비스 제공아동당 연 600시간 범위 내 지원(특별한 경우 연장가능)하며 선정 가정이 사용하지 않은 잔여시간은 추가 선정하여 지원한다.

특별한 경우에는 지자체별 다양하게 적용 가능하고, 서비스제공은 월 100시간 이내 원칙이며, 단 수급자 가정의 부득이한 사유로 초과 요청 시, 사업시행기관은 사유의 타당성을 판단하여 인정 할 경우 사유서를 작성 · 보관하고 사업지원기관에 월별 현황을 보고한다.

예 한부모가정, 조손가정, 장애부모가정, 다자녀(자녀 3인 이상) 가정, 출산모가정, 맞벌이가정, 양육자 질병 및 사고로 인한 입원 가정 등

④ 휴식지원프로그램

소득기준 상관없이 만 18세 미만의 모든 장애아 가족으로 돌봄서비스를 받지 않는 가정도 참여 가능하며, 돌봄서비스를 받는 가정을 우선 지원한다. 지원내용은 가족관계 회복 및 돌봄노동 분담을 위해 장애아가족 문화·교육프로그램, 휴식 박람회, 가족 캠프 등 휴식지원 프로그램을 운영하고, 돌보미를 통한 장애아가족 상담서비스, 생활지도 등 제공 및 자조모임 결성지원 등을 통해 양육의 어려움을 경감시키며, 정보를 공유한다.

- 가급적 돌봄서비스 대상가정 50% 이상에 휴식지원프로그램 제공
- 가족휴식지원 및 가족역량강화 프로그램 확대 : 가족상담(치료) 프로그램, 가족교육프로그램(부모교육, 비장애 형제자매교육, 가족관계개선 등)

CHAPTER 11

장애인복지에 대한 이슈

1. 장애노인
2. 여성장애인
3. 장애인의 여가
4. 장애인의 인권

CHAPTER 11

장애인복지에 대한 이슈

1. 장애노인

'장애를 지닌 노인'은 장애인이 된 시점이나 원인, 유형과 상관없이 일정 기준의 일상생활에 제약이 있는 노인을 말하며, 이들은 노인문제와 장애문제를 함께 경험하게 된다.

우리나라에서는 비장애노인의 경우 일반적으로 노인복지법에 따라 연령상 65세를 기준으로 '노인'으로 정의하고 있지만, 오랜 기간 장애인으로 살아온 고령화된 장애인의 경우 비장애노인에 비해 빠른 조기노화(premature aging)를 경험한다는 실증연구들이 진행되었고, 기존의 장애에 더해지는 이차적 장애(secondary condition)로 인한 어려움이 있는 것으로 밝혀지고 있다.

이차적 장애는 기본적인 장애 경험 이후에 기존 장애로 인하여 새롭게 발생하는 기능 및 건강의 쇠퇴를 뜻하며, 이러한 조기노화와 이차적 장애 이슈는 장애노인의 주요 특성이 되고 있다.

장애노인은 육체적·정신적 장애 이외에 사회적 노화라는 이차적 장애에도 직면하고 있는 것이다.

'노화에 따른 장애인'은 노년에 이르기까지 비장애 상태로 살아오다가 노화에 따른 만성질환, 사고, 또는 자연적 노화과정에서 장애를 경험하는 노인이다. 대체로 이들은 노화에 수반되는 신체적·사회적 역할변화와 함께 이전에 경험하지 못했던 장애라는 급격한 상황이 이중적인 어려움에 직면하게 되며, 장애의 원인이 되는 노인성 만성질환을 지니고 있기 때문에 그로 인해 장애를 경험하게 되고, 이로 인해 일상생활 중 수행능력에 어려움을 갖게 된다(손광훈, 2013 재인용). 또한 주관적 신체건강에 대한 부정적 인식이 높고 전생애 기간 중 노년기를 준비할 수 없기 때문에 나타나는 우울감과 스트레스 증가, 직업을 포함한 사회적 활동에서의 제약이 높고 삶의 만족도가 낮다는 것을 보여주고 있다(양희택 · 신원우, 2011).

노인이 되어 장애를 갖게 된 사람들은 자신이 장애인이라는 인식이 낮고 미리 노년기에 대한 준비를 갖춘 사람들이 많으며, 그들의 관심은 주로 의료 서비스에 집중되어 있다. 반면에 고령화된 장애인은 육체적 고령화 문제 이외에 사회적인 노화도 이른 나이에 진행되는 이차적 장애도 갖게 된다. 이들에게는 의료적 서비스도 중요하지만 지역사회에 대한 참여와 활동을 강조하는 서비스도 중요하다.

현재 장애노인에 대한 연령적 구분은 연구의 주제 및 목적에 따라 다양하게 구분(장애인고용정책관련연구 55세 이상)하고 있지만, 장애노인을 정의하는데 있어 연령 이외에 고려하여야 할 요인은 장애노인에 대한 개념적 구분과 이러한 구분을 가능하게 할 수 있는 적절한 기준이 필요하다.

장애노인은 크게 ① 고령화된 장애(aging with disability)와 ② 노화과정 장애(disability with aging)로 구분할 수 있다(황주희, 2015).

'고령화된 장애'는 장애가 상대적으로 이른 시기에 발생하여 오랜 기간 장애인으로 살아온 장애노인을 의미하며, '노화과정 장애'는 상대적으로 늦은 시기에 장애가 발생하여 장애기간이 짧은 장애노인을 의미한다.

2021년 4월 19일 보건복지부가 발표한 '2020년도 등록장애인 현황'에 따르면, 2020년 말 기준 등록장애인은 263만 3000명(전체 인구대비 5.1%)으로 2019년 말 대비 1만 4000명이 증가하였으며, 연령별로는 60대(60만 2000명, 22.9%), 70대(58만 5000명, 22.2%)에서 등록장애인 수가 가장 많으며, 전체 인구대비 장애인 등록 비율도 60대 이상(60대 8.9%, 70대 15.8%, 80대 이상 22%)에서 높게 나타났다.

노년층 장애인 증가는 인구 고령화에 따라 65세 이상 노년층 장애인 수가 지속 증가(2010년 37.1% → 2015년 42.3% → 2019년 48.3% → 2020년 49.9)하고 있어 장애인구의 고령화가 상당한 수준으로 진행된 것으로 보인다.

또한 노년층 장애인 중 가장 많은 장애유형은 청각장애(76.9%), 장루 · 요루장애(71.2%), 호흡기장애(68.5%), 시각장애(55.0%), 뇌병변장애(51.5%), 심장장애(45.0%), 신장장애(39.5%) 순으로 나타났다.

〈표 11-1〉 65세 이상 등록장애인 및 장애유형별 비율

(단위 : 명, %)

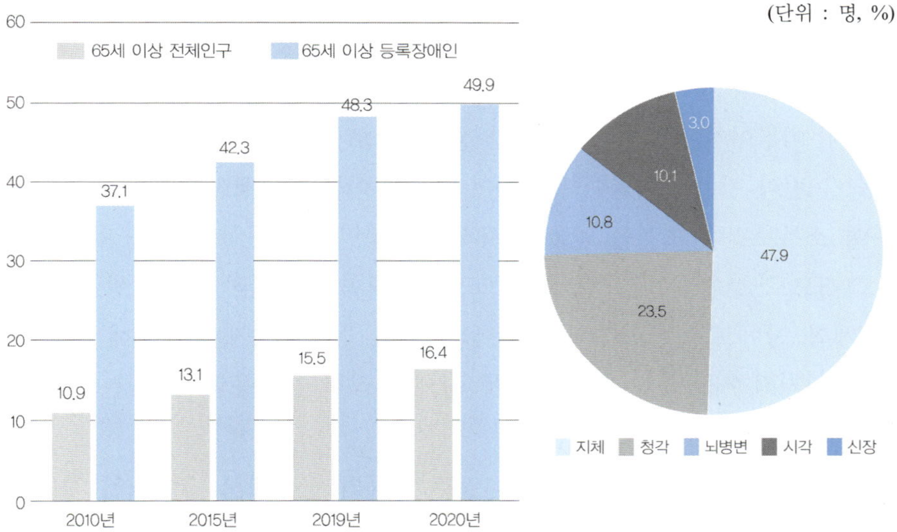

출처 : 보건복지부

장애노인의 주관적 건강상태는 연령이 높을수록 낮아지며, 장애가 일찍 발생한 경우 상대적으로 양호한 것으로 나타났고, 장애노인은 연령이 증가할수록 의료보장에 대한 욕구가 증가하는 경향을 보이며, 장애기간이 오래될수록 소득보장에 대한 욕구가 높은 것으로 나타났다.

또한 고령기에 장애가 발생한 경우 의료보장, 소득보장, 이동권보장 욕구가 상대적으로 높았다.

우리나라의 장애인복지정책은 2000년대 이전까지 시설을 중심으로 장애아동 대상 특수교육의 강화와 청 · 장년층을 대상으로 한 직업재활 및 복지서비스 제공과 시설 확대에 초점을 맞추어 왔지만, 2006년 12월 국제연합

(UN) 주도의 「장애인권리협약」이 제정되면서 장애인복지 환경이 권리중심으로 변화되어 수요자 중심으로 점차 발전하고 있다.

인구의 고령화에 따른 장애노인의 증가는 장애인복지서비스의 주요 대상자가 장애노인으로 전환되는 것을 의미하므로 장애인복지서비스와 노인복지서비스의 대상자는 더 확대될 것이다.

현재 지역사회에서 장애인이 이용할 수 있는 시설은 장애인복지관, 주간보호시설, 단기보호시설 및 그룹홈이 있으나, 지적장애와 발달장애와 같이 장애기간이 긴 고령화된 장애노인의 경우 이용할 수 있는 복지시설은 매우 제한적이어서 이들의 필요와 욕구에 맞는 프로그램 개발 및 지역사회 내 복지시설의 확충이 이루어져야 하고, 오랜 기간 장애인으로 살아오면서 경제활동 참여에 제약을 받아 빈곤화 확률이 증가하기 때문에 이들의 경제상황을 충분히 고려하여 소득보전에 초점을 맞춘 정책적 대응방안도 마련할 필요가 있다.

그러므로 장애노인은 '장애'와 '노화'의 경험으로 인하여 직업생활, 재정적 계획, 장애로 인한 변화된 역할에의 적응, 장애의 문제에 대응해 나갈 수 있는 지지적 시스템을 마련하는 등 장애에 적절히 적응할 수 있는 다양한 정책적 방안이 모색되어야 한다.

장애인구의 고령화가 심화되고 있는 지금의 상황에서 장애노인 정책은 장애인복지서비스와 노인복지서비스의 연계를 활성화하고, 각각의 복지체계가 가지고 있는 강점들을 효율적으로 활용할 수 있도록 장애노인에 대한 정책적 대응방안이 마련되어야 할 것이다.

2. 여성장애인

2021년 한국보건사회연구원이 발표한 '2020년도 장애인 실태조사'를 보면 2020년 장애인실태조사를 통해 추정한 재가 장애인은 2,622,950명으로 성별로는 남성등록장애인의 비율은 57.8%이고, 여성등록장애인의 비율은 42.2%이다.

〈표 11-2〉 2020년도 등록장애인 현황-장애유형별 및 성별

장애유형별	전국재가장애인 추정수	남 자	여 자
지체장애	1,215,914	55.7	44.3
뇌병변장애	250,961	60.0	40.0
시각장애	252,702	58.9	41.1
청각장애	384,668	55.9	44.1
언어장애	21,954	73.8	26.2
지적장애	214,792	63.6	36.4
자폐성장애	29,466	85.3	14.7
정신장애	103,031	48.7	51.3
신장장애	94,249	60.8	39.2
심장장애	5,253	65.4	34.6
호흡기장애	11,427	80.9	19.1
간장애	13,419	78.3	21.7
안면장애	2,676	68.7	31.3
장루·요루장애	15,376	64.6	35.4
뇌전증 장애	7,062	56.8	43.2
전체	2,622,950	57.8	42.2

출처 : 보건복지부(2021), 2020년 등록장애인 현황.

장애를 가진 여성을 지칭할 때 '여성장애인' 또는 '장애여성'이라는 말을 사용하는데, 전자는 여성이라는 성별보다는 장애라는 특성을 가진 장애인을 강조하는 말로 사용되는 경향이 있고, 후자는 여성을 강조하는 말로 사용됨으로 여성으로서 장애라는 차이와 제한을 가지고 있다는 의미를 강조할 때 사용하는 합의된 공식용어가 없기 때문에 이 둘을 혼용해서 사용하기도 한다.

비장애인 남성 중심의 사회에서 여성장애인은 여성과 장애인이라는 이중의 어려움을 지니고 있기 때문에 교육, 문화, 건강, 빈곤, 주거, 이동, 모성, 자립생활, 고용할당제, 폭력 등 중첩된 사회적인 편견과 차별에서도 이중의 어려움을 겪고 있는 것으로 나타났다. 여성장애인은 우리 사회에서 가장 차

별받는 집단 중의 하나이다. 장애인으로서 사회활동에 참여를 제한받고, 여성으로서 결혼·자녀양육역할도 수행하지 못하는 존재로 여겨지고 있으며, 비장애남성이 기준인 사회에서 여성장애인은 차이로서 인식되는 것이 아니라 정상의 규범에 미치지 못하는 열등한 존재로 자리매김되며, 구별·배제·제한되어 차별을 경험하게 된다(오상진, 2012).

우리나라에서 여성장애인차별에 관한 이론으로는 성차별에 장애인 차별이 더해진 것이라는 이중차별론이 먼저 대두되었다(오혜경·김정애, 2000). 이에 대해 우리사회에서 여성장애인의 지위를 열악하게 만드는 요인으로 여성장애인 차별을 구성하는 내용을 다음과 같이 제시하였다(박승희·이은실, 2002).

첫째는 여성차별과 장애인차별이 중첩됨으로써 나타나는 차별이고, 둘째는 장애인문제에서 배제됨으로써 발생하는 차별이며, 셋째는 여성문제에서 배제됨으로써 발생하는 차별이라는 것이다.

이러한 차별은 서로 유기적으로 상호작용하면서 새로운 형태의 차별을 발생시키고 있다고 할 수 있다. 이러한 점에서 여성장애인 차별은 장애차별과 여성차별의 단순한 합이 아니라 다중적으로 새롭게 경험되는 형태의 차별이라고 할 수 있다.

대부분의 여성에게 있어서 결혼을 하고, 자녀를 출산하고 기르는 일련의 과정들은 자연스러운 삶의 과정이지만 여성장애인은 비장애여성보다 결혼할 가능성이 낮으며, 결혼을 하더라도 늦게 결혼할 가능성이 높고, 이혼할 가능성은 더 많은 것으로 여러 연구에서 지적하고 있다.

여성의 사회진출 증가로 그동안 소외시켰던 여성의 모성권에 대하여 관심을 기울이기 시작하여, 여성의 모성권에 관한 각종 제도와 서비스를 마련해 가고 있지만 여성장애인은 임신·출산·육아의 과정에서 사회의 관심에서조차 배제되고 있다. 임신·출산·육아에 대한 적극적인 사회적 지원과 제도가 마련되지 않아 비장애여성에 비하여 훨씬 열악한 상황에 놓이게 되고 이로 인해 임신·출산 후 건강악화, 자녀양육부담, 가사 노동의 어려움 등 가정생활과 관련해서도 큰 어려움을 겪게 된다.

여성장애인의 모성권이 보장되기 위해서는 임신·출산·육아에 대한 책임이 개인에게 강제되어서는 안 되며, 여성장애인의 장애유형과 정도에 맞게 임신·출산·육아의 과정에서 적절한 사회적 서비스와 지원이 마련되어야 할 것이다.

또한 여성장애인의 문제는 여성장애인 당사자가 가장 잘 이해하고 있으므로, 여성장애인이 삶을 영위하는 데 있어 당사자가 주체로서 역량강화를 위한 많은 노력과, 스스로의 '선택권'과 '자기결정권'을 신장하고, 사회복지 서비스의 제공에 있어서도 장애인의 '주도적인 참여'가 보장되어야 한다.

우리나라는 장애인 혹은 여성의 기본권을 확보할 수 있는 다양한 법안이 있다.

장애인 관련 제도로서 장애인복지법 제9조, 장애인 고용촉진 및 직업재활법 제3조, 장애인 인권헌장 제11조, 성폭력특별법 제6조 등에 여성장애인에 대한 언급이 있으나 이들 조항에 대한 제도적 장치가 마련되어 있지 않다.

그러나 2008년 4월 11일 시행된「장애인 차별 금지법 및 권리구제 등에 관한 법률」에서 중첩된 차별을 겪어야 하는 장애여성에 대한 규정을 별도로 마련한 것은 특별히 인권보장에 더 힘써야할 계층에 대한 법적 제도 구축은 소중한 성과라고 할 수 있다.

제33조에서 장애여성에 대한 차별금지, 임신, 출산 양육 등에 있어 차별금지, 직장보육서비스의 정당한 편의제공, 성폭력 예방 교육 등의 항목을 들 수 있다. 제34조는 장애여성 차별 금지를 위한 시책 강구, 장애여성의 참여 보장을 위한 국가 및 지방자치단체의 의무를 말하고 있다.

- **장애인복지법 제9조 제2항** : 국가와 지방자치단체는 여성장애인의 권익을 보호하기 위하여 정책을 강구하여야 한다.
- **「장애인 고용촉진 및 직업재활법」 제3조** : 국가와 지방자치단체는 여성장애인에 대한 고용촉진 및 직업재활을 중요시해야 한다.
- **장애인인권헌장 제11조** : 여성장애인은 임신, 출산, 육아 및 가사 등에 있어서 생활에 필요한 보호와 지원을 받을 권리를 가진다.
- **성폭력특별법 제6조** : 신체적인 또는 정신적인 장애가 있는 사람에 대

하여 형법 제297조(강간)의 죄를 범한 사람은 무기징역 또는 7년 이상의 징역에 처한다.

- 「장애인 차별금지 및 권리구제 등에 관한 법률」 제33조 : 장애여성에 대한 차별금지, 임신, 출산 양육 등에 있어 차별금지, 직장보육서비스의 정당한 편의제공, 성폭력 예방 교육 등의 항목을 들 수 있다.
- 「장애인 차별금지 및 권리구제 등에 관한 법률」 제34조 : 장애여성 차별 금지를 위한 시책 강구, 장애여성의 참여보장을 위한 국가 및 지방자치단체의 의무를 말하고 있다.

여성 관련 제도로서 우리나라에서는 1995년 12월 '여성발전기본법(現. 양성평등기본법)'이 제정됨으로써 여성관련 법률이 체계적으로 정비되고 있으나, 장애여성에 관한 조항이 명시되어 있지 않다. 남녀평등, 장애, 비장애인이 평등한 법령 체계를 구축하기 위하여 차별적인 법령에 대한 지속적인 발굴과 개정이 추진되어야 할 것이다.

사회에서 여성장애인에 대한 이미지를 높이고 능력이 증진되어, 인권을 옹호하고 여성장애인이 자신들의 적성과 능력에 맞는 자리에서 사회구성원으로서의 역할을 다할 수 있도록 사단법인 한국여성장애인연합회에서 마련한 '7대 핵심공약 및 주요과제'는 다음과 같다.

7대 핵심공약 및 주요과제

1. 여성장애인 기본법 제정
   - 여성장애인 기본법 제정을 통해 다중적 차별과 소외를 겪고 있는 여성장애인 삶의 질 향상
   - 여성장애인 정책에 관한 기본계획 수립
     - 성인지적·장애인지적 관점이 반영된 기본적이고 종합적인 정책수립
   - 여성장애인 임신·출산지원
     - 지역, 소득수준, 장애정도에 상관없이 모성권 보장과 장애유형을 고려한 모성보호
     - 산전산후 건강관리 및 출산비용 지원, 산후조리(원) 도우미 지원

- 양육 및 가사지원
  - 자녀양육 및 보육지원, 자녀학습 도우미 지원
  - 가사도우미 지원
- 여성장애인 고용제도
  - 장애인의무고용률 내 여성장애인 고용할당 50% 준수
  - 여성장애인 공동작업장 설치 및 창업지원, 장애유형별 맞춤식 직업훈련 개발
- 평생교육
  - 교육기회 확대, 취업과 진로에 필요한 전문교육 및 평생교육 지원
- 성폭력 · 가정폭력 · 성매매 예방 및 피해자 지원
  - 각종 폭력 예방 및 피해자 자립지원과 가족 지원
- 전문의료서비스 체계 구축
- 여성장애인 실태조사 및 연구

2. 여성장애인 지표개발 및 성별통계구축
   - 여성장애인 인지적 관점의 여성장애인 지표개발
     - 여성장애인 성별통계 구축 및 성별예산 확보
     - 각 장애유형별 세분화된 조사 · 연구의 제도적 실시
3. 여성장애인 정책기구 및 전담부서 설치
   - 대통령산하 국가장애인정책조정위원회 상설화를 통한 여성장애인정책기구 설치
   - 여성장애인 전담부서와 성인지교육 실시
4. 여성장애인 재생산권 보장을 위한 사회적 양육체계 구축
   - 여성장애인 재생산권 관련 정보접근성 확보
   - 사회적 양육체계 구축
5. 지적여성장애인 성폭력피해자 사회적 지지체계 구축
   - 여성장애인 폭력피해자보호시설의 전국 광역시도에 확대설치
   - 쉼터 퇴소한 폭력피해 여성장애인의 자립생활 훈련을 위한 그룹홈, 체험홈 설치
   - 지적여성장애인 성폭력피해자 사회적 지원체계 구축
6. 시각여성장애인 고용활성화
   - 시각여성장애인 인력개발센터 설치
   - 시각여성장애인 특성을 고려한 정보접근권 및 활동보조서비스 제공
7. 청각여성장애인 정보접근권 강화
   - 수화 및 자막 제공을 통한 동등한 기본권리 보장
   - 임신 · 출산 · 양육에 따른 추가비용 지원

3. 장애인의 여가

여가(Leisure)의 어원은 라틴어의 'Licere(리케레)'로 "일이나 직업으로부터 벗어나도록 허용된(to be free)"이라는 뜻을 가지고 있다. 한편 고대 그리스 시대에는 여가의 뜻으로 'Scole(스콜레)'라는 말이 사용되었다.

웹스터 사전에 의하면 여가를 '한가로움', '안일', '직업생활로부터 벗어난 자유(freedom from neccessary occupation)', '한가한 시간(spare time)', '휴양(vacation)', '기분전환(recreation)'이라는 뜻으로 해석하고 있다. 소수 특권층의 고급문화활동으로 여겨져 왔던 여가는 시민적 일상생활의 문화활동으로 자리잡아가고 있으며, 특히 주5일 근무제로 전 국민의 '여가 행복주의화'로까지 치닫는 추세이다.

21세기는 문화시대로 그 어느 때보다 문화에 대한 관심과 욕구가 높다. 문화는 개인의 삶의 질을 결정하는 요인일 뿐 아니라 경제·사회적으로도 산업의 주요 분야로 자리 잡을 전망이며, 이미 선진국에서는 물질 위주의 복지에서 정신적이고 문화적인 측면까지 고려한 문화복지로 나아가고 있다.

하지만 여가문화 향유가 시민적 권리로 인식되면서 여가에 대한 관심이 높아지는 데도 불구하고, 여가활동 참여율에 있어서는 아직도 계층별로 크나큰 편차를 보이고 있으며, 특히 장애나 질병 또는 가난을 겪고 있는 사람들의 경우에는 극도로 제약을 받고 있는 실정이다.

장애인에게 여가활동은 단순히 기본적 인권보장과 문화향유에 대한 기회균등 차원만이 아니라 사회적 기능 향상을 꾀하는 재활적 관점, 궁극적으로 '삶의 질' 향상을 통한 주류화 실현이 중요한 까닭에 그들의 여가 욕구를 파악하고 합당한 여가생활을 할 수 있게 되어야 한다. 장애인복지법 제25조에도 "국가와 지방자치단체는 장애인의 문화생활과 체육활동의 증진을 위하여 관련시설 및 설비 기타 환경을 정비하고 문화생활, 체육활동 등을 지원하도록 노력하여야 한다"고 규정하고 있다. 이는 장애인의 여가활동 참여를 촉진하기 위한 경제적 뒷받침, 여가시설의 확충, 욕구에 따른 여가프로그램의 개발, 여가활동 지원을 위한 인적자원의 확충 등 보다 전문적이고 체계적인 사회적 개입이 이루어져야 한다는 것이다.

장애인의 여가는 단순히 여가의 주체가 장애인이라는 의미 외에도 장애인들의 신체적 · 정신적 재활을 도와주는 도구의 의미를 지닌다. 장애인들도 비장애인들과 똑같은 인간의 여러 가지 기본욕구를 가지고 있으며 여가활동에 관련하여서도 장애유형이나 장애의 정도와는 상관없이 여가에 대한 욕구뿐 아니라 여가에 대한 권리도 동시에 가지고 있다. 장애는 이러한 욕구 충족과 권리 실현을 저해하는 요인이므로 장애인 여가의 도움이 필요하다. 장애인에게 여가활동은 삶의 중요한 일부분을 차지하며 동시에 비장애인들의 여가보다 더 큰 의의가 있는 활동이다. 요즘 우리 사회는 다양한 성문화, 청소년문화, 노인문화, 패션문화, 화장실문화, 교통문화 등 많은 사회적 활동 · 현상을 문화라는 말로 수식하고 있다. 이러한 경향에도 불구하고 장애인은 신체적 · 정신적 장애로 인해 여가문화 활동에 대한 욕구가 크지 않을 것이라는 사회적 편견에 영향을 받으며 지역사회에 기반한 여가문화 프로그램에 대한 논의는 적극적으로 형성되지 못하고 있다.

장애유형에 상관없이 우리나라 장애인들이 가장 많이 하는 여가활동은 TV시청과 라디오 청취 순으로 밝혀져 직접참여형태의 여가활동보다 관람형태의 간접참여활동에 그치는 현실적 한계점을 시사하고 있다. 장애인이 선호하는 여가활동으로 청각장애인은 스포츠 활동과 문화 활동이며, 지체장애의 경우 영화감상, TV시청, 음악활동, 시각장애인은 TV시청과 라디오 청취 및 독서에 가장 많은 흥미를 보이며, 지적장애인이 선호하는 여가활동 유형으로는 혼자 하는 활동이 가장 많이 나타난다고 하여 장애인 대부분이 그들의 능력에 맞는 프로그램의 부재와 여가기술 부족으로 인해 소극적인 여가활동에 머물고 있음을 알 수 있다.

교육철학자 매슬로우(A. Maslow)는 인간의 욕구를 생리와 안전, 소속과 사랑, 존중과 자아실현의 단계로 나누었다. 이제까지의 복지가 생리와 안전에 대한 욕구를 충족시켜 주는 수준이었다면 지금부터는 소속과 사랑, 존중과 자아실현의 욕구를 충족시켜 주는 것이 되어야 할 것이다. 바로 여기에서 문화의 역할이 참으로 중요하게 작용하는 것이다.

문화야말로 인간을 인간답게 하는 요소로서, 인간은 문화를 매개체로 한 심정적인 만남을 통해 인간 영혼의 가장 깊은 곳에서만 일어나는 진정한 일치를 이룰 수 있기에, 편견과 차별의 벽을 허무는 장애인들의 사회통합의 과정은 우선적으로 문화화의 교류에 의해 이루어질 수밖에 없다. 그럴 때 장애인의 여가생활을 통한 문화적 삶의 확보는 문화복지의 중추적 핵심이 아닐 수 없는 것이다.

현재 우리나라는 제5차 장애인정책종합계획(2018~2022년)을 세워 장애인의 자립생활이 이루어지는 포용사회를 목표로 복지서비스, 건강 · 체육, 보육 · 교육, 사회참여, 경제활동, 권익증진의 6대 분야별 중점과제를 선정하고 세부 서비스와 건강지원제도 확충, 일자리 지원 및 현금급여 등 소득보장 확대, 교육, 문화, 체육 등 활동을 향유할 수 있도록 장애인의 욕구에 맞는 지원 체계를 마련하여 정책을 추진중이다.

장애인의 문화적 권리 보장과 문화예술에 대한 국가지원을 위한 법적 근거는 문화예술진흥법 제15조의2 제2항에 국가 및 지방자치단체는 장애인의 문화예술 교육의 기회를 확대하고 장애인의 문화예술 활동을 장려 · 지원하기 위하여 관련 시설을 설치하는 등 필요한 시책을 강구 할 것, 장애인의 문화적 권리를 증진하기 위하여 장애인의 문화예술 사업과 장애인문화예술단체에 대하여 경비를 보조하는 등 필요한 지원을 할 것을 규정하고 있다.

이러한 근거로 마련된 "함께누리 지원사업"은 장애인의 문화예술 진흥을 위해 문화체육부가 추진하는 대표적인 사업으로서, 장애인들의 문화예술 접근성을 제고하고 장애인의 문화예술 향유 및 창작기회 확대를 바탕으로 한 장애인의 문화기본권 신장을 추진 중이다.

〈표 11-3〉 국제장애인권리협약 제30조

국제장애인권리협약(Convention on the Rights of Persons with Disabilities) 제30조
당사국은 장애인이, 다른 사람들과 동등한 기초 위에서, 레크리에이션, 여가와 스포츠 활동에 참여하도록 하기 위해서 다음을 위한 적절한 조치를 취한다. ① 장애인이 주류 스포츠 활동의 전 영역에서 최대한 참여할 수 있도록 권장하고 증진한다. ② 장애인이 장애 특화 스포츠와 레크리에이션 활동을 조직하고 개발하며 참여할 기회를 보장하고, 이를 위해, 다른 사람들과 동등한 기초 위에서 적절한 지침, 훈련 및 자원의 공급을 장려한다. ③ 장애인이 스포츠와 레크리에이션을 위한 장소 및 여행지에 대해 접근할 수 있도록 보장한다. ④ 장애아동이 교내 활동을 포함하여 놀이, 레크리에이션, 여가 및 스포츠 활동에 참여하는 데 있어서 동등하게 접근할 수 있도록 보장한다. ⑤ 장애인이 레크리에이션, 여행, 여가 및 스포츠 활동의 구성과 관련된 서비스에 접근할 수 있도록 보장한다.

4. 장애인의 인권

인권(人權)의 개념은 초기 주로 '人'에 초점이 맞춰져 있었다. 따라서 '비인간적 처우로부터의 자유'라는 수동적 · 소극적 요구였으나, 점차 '權'으로 초점이 이동하면서 '필요한 것들에 대한 권리주장'의 능동적 · 적극적 요구로 전환되었다. 인권은 가장 넓은 의미에서 정의하면 '인간이 내재적으로 갖는 존엄과 가치에서 파생되는 것으로 인간이 자신의 성장과 발전에 필수적인 활동에 종사할 수 있도록 주장할 수 있는 자유 혹은 권리'이다. 또한 인권은 국가나 설정법에 의해 부여되는 것이 아니라 모든 인간이 태어나면서 하늘로부터 부여받았다고 하여 '천부적인 인권', 또는 '생득권'이라고 하며, 정의의 법으로 사람이면 누구나 마땅히 누려야 할 권리로서 '자연권'이라고도 한다.

즉, 인간이기 때문에 갖는 당연한 권리로 '인간의 존엄성을 보장받을 권리'라고 정의할 수 있다. 그러므로 어떠한 현행법도 인권보다 우선할 수 없으며 누구도 성별, 인종, 장애 유 · 무, 계급 등을 이유로 차별하지도 차별받지도 말아야 한다.

그러나 현실적으로 사회적 환경이나 개인이 처한 상황에 따라 그 권리의 차이를 보이고 있다. 하지만 인권은 인간에 대한 평등하고 보편적인 존중의 이념을 사회적 차원에서 남용의 여지 없이 모든 사람들에게 구속력을 가지고 객관적이고 보편적으로 실현되어야 하며 궁극적으로는 사회가 추구해야 할 사회정의의 가장 기본적인 부분이라고 할 수 있다.

우리나라에서 인권을 정의하고 이러한 권리를 침해하거나 침해받았을 경우 어떻게 해야 하는지를 규정하고 있는 법률이 2001년 5월 24일 제정된 국가인권위원회법이다.

이 법 제2조 제1항에서는 “인권이란 헌법 및 법률에서 보장하거나 대한민국이 가입·비준한 국제인권조약 및 국제관습법에서 인정하는 인간으로서의 존엄과 가치 및 자유와 권리를 말한다.”라고 규정하고 있다. 이러한 규정에 따르면 인권은 국내법에 근거한 법적 권리뿐만 아니라 자연권적인 인간으로서의 권리를 폭넓게 포함하고 있다고 할 수 있다.

인권이 가지는 특성은 ‘보편성’, ‘상호의존성’, ‘상호불가분성’의 세 가지 대표적 특성을 가진다. 앞서 언급했듯이 이 특성 역시 인권개념과 더불어 현재도 계속적으로 만들어져가는 과정 속에 있다고 할 수 있다.

인권의 보편성은 크게 ‘대상에 대한 보편성’과 ‘상황에 대한 보편성’으로 다시 나눠서 생각해 볼 수 있다.

‘대상에 대한 보편성’이라 함은 ‘인간이라면 누구나 가진 권리’라는 특성으로, 이 특성을 바탕으로 ‘특정 조건’을 갖춘 사람만이 사람으로 인정된다는 것은 잘못된 인권개념임을 알 수 있다.

‘상황에 대한 보편성’이라 함은 인간이 어떠한 특정 문화나 전통 등과 양립 불가능하지 않기 때문에, 모든 개별 국가가 어떠한 상황과 문화적인 전통 아래 있다고 하더라도 인권은 기본적으로 지켜져야 한다는 특성을 의미한다.

인권의 상호의존성이라 함은 인권개념에서는 대를 위해 소가 희생된다고 보지 않는다. 타인의 인권은 나의 인권과 상호 연관되어 있으며, 따라서 모든 사람들에 대한 연대적 의무가 필연적이라 할 수 있다.

인권의 상호불가분성은 인권에 있어서 모든 권리들이 서로 조화롭게 보장되지 않은 채 어느 특정 권리가 독립적으로 보장된다는 것은 불가능하다는 것을 말한다. 이 특성은 '인권을 구성하는 그 무엇이든지 하나만 빠져도 인간은 존엄할 수 없다'는 말로 정의될 수 있다.

최근 장애인복지의 동향은 시혜나 동정의 차원이 아닌 권리의 차원에서 접근하려는 경향이 늘고 있지만 인권보장의 사각지대에 있는 대표적인 사람들 중 하나가 장애인이다. 장애인은 연령, 성별, 지역을 가리지 않고 차별의 대상이 되고 있다. 장애인들에 대한 인권침해는 다양한 영역에서 이루어지고 있다(한국장애인단체총연맹, 1999). 장애인 인권침해유형은 생활환경권, 주거생활권, 의료수급권 등 개인생활에서의 인권침해와 직업생활과 노동권, 교육 및 학습권, 선거 및 참정권 등 사회생활에서의 인권침해 유형으로 나누어 볼 수 있다. 개인생활에서의 권리침해는 시민적, 정치적 권리침해와 유사한 것으로 형사상의 권리, 생활시설 장애인의 권리, 가족권, 참정권, 소비자 권리, 신체자유 권리, 재산권 등과 관련된 차별이 있다. 사회생활에서의 권리 침해는 경제적, 사회적, 문화적 권리 침해와 관련된 것으로, 노동권, 여성장애인 권리, 생존권, 건강권, 교육권, 문화향유권, 접근권, 정보접근권, 지원서비스에서의 차별 등 인간이 살아가면서 만나게 되고 상호작용하게 되는 거의 모든 영역에서 인권침해가 이루어지고 있다.

그럼에도 우리 사회에서 장애문제를 인권차원에서 접근한 것은 그리 오래되지 않았다. 1980년대 중반 이후 민주화운동의 본격화 이후 이에 영향을 받은 사람들을 중심으로 장애인인권운동이 본격적으로 시작되었다. 장애인 인권운동의 가장 오랜 주제이며, 시급한 주제는 생존권운동이다. 모든 국민의 기초생활을 보장해야 하는 생존권적 기본권이 장애인에게도 예외일 수는 없다. 참여연대의 최저생계비 관련 행정소송, 1980년대부터 최근까지 이어지는 최저생계보장을 요구하며 죽음으로 항거한 다수 장애인들의 문제제기는 생존권 보장을 위한 다양한 장애수당, 장애인 기초연금제 도입의 욕구로 이어지고 있다.

장애인의 노동권 보장은 1990년 「장애인고용촉진 등에 관한 법률」의 제정에서 본격화되었으며, 동법은 1997년 경증장애인에 초점이 있는 기존 법을 중증 장애인의 고용까지 포괄한 '직업재활법'으로 개정되면서 상당정도 노동권 보장이 체계화되었다. 최근 들어 장애인들의 요구가 집중되고 있는 이슈는 이동권의 보장이다. 1997년 「장애인 · 노인 · 임산부 등의 편의증진보장에 관한 법률」의 제정 이후 물리적인 사회환경 변화가 시도되었으며, 장애인들의 보행권 보장을 위해 지하도나 육교 대신 횡단보도 설치 등이 이루어졌다. 그러나 대중교통의 이용 등 장애인들의 이동문제는 여전히 많은 난관에 봉착해 있다. 이를 해결하기 위해 이동권연대 중심의 휠체어 장애인 버스 타기 등 이동권 확보를 위한 운동이 활발하게 이루어지고 있다. 그 외 참정권, 교육권의 보장 등을 위한 운동이 부분적으로 진행되고 있다.

1948년 세계인권선언을 시초로 인권에 관한 국제 규약과 선언은 다양한 측면에서 끊임없이 수정, 보완되면서 발달해 오고 있다. 이러한 인권일반에 관한 국제규정을 토대로 장애인은 일반적 상황과 다른 측면에서 강조되어야 할 권리와 장애인의 인권을 보장하기 위하여 추가적으로 보완되어야 할 권리들을 각종 선언과 계획의 형태로 규정하였다. 장애인인권과 관련된 국제규정에는 "정신지체인 권리선언(1972)", "농아인 권리선언(1972)", "장애인 권리선언(1975)", "세계 장애인의 해(1981)", 장애인에 관한 "세계행동계획(1981)", "UN 장애인 10년(1983~1992)" 그리고 1993년 통과된 "장애인의 기회평등화에 관한 기본규칙"이 있다(김정열 외, 2002). 아시아 · 태평양 지역에서는 이러한 흐름에 동승하여 1993년부터 2002년에 걸친 "아시아 · 태평양 장애인 10년(1992)"을 선포하였고, 우리나라에서는 1998년 "한국 장애인 인권헌장"이 선포되었다.

장애인인권에 대한 정부의 의지는 1998년 한국장애인인권헌장의 제정을 시점으로 본격화된다. 1998년 선포된 한국장애인인권헌장은 편견과 시혜의 대상으로서의 장애인의 상에서 벗어나 장애인 역시 동등한 사회 구성원인 권리의 주체로서 "완전한 참여의 권리와 평등을 통한 사회통합"을 재확인하고 이를 선언한 것이다. 장애인인권헌장은 장애인의 인간 존엄과 가치를 확인하고 건전한 사회구성원으로 장애인의 자립노력과 인권보호, 사회참여와 평등을 보장하는 것을 기본원리로 하고 장애인의 기본적인 권리인 차별받지 않을 권리, 인간단운 삶의 권리, 시민권과 정치적 권리, 자유로운 이동과 의사표현/정보이용 권리, 교육과 근로의 권리, 가족과 함께 생활할 권리, 학대/멸시받지 않을 권리, 법률상의 도움을 받을 권리, 여성 장애인의 권리, 국가정책 참여 권리 등을 명시하고 있다.

또한 우리나라 장애인복지의 청사진이라고 할 수 있는 '제2차 장애인복지발전 5개년 계획(2002~2007)'은 그 기본방향에 있어서 "독립적 주체로서 지역사회에서 당당한 자립적인 삶의 영위"를 목표로 하고 있고, '제3차 장애인복지발전 5개년 계획(2008~2012)'의 기본방향 역시 "장애인의 권리에 기반을 둔 참여확대와 사회통합 구현"을 비전으로 제시하고 있다.

또한 제5차 장애인복지발전 5개년 계획[안](2018~2022)'의 기본방향도 "장애인의 자립생활이 이루어지는 포용사회"로 비전으로 제시하고 있다.

「장애인차별금지 및 권리구제등에 관한 법률」의 시행령이 실시된 2008년은 장애인인권복지의 중요한 해이다. 이 법은 사회적 소수자의 차별금지에 관한 법률로서 특히 장애부문에 특화된 차별금지의 법률이라는 점과 장애인 스스로의 적극적인 요구와 입법노력에 의하여 일정 정도의 사회적 합의하에 제정된 법이라는 점에서 세계의 인권법률 현황에서도 중요한 의미를 가진다.

또한 2007년에는 특수교육진흥법이 폐지되고 「장애인 등에 관한 특수교육법」이 새로이 제정되어 그동안 의무교육에서조차 제외되었던 장애아동의 교육권을 어느 정도 확보했다는 점에서 중요한 의미가 있다.

또한 최근 우리나라 장애인 인권복지 정책의 수립과 시행을 위해 국내 법령에서의 근거를 살펴보면 다음과 같다.

- 사회복지사업법 제5조 인권존중 및 최대 봉사의 원칙에서는 복지업무에 종사하는 사람은 그 업무를 수행할 때에 사회복지를 필요로 하는 사람을 위하여 인권을 존중하고 차별 없이 최대로 봉사하여야 한다.

- 장애인복지법 제25조 사회적 인식개선 등에서는 학생, 공무원, 근로자, 그 밖의 일반국민 등을 대상으로 장애인에 대한 인식개선을 위한 교육 및 공익광고 등 홍보사업을 실시하도록 한다.
- 「장애인 등에 대한 특수교육법」 제21조 제2항에서 특수교육대상자를 배치 받은 일반학교의장은 교육과정의 조정, 보조 인력의 지원, 학습보조기기의 지원, 교원연수 등을 포함한 통합교육계획을 수립 · 시행하도록 한다.
- 교육기본법 제4조 제1항에서는 모든 국민은 성별, 종교, 신념, 사회적 신분, 경제적 지위 또는 신체적 조건 등을 이유로 교육에 있어서 차별을 받지 않도록 한다.
- 초 · 중등교육법 제59조에 의해 국가와 지방자치단체는 특수교육이 필요한 사람이 초등학교 · 중학교 및 고등학교와 이에 준하는 각종학교에서 교육을 받으려는 경우에는 따로 입학절차, 교육과정 등을 마련하는 등 통합교육을 하는 데에 필요한 시책을 마련하여야 한다.
- 장애인복지법 제25조에 의해 국가기관 및 지방자치단체의 장, 영유아보육법에 따른 어린이집, 유아교육법 · 초 · 중등교육법 · 고등교육법에 따른 각급 학교의 장, 그 밖에 대통령령으로 정하는 교육기관 및 공공단체(이하 "국가기관등"이라 한다)의 장은 매년 소속 직원·학생을 대상으로 장애인에 대한 인식개선을 위한 교육(이하 "인식개선교육"이라 한다)을 실시하고, 그 결과를 보건복지부장관에게 제출하도록 하고 있다(신설 2015. 12. 29, 2019. 12. 3, 시행일 2021. 6. 4).

CHAPTER 12

장애인과 사회적기업

1. 사회적기업의 이해
2. 장애인고용 사회적기업 해외사례

CHAPTER 12

장애인과 사회적기업

1. 사회적기업의 이해

1) 사회적기업의 개념 및 특성

사회적기업(Social Enterprise)이란 영리기업과 비영리기업의 중간 형태로, 사회적 목적을 우선적으로 추구하면서 재화·서비스의 생산·판매 등 영업활동을 수행하는 기업(조직)을 일컫는 것을 말하며, 사회적 문제를 해결하면서 영업활동을 하는 기업이다. 우리나라는 특별하게도 어떤 기업이 사회적 기업인지 정부에서 심사하는 '사회적 기업 인증 제도'를 두고 있다.

우리나라는 외환위기 이후 짧은 기간 동안 공공근로, 자활 등 정부재정지원에 의한 일자리가 확대되었으나, 안정적인 일자리로 연결되지 못함에 따라 정부재정지원의 효과성과 관련한 논란이 지속적으로 제기되었다.

2000년대에 들어 "고용 없는 성장의 구조화"와 "사회서비스 수요의 증가" 등에 대한 대안으로 유럽의 사회적기업 제도 도입과 관련한 논의의 본격화와 비영리법인·단체 등 제3섹터를 활용한 안정적인 일자리창출 및 양질의 사회서비스 제공모델로서 사회적기업 도입 논의가 구체화되고, 저성장·저고용으로 고용구조 변화 및 저출산·고령화시대의 서비스·일자리 수요 증가의 대안으로 사회적기업의 역할 부상, 노동시장 격차, 고용 불안정성 해소를 위해 "착한 소비·따뜻한 일자리"를 제공하는 사회적기업의 육성 및 역할 지속의 필요성을 느끼게 되었다.

2007년 1월 3일 사회적기업 육성법을 제정하여 취약계층에게 사회서비스 또는 일자리를 제공해서 지역주민의 삶의 질을 높이는 등의 사회적 목적을 추구하면서 재화 및 서비스의 생산·판매 등 영업활동을 하는 기업으로서 고용노동부 장관의 인증을 받은 기관으로 사회적기업을 정의하고 있다. 영리기업이 주주나 소유자를 위해 이윤을 추구하는 것과는 달리, 사회적기업은 사회서비스를 제공하고 취약계층에게 일자리를 창출하는 등 사회적 목적을 조직의 주된 목적으로 추구한다는 점에서 차이가 있다.

| 그림 12-1 | 사회적기업의 개념

출처 : 한국사회적기업진흥원(2015). 사회적기업가이드북.

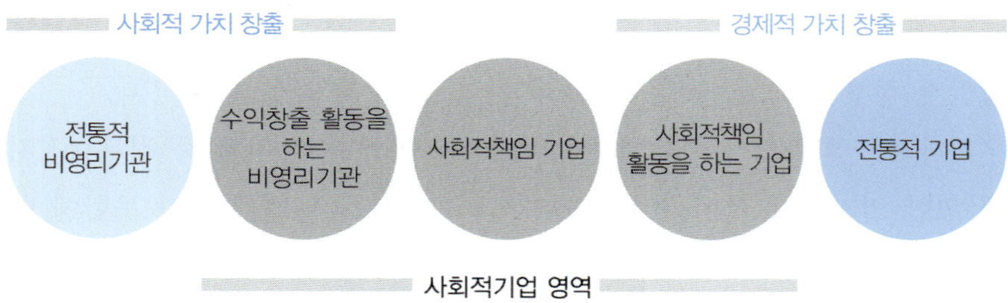

| 그림 12-2 | 사회적기업의 범위

출처 : 한국사회적기업진흥원(2015). 사회적기업가이드북.

유럽, 미국 등 선진국에서는 1970년대부터 활동하기 시작하였으며, 영국에는 55,000여 개의 사회적 기업이 다양한 분야에서 활동 중이다[전체 고용의 5%, GDP의 1% 차지, 총 매출액 약 50조 원(2006)].

요구르트 회사인 '그라민-다농 컴퍼니', 레스토랑 '피프틴', 잡지출판 및 판매를 통해 노숙자의 재활을 지원하는 '빅이슈', 가전제품을 재활용하는 프랑스의 '앙비', 저개발국 치료제 개발 및 판매기업 '원월드헬스' 등이 세계적으로 유명한 사회적기업이다.

국내에서도 재활용품을 수거 · 판매하는 '아름다운가게', 지적장애인이 우리밀 과자를 생산하는 '위캔', 페타이어 등 재활용품을 활용하여 만든 악기를 통해 소외계층을 위한 공연을 하는 '노리단', 컴퓨터 재활용 기업 '컴윈', 친환경 건물청소업체 '함께일하는 세상', 장애인 모자생산업체 '동천모자' 등의 사회적기업이 활동하고 있다.

사회적기업이 되기 위해서는 조직형태, 조직의 목적, 의사결정 구조 등이 사회적기업육성법이 정한 인증요건에 부합해야 하며, 사회적기업육성위원회의 심의를 거쳐야 한다. 인증된 사회적기업에 대해서는 인건비 및 사업주부담 4대 사회보험료 지원, 법인세 · 소득세 50% 감면 등 세제지원, 시설비 등 융자지원, 전문 컨설팅 기관을 통한 경영, 세무, 노무 등 경영지원의 혜택이 제공된다.

고용노동부가 2019년 12월 30일 6차 '사회적기업육성전문위원회'를 개최하고 74개 기관을 사회적기업으로 새롭게 인증했다고 발표하였다. 이로써 2019년 한 해 동안 총 392개의 사회적기업이 탄생했고, 활동 중인 전체 사회적기업은 2,435개로 늘었다. 이들 사회적기업이 고용한 근로자는 4만 7,322명이며, 이 가운데 장애인, 고령자, 저소득층 등 취약계층은 2만 8,628명(60.5%)이다.

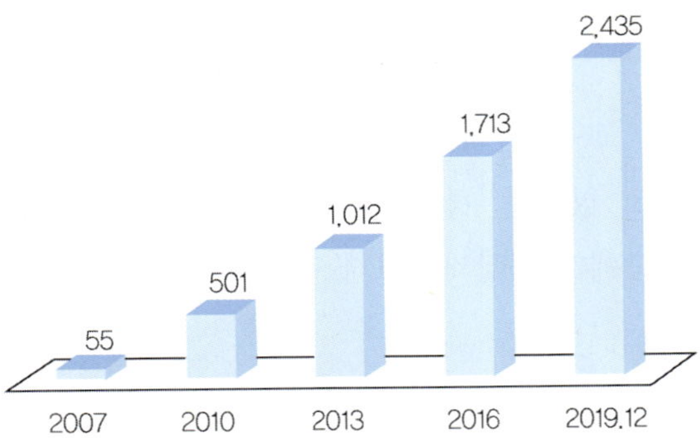

❙그림 12-3❙ 연도별 인증 사회적기업 현황

출처 : 고용노동부(2019). 연도별 인증 사회적기업 현황.

2019년도에 신규 인증받은 기업 가운데 '그립플레이'는 3D 프린터로 장애인 필기 보조기구를 만드는 곳이다. 기존 장애인용 필기구는 크기가 대 · 중 · 소 밖에 없어 손을 움직이기 힘든 장애인이 활용하기 어려웠다. 그립플레이는 개개인의 장애 특성에 맞는 다양한 크기의 보조 기구를 제작 · 보급하고 있다.

홍성우리마을 의료소비자 생활협동조합은 농촌 지역 노인 가정을 방문해 건강 문제를 살피고 교육, 문화 모임을 지원하고 있다.

세종시에 기반을 둔 아르스 뮤직 에듀는 문화 예술 교육프로그램을 지원하는 사회적기업이다. 지역 저소득층, 장애인, 비장애인 청소년이 함께 공연을 연주하고 입장료는 기부하는 희망 나눔 음악회를 열고 있다.

2) 사회적 기업 분류

(1) 일자리제공형

조직의 주된 목적이 취약계층에게 일자리를 제공하는 것으로 가장 많이 알려져 있다. 취약계층 고용비율이 50%가 넘어가면 이 분류에 속한다.

- 취약계층 : 학력 · 경력의 부족, 고령화, 육체적 · 정신적장애, 사회적인 편견 등
- 대표적 예 : 주내자육원 일굼터, 메자닌아이팩, 위캔, 빅이슈, 작은자리돌봄센터 사회복지법인 동천학원 등

(2) 사회서비스 제공형

경제성장에 따라 교육, 문화, 보건, 돌봄 등 다양한 분야에서의 사회서비스 수요가 증가하고 있지만, 경제적인 문제로 필요한 사회서비스를 구매하지 못하는 취약계층에게 시장가격보다 낮거나 무료로 사회서비스를 제공하는 것이다.

회사의 설립목적이 취약계층에게 사회서비스를 제공하는 것과 회사가 제공하는 서비스를 받는 사람 중 취약계층의 비중이 50%가 넘어가면 이 분류에 속한다.

- 사회서비스 : 개인이나 사회전체가 받는 복지서비스
- 대표적 예 : 안성의료서비스 소비자 생활협동조합, 충남교육연구소, ㈜휴먼케어, 부산행복한학교재단

(3) 지역사회공헌형

지역의 인적·물적 자원을 활용하여 지역주민의 소득과 일자리를 늘려 지역사회에 공헌하는 것이다. 회사에서 일하는 근로자 중 지역 취약계층을 고용하거나 지역 취약계층에게 서비스를 제공해야 하고, 20% 이상의 비율을 차지해야 이 분류에 속한다.

- 기존의 지역마을에서 운영되던 마을기업
- 농어촌 공동체 회사에서 사회적 기업으로 전환 가능
- 대표적 예 : 홍성풀무나누미 영농조합법인 등

(4) 혼합형

기업의 목표가 취약계층에게 일자리 제공과 사회서비스가 동시에 운영되는 것이다.

취약계층의 고용비율은 30%(일자리 제공유형은 50%), 사회서비스를 제공받는 취약계층의 비율이 30%(사회서비스 유형은 50%), 이 두 유형을 동시에 만족하게 되면 이 분류에 속한다.

- 대표적 예 : 오가니제이션 요리, 행복도시락, 다솜이재단, (사단법인)안심생활, (재단법인)행복한 나눔 등

(5) 기타형

사회적 목적은 가지고 있으나 그 결과물을 수량으로 나타내어 정렬하고

판별하기 힘든 경우, 불특정 다수에게 사회적 서비스를 제공할 목적으로 기업이 운영되는 경우 이 분류에 속한다.

- 환경보호, 산림보호, 무작위 대상에게 공연하기 등
- 대표적 예 : (주)노린단, (주)이장, (재단법인)아름다운 가게, (사단법인)마포공동체라디오

3) 사회적 기업의 역할

사회적기업은 '사회적 필요'를 '경제적 수요'로 전환시키는 활동을 한다. 사회적기업은 취약계층과 지역사회에 지속 가능한 일자리를 제공하고 사회서비스에 대한 수요를 충족시킨다. 또한 이를 통해 지역사회 활성화에 일조하고 윤리적인 시장 확산에 기여할 수 있다. 결과적으로 사회적기업의 확산은 우리나라의 지속 가능한 경제구조와 사회통합 구현에 긍정적인 역할을 할 수 있다.

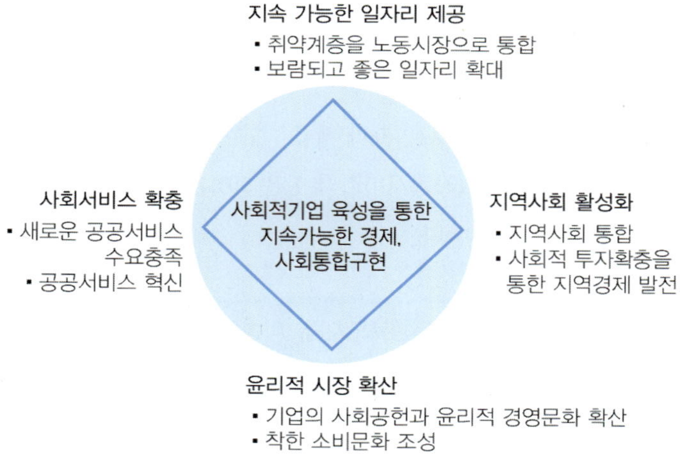

그림 12-4 사회적기업의 역할

출처 : 한국사회적기업진흥원(2015). 사회적기업가이드북.

(1) 지속 가능한 일자리 제공

사회적기업은 영리활동을 통한 수익창출이 가능하기 때문에 기존 취약계층의 단기 · 저임금 재정지원 일자리 한계를 극복하고 보다 지속 가능한 일자리를 제공할 수 있다. 그리고 새로운 분야에서 혁신적인 아이디어를 가진 청년, 여성 및 시니어 은퇴자들에게 창업의 기회를 제공하기 때문에 신규 일자리 창출이 가능하다.

(2) 사회서비스에 대한 수요 충족

사회적기업은 지역사회의 요구와 필요에서 사업을 시작하기 때문에 국가나 시장으로부터 공급되지 못하는 신규 사회서비스 영역을 개발할 수 있다. 그리고 기부와 후원, 자원봉사 등 다양한 민간의 사회적 자원과 결합하여 적절한 가격에 양질의 사회서비스를 제공할 수 있다.

(3) 지역사회 통합 및 지역경제 활성화에 기여

사회적기업은 지역을 기반으로 활동하고 사회적 자본을 개발하기 때문에 지역사회 고용창출 및 복지증진에 기여할 수 있다. 또한 영리활동을 통한 재정적 이익의 지역사회 재투자를 통해 지역경제 활성화에 일조한다.

(4) 윤리적 소비시장의 확산

사회적기업의 투명경영과 민간기업의 사회적기업에 대한 사회공헌 증가로 인해 윤리경영 문화확산에 기여하며, 사회적기업 생산품에 대한 우선구매 등을 통해 착한 소비라는 새로운 소비문화를 조성할 수 있다.

2. 장애인고용 사회적기업 해외 사례

1) 영국

(1) 법적·제도적 기반 현황

영국의 장애인정책은 빈민을 구제하기 위한 구빈정책에서 시작되었으나 산업혁명과 제2차 세계대전을 거치면서 고용정책으로 전환되기 시작하였다. 1944년 장애고용법이 제정되면서 장애인 고용에 대한 구체적인 제도가 마련되기 시작하였고, 1995년 장애인차별금지법이 시행되고 1997년 장애인 뉴딜정책이 마련되면서 장애인에 대한 고용기회 확대와 균등한 처우 보장 등 장애인 고용을 위한 다각적인 정책이 마련되었다. 영국의 장애인 고용정책은 할당제와 유보고용이 중심이었지만, 일반고용이 어려운 중증장애인을 위한 보호고용 공장 중심의 Remploy 공사를 국가주도로 설립하여 중증장애인의 고용기회를 보장하였다. 하지만 1980년대에 들어서면서 분리 보호고용에 대한 비판이 제기되기 시작하였고, 중증장애인의 고용은 국가 주도적 보호고용 공장 중심에서 점차 민간의 고용을 권장하고 지원하는 통합고용정책으로 변화하기 시작하였다.

2015년 3월까지 보호고용 중심의 장애인 고용 사회적기업인 Remploy는 50여개의 공장을 직영하며, 장애인을 직접 고용하거나 장애인의 고용을 지원하는 교육 및 고용안정 서비스를 제공하였는데, 현재는 정부의 주도에서 벗어나 공장을 모두 매각하고 고용을 지원하고 교육하며, 장애인을 고용하려는 더 많은 고용주를 발굴하여 고용을 매칭하는 사업을 주력으로 하는 사회적기업으로 운영되고 있다.

(2) 장애인 노동통합형 사회적기업

영국은 장애인 복지정책 이외에 지속 가능한 일자리 제공을 위한 장애인 사회통합 프로그램도 함께 지원하고 있다. 그중 노동통합형 사회적기업은 고용을 통해 장애인의 사회통합을 지원하고 있으며 '장애 혹은 노동시장에서 취약성을 가진 사람들의 고용을 창출하는 기업'으로서 정의되고 있다. 노동통합 사회적기업은 시장지향적인 생산 활동을 수행하면서 수입의 50% 이상을 영업활동을 통해 마련하며, 근로자 중 최소 30% 이상이 장애 또는 노동시장에서 취약성을 가진 사람들로 구성되고, 그들의 생산능력과 무관하게 노동시장에서 통상임금 혹은 최저임금을 보장받고 있다. 실제로 노동통합형 사회적기업에 취업하고 있는 근로자들은 취약계층, 심각한 사회적 문제를 가진 구직자, 장기 실직자, 저/무자격 청년, 소수민족, 여성 등 다양한 대상을 포괄하고 있다. 고용기회는 장애인과 비장애인에게 공평하게 주어지며 모든 근로자는 동일한 고용의 권리와 의무가 주어진다.

영국에서 노동통합형 사회적기업에 대한 별도의 법은 마련되어 있지 않으나[1] 노동통합만을 목적으로 하는 형태, 또는 서비스 제공 기능을 하면서 노동통합 기능을 하거나 부분적으로 노동통합 기능을 하는 형태 등 다양한 형태로 운영되고 있다.[2]

IFF Reserch(2005)에 따르면, 영국의 사회적기업 종사자는 2005년 기준 약 475,000명으로 전체 고용 인구의 1.2%, 사적 고용의 2.5%를 차지하고 있다. 이에 비해 노동통합형 사회적기업의 고용은 23,094명[2003년 기준, Spear & Bidet(2003)]으로 전체 사회적기업 고용에 비해 현저하게 적지만 취약계층을 대상으로 하고 있다는 점에서는 매우 큰 의미를 갖는다.

스피어와 비데(Spear and Bidet, 2003)는 영국의 노동통합형 사회적기업을 6가지 유형 - 노동자 협동조합(Worker Cooperatives), 지역사회기업(Community Businesses), 사회적회사(Social Firms), 노동시장중개조직(Intermediate Labour

---

1) 유럽의 장애인 노동통합사회적기업연합회(Confederation of European Social Firms, Employment Initiatives, and Social Cooperatives: CEFEC).

2) IFF Reserch(2005)에서 조사된 사회적기업 중 노동통합형 사회적기업은 25% 정도임. 노동통합형 사회적 기업 중 36%가 노동통합 기능에 전념하고 있고 나머지는 노동통합을 우선시하면서 서비스 제공 또는 여러 기능의 일부로 노동통합을 운영하고 있음. IFF는 지역사회의 저소득 장애인이 기회를 갖고 성공하는데 도움이 되도록 대출과 부동산을 컨설팅하는 비영리의 공인된 지역사회개발금융기관으로, 관련 정책과 연구를 통해 정부의 정책과 지출, 비영리 부문에 대한 자원 할당 등에 영향을 미치고 있음(http://www.iff.org/about-iff).

Market Organisations), 렘플로이(Remploy), 그리고 자발적조직(Voluntary Organizations with Employment Initiatives)으로 구분하고 있다.

6가지 유형 중 노동자협동조합, 지역사회기업, 노동시장중개조직은 주로 (장기/청년)실업자나 소수민족을 대상으로 하고 있다. 동일한 대상을 목표로 하더라도 노동자협동조합은 고용창출뿐 아니라 조합원의 근로생활의 개선 또는 환경개선을 목적으로 하며 훈련보다는 영구적 고용을 강조한다. 지역사회기업은 지역 취약계층의 고용과 훈련뿐 아니라 지역개발을 강조하고 있다. 노동시장중개조직은 노동시장에 빠른 재통합을 목적으로 교육훈련을 통한 경과적 고용을 제공하고 있다.

반면 사회적회사, Remploy, 자발적조직은 장애인을 주 대상으로 하고 있다. 사회적회사는 25% 이상이 장애인 또는 노동시장 취약집단이어야 한다는 조건하에 이들에게 훈련과 고용을 강조하고 있다. Remploy는 사회적회사보다 장애정도가 심각한 중증 정신 및 신체장애인이면서 장애인 뉴딜정책 대상자에게 고용기회를 제공한다.

자발적조직은 광범위한 유형의 장애인과 취약계층을 포괄하고 있다. 장애인이나 취약집단에 훈련 및 고용의 기회를 제공하는 것을 목적으로 훈련과 경과적 고용을 강조하고 있다. 유형별 특성은 다음의 표와 같다[3].

〈표 12-1〉 영국의 노동통합형 사회적기업 유형

유형	정의	목적	대상
노동자협동조합 (Worker Co-operatives)	노동자에 의해 소요되고 관리되는 기업	고용창출, 근로생활의 개선, 환경개선	실업자, 노동시장에 취약한 소수민족 및 여성
지역사회기업 (Community Businesses)	지역사회 주민의 자립을 위한 일자리 창출과 지역개발을 목적으로 지역공동체에 의해 설립된 기업	기술개발과 고용, 서비스 제공에 의한 지역의 취약성 극복	장기실업자, 청년근로자, 소수민족, 여성 등 심각한 사회적 문제를 가진 구직자

3) 데비스터 등(Davister et. al., 2004)은 스피어와 비데(Spear & Bidet)의 6개 유형 중 자발적 조직은 개별 모기업에 의해 관리되므로 통계추정 등에 어려움이 있다고 지적하며 이를 제외한 5개 유형을 노동통합형 사회적기업으로 분류하고 있음.

사회적회사 (Social Firms)	장애인 등 노동시장에서 불리한 조건을 가진 사람을 고용하기 위해 설립된 회사	장애인 또는 그 외 노동시장 취약계층에 일자리 제공	장애인, 심각한 사회적 문제를 가진 구직자
노동시장중개 조직 (Intermediate Labour Market Organizations)	일정기간 훈련과 근로경험을 함께 제공함으로써 정규노동시장으로의 이행을 중개	실직자들에게 훈련과 일자리 제공	청년, 장기실업자, 뉴딜자격자
렘플로이 (Remploy)	장애인 등 취약자에게 고용기회 또는 훈련을 제공하기 위해 공장네트워크를 가진 기관	장애인 고용창출 및 훈련, 일반기업으로의 고용 기회 지원	장애관련 정부 프로그램 자격자인 정신적·신체적 장애인
자발적조직 (Voluntary Organizations with Employment Initiatives)	조직내 한 부서 또는 지부로 기업적 방법으로 사회적 목적을 달성하고자 형성된 조직	장애인이나 취약집단에 훈련 및 고용 기회 제공	장애인, 노숙자, 전과자 등 특정집단을 목표로 하는 개별 기업

(3) 영국 사례 : Remploy[4)]

① 개요

Remploy는 제2차 세계대전 직후인 1945년 영국정부가 전쟁 중 부상을 입은 상이군인의 일자리를 위해 장애인고용공사로 설립되어 1946년 Remploy로 명칭을 바꾼 정부주도의 대표적인 사회적기업이다.

1943년 장애인의 인간다운 삶을 위한 국가의 의무 실현과 장애인에게 생산활동에 참여할 수 있도록 하는 것이 경제적 이익이 된다고 주장이 제기된 후, 1945년 전액 정부출연으로 Remploy[5)]가 설립되었다.

Remploy는 영국 전역에 장애인 고용 제조공장을 늘려가면서 영국 내 중증장애인 고용과 훈련의 기회를 제공하는 가장 핵심적인 사회적기업으로

4) Remploy 사례는 http://www.remploy.co.uk/에 게재된 2015 Social Return on Investment Analysis Summary Report와 Report & Financial Statement 2015-Disabled People's Employment Corporation (GB) Limited, 홈페이지의 resources를 활용하여 요약한 것임. 2015년 5월 7일자로 Remploy는 DPEC로 명칭이 변경된 것으로 보고하고 있으나 홈페이지는 Remploy로 운영되고 있음

5) 초기에는 장애인고용공사였으나 1년 뒤 이름을 Remploy로 변경하였음.

자리매김해왔으며, 한 해 1만여 명의 장애인을 고용하는 보호고용처 역할을 담당해 왔다. 하지만 1980년대 말 장애에 대한 사회적 인식과 태도들에 변화가 생기기 시작하면서 장애인의 분리 보호고용 공장의 효과에 대한 의문이 제기되기 시작하였다. 그리하여 1988년부터 Remploy는 공장에서의 직접 고용에 주력하던 방식에서 차츰 변화하게 되었으며, 전문가를 고용하여 장애인에게 취업교육을 실시하고 기업에 소개하며, 사후관리를 통해 장애인의 고용을 지원하는 고용서비스 기업으로 비즈니스 모델을 전환하기 시작하였다. 이에 따라 현재 Remploy는 50여개의 직영공장을 모두 매각하였으며, 오로지 장애인 일자리 소개와 교육사업에 주력하고 있다.

영국의 노동연금부에서는 Remploy가 사회적기업으로 자생력을 갖추었다고 판단하여 매년 지원받던 4000만 파운드의 지원금을 차츰 줄여나가고 있으며, 3년 뒤 정부의 지원금을 완전히 중단하는 계획을 갖고 있다. 하지만 여기에는 Remploy의 수입 중 79.81%가 정부보조금에 의존해있고 매출을 통한 수익이 전년도에 비해 줄어들고 있는 점 등을 감안할 때 수익성을 중심으로 한 사업으로의 재편이 필요하다는 관점에서 행해진 정책방향으로 볼 수 있다. 따라서 Remploy는 최근 정부의 '현대화 프로그램(modernisation program)'에 따라 직접 운영하던 공장을 폐쇄하여 직접고용을 대폭 줄이는 대신 파견근로에 집중하고 있으며, 2015년 4월부터는 정부산하의 공기업으로 운영되던 방식에서 완전히 벗어났고, 향후 더 많은 장애인에게 고용서비스를 제공하기 위해 선도적인 글로벌 고용서비스 전문기업인 Maximus와 파트너십 계약을 체결하였다.

② Remploy의 가치

Ramploy는 일반기업이나 작업현장에 이어 사회차원에서 장애인에 대한 의식변화 및 정책을 이끌어오는 데 큰 역할을 해 온 기관이다. Remploy는 장애인의 삶과 장애인이 속한 사회의 변화를 주도한다는 가치를 내걸고 이러한 가치를 실현하기 위해, ㉠ 장애인을 위해 고용평등을 실현하고, ㉡ 지속 가능한 고용과 경력을 유지할 수 있도록 지원하며, ㉢ 장애인의 꿈을 성취하고 그들의 잠재력을 최대화하고자 하는 구체적인 목적을 갖고 있다.

Remploy는 '일의 힘'을 통해 장애인의 삶을 변화시키고 유지하며, 복합적인 욕구를 해결하고자 하며, 이를 위해 장애인이 가진 강점을 찾아내어 자신의 역량을 펼칠 수 있도록 하며, 장애인에게 맞춤형 일자리를 제공할 수 있는 기업을 발굴해내는 것도 Remploy가 추구하는 목적 중 하나이다.

Remploy는 장애인이 직업을 찾을 수 있도록 준비하고 고용주와 매칭하면서도 고용을 유지하기 위해 장기적인 지원과 상담을 하며, 이직하려고 할 경우 진로지도를 실시하는데, 이는 장애인의 완전하고 행복하며 독립적인 삶을 지원하는 것을 목적으로 하기 때문이다.

③ 운영조직

이상의 가치와 목적을 실현하기 위해 Remploy는 매해 전략적 차원, 운영, 재무적 차원에서 위험요소와 불확실성을 탐색하고 그에 대한 관리방안을 마련하고 있다. Remploy는 일반기업에서의 전략기획부서와 같은 조직을 실제 가동함으로써 구체적 방법으로 지속 가능한 경영을 추구하고 있는 것이다.

자율성과 민주적 의사결정을 위해 CEO와 이사장을 분리하고 있으며, 다수의 이사(재무이사 및 사외이사)와 이사회 및 위원회를 두고 있다.

Remploy의 운영의 특징은 크게 두 가지로 볼 수 있는데, 첫째는 이사회의 구성에 있어서 2015년 현재 11명의 이사로 구성된 이사회와 여러 위원회를 두고 있어 민주적 의사결정을 한다는 것이다. 하지만 투명경영을 위해 독립된 감사를 두어 재무제표에 대한 감사 및 기타 외부보고에 대한 내용을 평가하도록 하고 있다.

둘째는 이사회의 성과평가 및 외부보고(compliance)의 의무화이다. Remploy는 매해 3월말 외부에 기업지배구조에 대해 보고하고 있는데, 구체적인 보고사항은 경영진 개개인별로 이사회 참석 및 감사 위원회 참석, 기타 운영위원회 참석 회수 등을 중심으로 구체적으로 보고된다. 또한 이사회 구성원 개인의 연도별 연봉과 인센티브를 포함하여 전체 보상 내역을 항목별로 공개하고 있다. 한편 CEO와 이사장은 사회적 책임에 대한 헌장(Director's Responsiblities Statement)에 서명함으로써 기관의 윤리적이고 민주적 운영을 담보하고 있다.

④ 장애인 고용효과

Remploy는 1980년대 말까지 94개에 달하는 공장에서 니트제품, 유니폼, 자동차 부품, 전자부품, 가정용품 등 1만여 종의 제품을 생산하는 제조업 중심의 공장이었다. 그리하여 2015년 3월까지만 해도 직접 운영하는 공장의 수는 54개였으며[6], 2014/2015년 연례보고서에 따르면 연간 총 13,971명[7]의 장애인에게 일자리를 제공하였다. 그중 5개사는 노동시장에 참여하지 않고 있는 사람들에게 직접고용과 더 광범위한 직업훈련과 개발기회를 제공하는 '사회적기업' 분야로 특화되어 있었다. Remploy는 정부보조금(Grant in Aid)으로 운영되는 workstep 제도를 통해 장애인 취업기회 제공과 안정된 고용을 보장하고 있다.

Remploy의 장애인 고용률은 50% 정도(2014년 45%)이며 2015년 한 해 동안 약 42,000명에게 일자리 지원서비스를 제공하였고, 18,562명에게는 고용기회를 제공하였으며, 597명에게는 창업(자영업) 지원을 제공하였다. 2015년에는 영국 전역에 27개 지부를 두어 구직자에게 전문가 채용과 역량개발 서비스를 제공하는 채용센터를 운영하였다. 하지만 현재 정부에서 분리되어 나온 Remploy는 지부를 영국 전역에 60여개로 확장하였으며, 지부에서는 어드바이저(advisor)들이 장애인 구직자 8~10명으로 구성된 'job action group' 활동을 이끌며, 장애인마다 어떤 특성과 강점이 있는지 평가하고 분석하여 장애인 고용을 지원하고 있다.

Remploy에서 일하는 장애인들은 본인의 기술과 능력에 따라 임금을 차등 지불받는다. 파견근로자에 대한 임금은 Remploy와 해당 기업이 함께 지급

6) 현재 Remploy는 공장이 매각 및 폐쇄 진행중임. 한때 54개였던 Remploy 공장 중 49개 공장이 이미 폐쇄(중) 절차를 밟고 있음.
7) 제시된 수치는 2014/2015년 연례보고서 내용을 기준으로 한 것으로, 2009년 기준으로는 장애인 3,310명(영국 장애인의 0.0005%)을 직접 고용하고 있고, 장애인 7,640명에게 기술훈련 후 일반기업에 파견) 2010년 기준, 고용 및 훈련프로그램 참가자가 420만 명, 프로그램을 통한 취업자 수가 18만 9천 명, 그리고 재활용 점포에 고용된 자는 6만 4천 명 수준이었음.

하며, 해당기업에서 장애인이 일한 만큼의 수당을 지급하고 Remploy 본사는 자체 기준을 적용하여 고정기본급을 지급한다. Remploy의 근로자들은 모두 노동조합에 의무적으로 가입하게 되어 있다.

⑤ 고용지원 프로그램

Remploy는 일하고자 하는 장애인에게 2주부터 최대 16주로 구성된 교육과 직업재활프로그램(Vocational rehabilitation)[8]을 제공하고 있다. 즉, 장애인이 업무를 수행할 수 있도록 준비단계에서부터 상담과 교육, 훈련을 제공하며 취업에 성공하면 직장에 적응할 수 있도록 2년 동안 지속적으로 모니터링을 제공한다. 2년 이내 부적응 장애인 노동자는 Remploy로 돌아와 재훈련을 받고 새로운 기업을 탐색한다. 이때 Remploy는 장애인의 능력을 세밀히 파악하여 비장애인보다 뒤처지지 않고 일할 수 있는 최적의 기업과 직업을 찾는데 집중한다. 그 결과 일반기업에서의 이직률(labour turnover)이 40%인 데 반해 Remploy를 통해 고용된 사람들의 이직률은 5%밖에 되지 않는다.

또한 Remploy는 기업과의 파트너십을 통해 교육훈련된 장애인 근로자를 기업으로 파견하는 제도를 시행하고 있다. 영국 전역의 3,500여 명의 고용주와 협력관계를 맺고 있으며, 맞춤취업 지원서비스를 위한 구인자 욕구조사도 실시한다. 더불어 직업훈련을 받은 장애인의 프로필을 고용주에게 제공하며 사후 멘토관리제를 통해 장애인의 지속적인 고용이 이루어질 수 있도록 지원한다.

비즈니스 모델의 변화 이후 철저한 관리프로그램이 효과로 Remploy를 통해 채용 된 장애인의 6개월 이상 직업 유지비율은 80%에 달한다.

⑥ 사업 분야

보호작업장으로서 Remploy의 사업 분야는 크게 6가지였다. 첫째, 전자제품의 중간조립, 전선의 가공 및 부착, 전자 및 기계제품의 완제품 조립 등 제조 및 조립 분야, 둘째, 도서관에 쓰이는 각종 바인딩과 오디오, 인쇄, 출

8) 직업재활을 위한 프로그램으로 직업상담(Specialist vocational assessment), 진로개발(Career transition), 직업평가(Dyslexia vocational evaluation)를 운영하고 있음.

판, 문구류 등 생산품 제작, 셋째, 각종 모형과 크기의 제품들을 종이 또는 플라스틱으로 포장하는 업무, 넷째, 가정용·사무용 등 모든 종류의 가구 생산, 다섯째, 군복, 작업복, 스포츠의류, 하이패션 제품 등 의류 분야, 여섯째, 장애인들이 일상생활에 필요한 각종 재활보조 도구 생산 등이며, 이들 제품은 주류 자동차업체와 세계적인 전자제품기업 및 우선구매제도를 기반으로 공공부문에도 다양한 제품으로 납품된다.

비즈니스 모델의 전환 이후 림플로이는 영국의 대표적인 유통업체인 Sainabury와 Marks & Spencer, 호텔, 세탁회사 등 2,500여 개의 업체에 총 1만여명의 장애인이 고용되도록 하고 있다.

⑦ 기업성과

Remploy가 장애인 보호고용과 지원서비스를 함으로서 창출한 효과는 사회적 성과와 지역사회 기여라 할 수 있다. Remploy는 매해 SROI 보고서를 통해 사회적 성과를 보고하고 있는데, 2015년의 사회적 성과를 비용편익으로 환산하면 2.51로서 1파운드를 투입하여 2.51파운드의 사회적 가치를 창출한 것으로 나타나고 있다. 구체적으로는 매해 18,000명 이상에게 일자리를 제공하였고 2010년부터 2015년까지 5년 동안 Remploy를 거쳐 일자리를 찾은 장애인은 10만 명에 이르고 전년 대비 800개의 일자리가 늘어난 것을 들 수 있다.

2) 미국

(1) 법적·제도적 기반 현황

미국은 자유주의가 바탕이 된 만큼 장애인 복지에서도 장애인에게 비장애인과 마찬가지로 균등한 고용기회를 부여하는 데 초점을 두고 있다. 일반 고용정책에서 장애인 고용 문제를 다룬 것은 재활법이 처음이다.

미국의 재활법(The Rehabilitation Act, 1920)은 적극적 고용개선조치(Affirmative Action)를 통해 연방정부가 장애인 고용을 촉진하기 위해 장애인고용위원회를 설치하도록 규정하고 있다. 더불어 장애인의 고용과 배치, 승진 등에 관한 적극적인 계획을 작성하여 제출하도록 하고 있다. 또한 연방정부로부터 보조금을 교부받는 공공기관이나 단체는 장애인의 고용과 시설 개선, 장애인의 교육과 훈련에 있어 균등한 기회를 제공하기 위해 적극적으로 노력하여야 함을 규정하였다.

또한 재활법은 장애인이 취업하는 데 필요한 모든 서비스를 제공하도록 명시하고 있다. 장애인에 대한 재활서비스는 재활가능성에 대한 진단이나 평가, 상담과 직업지도, 배치, 각종 훈련, 신체 및 정신적 회복을 위한 의료서비스, 재활기간 중 생활보조수당, 시각장애인에 대한 낭독서비스, 언어장애인에 대한 수화통역서비스 등이 포함된다. 장애인의 일반기업에의 취업을 지원하기 위해 장애인 훈련계획을 수립하고 있는 기업에 대해서는 지원시책을 마련하고 있다.

미국 장애인법(Americans with Disabilities Act, 1990)도 재활법과 마찬가지로 고용 시 장애인에 대한 차별금지, 공적서비스에 있어서의 차별금지, 민간사업체에 의한 공공시설이나 서비스에 있어 차별금지 등을 규정하고 있다.

미국은 영국의 Remploy처럼 정부주도형의 장애인 직접고용 기업은 없고 대신 장애인을 고용하는 지역기업이 생산하는 물품을 우선구매하거나 연방정부의 판매시설에 위탁하는 형태로 장애인 고용을 간접적으로 지원하고 있다[9]. 이러한 지원방식을 규정하고 있는 것이 바로 와그너 오데이법(Wagner O'Day Act, 1938)이다. 와그너 오데이법은 사회적 약자 기업에 대한 공공조달 우대제도로, 구매 관련 법률을 통해 시각장애인을 포함한 중증장애인에게 보호고용 형태의 고용기회를 제공하기 위해 제정되었다. 연방정부는 시각장애인을 위한 중앙조달기구(National Industries for the Blind : 이하

9) 공공구매를 통한 사회적 가치 극대화를 목표로 하는 조달을 사회책임조달(Socially Responsible Public Procurement)이라 함. 즉, 정부와 공공기관이 필요로 하는 재화 및 서비스 등을 구매하는 과정에서 정부가 고용, 사회통합, 환경 등 구매활동의 사회적 영향을 고려하는 방식의 구매임. 영국도 공공기관이 공공서비스 관련 계약을 체결함에 있어 경제적, 사회적, 환경적 복리를 함께 고려할 수 있도록 '사회적 가치를 위한 공공서비스법'을 2012년 3월에 제정했고, 2013년 3월부터 시행하고 있음.

“NIB”)를 설치하고 물품을 구입하도록 의무화하였다. 이와 같이 미국의 장애인 고용정책은 시각장애인의 고용촉진을 시작으로 발전한 것이 특징이다. 그러나 이후 시각장애 이외에 다른 장애를 가진 중증장애인을 포함하는 형태로 법 개정이 이루어졌는데 그것이 바로 자비츠 와그너 오데이법(Javits-Wagner-O’Day Act, 1971)이다. 이전까지 시각장애인만을 대상으로 하던 우선구매나 사업위탁이 다른 중증장애인으로까지 확대되었다. 대상이 확대되면서 시각장애인을 위한 중앙조달기구뿐만 아니라 중증장애인을 위한 중앙조달기구(National Industries for Severe Handicapped : 이하 “NISH”)가 설립되어 미 전역에 시각장애인과 중증장애인 복지공장(비영리기관)이 운영되고 있다.

중앙조달기구(NIB와 NISH)는 장애인 고용과 우선구매 촉진을 위해 정부구매위원회로부터 구매위탁과 공정한 납품가격 교섭, 계약을 승인받는 등의 사업활동을 주로 수행하고 있다. 또한 장애인에게 직업훈련과 취업서비스를 제공하고 지역별 비영리기관을 대표하여 정부의 구매위원회와 연방정부로부터의 주문을 지역별로 분배·조정하는 역할을 수행하고 있다.

현재 560여개의 시각장애인 및 중증장애인 비영리기관에서 서비스/ 제품을 생산하고 있으며 이들 기관에 고용된 장애인은 46,000여 명에 이르고 있다. 중앙조달기구 하의 비영리기관은 정부보조금이나 기부금을 받지 않고 대신 조달 판매 수수료로 예산을 충당하고 있다. 다만, 중앙조달기구에 내는 수수료(연간 매출의 약 4% 정도)는 비영리기관이 아닌 공공기관이 부담하고 있다. 앞서 살펴본 영국의 사례와 비교할 때, 미국의 경우 보호고용 대상의 장애인이라 하더라도 이들에 대한 임금보전을 위한 보조는 없다는 점이 특징이라 할 수 있다.

미국이 조달시장을 통해 장애인을 보호하고 고용할 수 있는 장치를 마련하고 있다하더라도 실제 미국에서 더 광범위한 보호대상은 장애인 다수고용 기업이 아닌 중소기업이다. 미국은 구체적인 구매목표를 정하고 이를 달성하는 방식으로 제도를 구성하고 있다. 즉, 연방정부계약 총액의 23%를 중소기업에 할당하고 이 중 5%는 취약계층 중소기업, 5%는 여성 중소기업, 3%는 저개발지역 중소기업, 그리고 3%는 퇴역군인 중소기업에 각각 배정하고 있고 장애인 제품 구매는 0.5% 수준이다.

미국의 장애인 고용정책 이외에 최근 사회적기업 또한 빠른 속도로 발전하고 있다. 미국의 사회적기업은 유럽과 달리 등장배경에서부터 성장에 이르기까지 매우 다른 특성을 보이고 있다. 즉, 영국을 비롯한 유럽에서는 실업 및 사회적 배제에 대한 대응 차원에서 제3섹터의 활동변화 과정에서 사회적기업이 등장하였다.

반면 미국에서는 NPO에 대한 정부의 보조금 중단을 계기로 NPO의 쇄신과 재정 확보 차원에서 사회적기업가가 새로운 시장의 발굴과 혁신을 주도하는 역할을 하면서 사회적기업이 등장하게 되었다. 그 결과 미국에서는 사회적기업보다 사회적 기업가 또는 사회적기업정신(Social Entrepreneurship)이라는 용어가 더 흔히 사용되고 있다.

유럽과 달리 미국의 사회적기업은 정부 차원의 명문화된 제도적 지원 자체가 없다. 이에 기술이나 경영혁신을 통해 사회적 가치를 실현하고 더불어 경제적 이익도 동시에 달성하려는 지역사회벤처(Community Wealth Venture)도 사회적기업의 범주에 포함되고 있어 유럽에 비해 사회적기업의 유형이 매우 광범위한 편이다. 따라서 사회적 취약계층을 지원하는 미션을 가지고 영리활동을 수행하는 모든 기업이 미국에서는 사회적기업으로 분류된다.

미국의 사회적기업은 자금조달에서도 유가증권을 발행하거나 펀드를 조성하고 있어 실제 영리와 비영리 간의 구별도 모호한 편이다. 한편 미국의 활발한 기부문화가 사회적기업 활동에 좋은 조건으로 작용하고 있다. 특히 미국에서는 많은 민간재단이 기부를 통한 투자를 활성화하고 있는데 이러한 벤처자선(Venture Philanthropy)이 사회적기업의 자금조달원으로 크게 기여하고 있다. 그리고 미국의 활발한 자원봉사 또한 사회적기업의 인적자원 조달에 큰 기여를 하고 있다.

이와 같이 미국은 영국과 달리 장애인 고용과 사회적기업의 육성에 있어 정부의 보조나 지원과 같은 자선적 제도는 마련하고 있지 않다. 반면 시장경쟁 원칙에 입각하여 수입원의 창출과 간접적인 고용지원을 중심으로 하고 있다는 특징이 있다.

(2) 미국 사례 : Goodwill Industries International, Inc.[10)]

① 기본현황

Goodwill Industries International, Inc.는 위기청년을 비롯하여 시니어, 참전용사, 장애인 및 출소자 등 다양한 구직자의 취업욕구를 충족시켜주기 위해 설립된 사회적기업이다. 금융 및 IT, 보건서비스 등 다양한 분야에서의 훈련을 통해 경력을 쌓을 수 있도록 지원서비스를 제공하는 기업이다.

Goodwill은 1902년 감리교 목사인 Edgar J. Helms가 보스톤에서 설립한 110년 이상의 역사를 가진 사회적기업이다. 당시 세계적으로 불어닥친 경제위기로 실업자가 늘고 많은 중산층이 빈곤층으로 전락하자 구호중심의 자선사업으로는 빈곤에서 벗어날 수 없다고 보고 생산적인 활동을 시작하게 되었다. 즉, 기증받은 물품을 수선하고 이를 판매하는 활동을 전개하게 된 것이다.

이후 1915년 뉴욕 브룩클린에서 셔플러와 샌더슨(H. P. Schauffler & E. Sanderson)이 두번째 프로그램을 시작하였는데 이 프로그램을 Goodwill이라 부르면서 오늘날의 Goodwill이 탄생하게 되었다. Goodwill은 '자선이 아닌 생산적 활동(a hand up, not a hand out)'이라는 철학하에 지역공동체로부터 수집한 물품을 재활용하여 판매하고 수익금으로 실업자와 노숙인, 장애인, 이민자, 고령자 등[11)] 다양한 취약계층에게 직업훈련과 취업지원 프로그램을 실시하였는데 당시로서는 매우 혁신적인 시도였으며 최초의 장애인 직업교육 및 취업 서비스를 제공한 기관이었다.

1920년에 장애인과 그 외 취약계층의 삶의 질을 개선하기 위해 법인을 설립하였고, 현재는 미국과 캐나다를 비롯하여 전세계 14개국에 3,000여 개소(미국과 캐나다 지부 165개소)의 지부를 두고 구직자들에게 맞춤형 훈련 서비

---

10) Goodwill Industries International, Inc. 사례는 http://www.goodwill.org/에 게재된 연도별 annual report와 resources를 활용하여 요약한 것임.

11) 현재 Goodwill이 지원프로그램의 주 대상을 삼고 있는 취약계층은 장애인 이외에 참전용사와 군인가족, 출소자, 고령자, 위기청년 및 히스패닉임. 2014년 기준, 장애인 33만 명을 비롯하여 참전용사 7만 명, 군인가족 1만 5천 명에게 각종 서비스를 제공했으며, 오프라인 지원서비스 참여자 중 25%가 25세 이하 위기청년이었음.

스를 제공하고 있다.

Goodwill이 추구하는 미션과 비전 및 가치관은 일자리가 필요한 사람들에게 기술과 경험을 제공하여 Goodwill 안에서든 다른 곳에서든 일할 수 있도록 돕고 있다. 즉, Goodwill이 제공하는 학습 및 직무경험을 통해 자신의 경쟁력을 펼치고 어느 곳에서라도 일할 수 있도록 하는 데 그 목적을 두고 있다.

Goodwill의 2014년 운영 성과를 살펴보면, 고용 및 훈련 프로그램 이용자는 모바일 및 온라인을 활용한 고용 및 훈련프로그램 참가자가 2,400만 명, 오프라인 참가자는 200만 명에 이른다. 이는 23초당 한 명이 Goodwill의 지원서비스를 통해 괜찮은 일자리를 찾고 있음을 보여주는 것이다. 또한 Goodwill을 통해 31만 8천 명이 일자리를 얻었고 3만 7천 명은 노동시장에서 활용도가 높은 자격증을 취득하여 자신의 경력을 향상시켰다.

② 역할효과

Goodwill은 참여자에게 체계적이고 전문적인 개인 맞춤형 교육을 통해 자신에게 맞는 일을 할 수 있도록 직업재활서비스를 제공하고 있다. Goodwill에 오면 초기 상담을 거쳐 본인에게 어떤 작업능력이 있는지를 검사(work sample test)하게 되고 이후 관련된 여러 가지 직업교육도 받을 수 있다. 교육과정 중에는 실제로 현장에 나가 일할 때 필요한 컴퓨터 관련 기술 등의 직업훈련[12)]은 물론, 장애유형에 따라서 업무 시간조절, 감정조절 방법 등까지 배우게 된다.

Goodwill의 직업재활 프로그램은 4단계(접수 → 평가 → 서비스 · 전달 → 결과)로 구분된다. 접수단계에서는 장애인의 특성을 파악하고 평가단계에서 인터뷰를 통해 장애인의 작업능력을 평가하며, 서비스 · 전달단계에서 장애인에게 적합한 서비스를 탐색한다. 결과단계에서는 맞춤형 훈련을 거쳐 최적의 작업장에 배치하게 된다.

12) Dell사는 Goodwill과의 파트너십을 통해 Goodwill의 2,400개소 지부에서 6.8시간 정도의 컴퓨터교육을 제공하고 있음(재능기부)

이러한 직업재활서비스는 그 대상에 따라 상이하게 적용되고 있다. 즉 비장애인의 경우 그 특성을 고려하여 다양한 프로그램이 접목된다. 예를 들어, 위기청년을 대상으로 하는 경우는 자신의 관심과 역량을 파악하는 데 초점을 두는 경력계획(career planning)을 수립하게 한다. 즉, 경력 목표 설정을 위한 전문가 상담, 경력목표 달성을 위한 학습기회 제공, 고등학교 및 대학 진학, 교육훈련 및 재정교육 등이 제공된다.

55세 이상의 시니어를 대상으로 하는 직업재활의 경우, 미국 노동부가 지원하는 SCSEP(Senior Community Service Employment Program)에 따라 도서관이나 학교, 주택조합, 푸드뱅크 및 비영리단체에서 유급훈련에 참여할 수 있다.

출소자의 경우, 석방 이후 지원서비스부터 기초 직업교육, 취업준비(인터뷰 및 커뮤니케이션 기법 등), 직업훈련, 배치, 생애프로그램이 지원된다. Walmart Foundation의 지원을 받는 참전용사 대상 Good Jobs program은 다양한 경력개발지원과 더불어 가족대상 재무설계 서비스도 함께 제공한다. 이와 같은 맞춤형 직업재활서비스는 구직자의 특성을 파악하여 전문적인 서비스를 제공한 결과, 매해 큰 폭으로 Goodwill을 방문하는 사람의 수가 늘고 있다.

③ 조직운영

앞서 언급한 바와 같이 미국의 사회적기업은 영리와 비영리의 구분이 모호한 편이다. 사회적기업에 대한 법규정이 존재하지 않으므로 기관이 추구하는 공익성이 인정되는 경우 모두 사회적기업이라 할 수 있다. Goodwill 또한 미션과 비전, 가치관에서 볼 때, 공익성이 충분히 드러나고 있어 비영리단체의 성격을 가지고 실제 영업활동을 수행하고 있다는 측면에서는 영리단체의 성격을 가진다. Goodwill이 보고하는 연례보고서는 영리기업의 연례보고서와는 약간 상이한데, 재무제표를 함께 게시하기는 하나 사회적 성과에 대한 부분이 많은 부분을 차지하고 있다.

Remploy의 경우 연례보고서는 일반 영리기업의 보고서 작성과 그 형식이나 내용 구성에서 상당한 유사성을 보이고 있고, 별도로 SROI보고서를 통해 사회적 가치를 입증하고 있다. 그러나 Goodwill은 두 가지 성과를 모두 기재하는 형태의 연례보고서라는 측면에서 비영리단체의 연례보고서와 유사한 측면을 가진다.

Goodwill에는 CEO를 비롯하여 이사장과 이사들로 구성된 이사회가 있다. 이사는 Goodwill의 지부장을 포함하여 외부기관 전문가들이 참여하고 있다. Goodwill에는 미국과 캐나다에 165개의 지부를 두고 있는데 각 지부는 독립적이며, 커뮤니티기반으로 운영되고 있다.

Goodwill에서는 자체적인 매출 수입 이외에 외부 기부금의 비중은 20% 정도 수준이지만 금액(1천 2백 44만 달러)은 매우 큰 편이다. 따라서 기관 및 개인 기부자명단을 연례보고서에 제시함으로써 기금의 투명한 운영을 보장하고 있다.

미국 사회적기업의 운영에서 특징적인 부분은 기부문화가 활성화되어 있다는 것 이외에 자발적인 자원봉사자가 큰 역할을 하고 있다는 점이다. Goodwill에는 개인 자원봉사자 이외에 Accenture, AT&T, Bank of America, Charles Schwab, Dell, Levi Strauss & Co, Microsoft, Wal-Mart의 기업이 파트너로 참여하고 있다.

④ 경영성과

Goodwill은 TBL(Triple Bottom Line)이라 불리는 가치를 실현하고 있다. 매년 수십억 달러에 달하는 기부물품을 재활용매장을 통해 판매함으로써 3백만 명에게 직접적인 훈련 및 고용서비스를 제공하고 있고, 사회적 · 환경적으로도 긍정적인 결과를 낳고 있다.

Goodwill이 장애인과 취약계층에게 훈련과 고용서비스를 제공함으로써 거두어 들인 성과를 살펴보면 크게 두 가지이다. 첫째는 사회적 성과로 Goodwill의 사회적 성과에 대해 요약하면 다음과 같다.

- 8천 9백만 명이 고용 및 커뮤니티 서비스를 제공받았다.
- 31만 8천 명이 일자리를 찾았다. 이들은 교육훈련을 통해 자격증을 취득함으로써 전생애에 걸쳐 110억 달러 이상의 수입이 늘어나게 되었다.

- 2천 6백 40만 명이 Goodwill의 직접적인 지원을 받았으며, 2백만 명 이상이 직업훈련과 배치를 받았다.
- 2천 4백만 명은 온라인 학습을 통해 자신의 역량을 키웠으며, 이 수치는 2013년의 3배에 달하는 수준이다.

3) 스웨덴

(1) 법적·제도적 기반 현황

① 개요

스웨덴 정부는 1976년에 장애인의 사회참여와 장벽 없는 접근성을 보장하기 위해 장애인 사회통합이라는 구체적인 정치적 목표를 설정하였으며, 장애인이 비장애인과 동등하게 사회활동에 참여할 수 있는 기반을 형성하기 시작했다(Swedish Handicapped Institute, 1984). 1960년대부터 1970년대에 이르기까지 스웨덴에서는 장애와 장애인에 대한 개념은 점진적으로 변모하였다. 당시부터 본격적으로 장애인에 의한 단체와 장애인을 위한 단체들이 설립되기 시작했다. 이 시기부터 장애인을 대상으로 하는 노동환경과 고용상태를 개선하기 위한 법률과 규정이 마련되기 시작했다(Thornton & Lunt, 2006).

스웨덴에서는 장애인이나 장애인의 인권에 국한되어 있는 법률이 존재하지 않는다. 일반적으로 장애인의 통합에 대한 내용은 보편적인 조항이나 법률에 특별내용을 삽입하는 형식을 취하고 있다. 스웨덴 정부의 장애정책의 가장 주요한 목적은 모든 장애인과 비장애인의 완전한 사회통합과 평등이다. 기능적 장애를 갖고 있는 경우에도 사회생활이나 지역사회 활동에 동등하게 참여할 권리를 갖는다(Swedish Institute, 1995). 장애인을 위한 고용정책 역시 일반적인 노동시장과 사회통합에 기초하고 있는 스웨덴 사회 정책의 이념과도 연관되어 있다(Thornton & Lunt, 2006).

② 스웨덴의 일반적인 장애복지정책

스웨덴은 북유럽 국가 중 사회복지정책이 우수한 국가로 장애인을 비롯한 여러 사회적 취약계층을 위한 복지정책이 보편적으로 실시되고 있는 국가이다(Samhall, 2015; Thornton & Lunt, 2006). 스웨덴의 경우 사회복지정책 중 전통적인 정책 중 하나인 보편주의 혹은 보편적 복지가 역사적으로 오랜 동안 기본적인 복지정책으로 실시되고 있다. 보편적인 복지정책에 기초해 장애인을 대상으로도 보편적인 복지서비스가 시행되고 있으며 타 사회집단들과 비교해 장애인을 대상으로 하는 특별한 정책보다는 보편적인 복지서비스를 제공하고 있다. 예를 들어, 스웨덴에서는 장애인을 특정적으로 지칭하는 법률은 존재하지 않으며 보편적인 법률 아래에서 장애인을 포함시켜 복지 정책을 실시하고 있다(Thornton & Lunt, 2006; 신명숙, 2013).

그러나 예외적으로 지적 및 발달장애인을 위한 특별법을 제정하여 지적장애인을 위한 서비스의 제공, 서비스의 범위 등을 규정하고 있다. 스웨덴의 발달장애인을 위한 서비스에 대한 특별법은 1986년에 제정되었으며 장애인을 특정적으로 지칭하고 있다는 점에서 장애인을 위한 유일한 특별법이라고 할 수 있다. 본 법률에 의하면 이미 지적능력의 부족으로 인해 발달장애인이 된 사람들과 성년기에 뇌에 손상을 입거나 유년기의 정신병 때문에 영구적인 장애상태가 지속되고 있는 사람들을 대상으로 제공 가능한 서비스의 종류 및 서비스 제공 방식에 대해서 규정하고 있다. 지적장애인에게 제공되는 서비스의 종류와 범위를 살펴보면, 일반적으로 비장애인이나 기타 장애인에게 제공되는 서비스의 정도보다는 더욱 종합적이며 전문적인 서비스를 제공할 것을 규정하고 있다. 본 법률에 의해서 지적장애인에게 제공되는 주요한 특별서비스는 다음과 같다(송근원 외, 1995; 신명숙, 2013).

- 개별적 · 전문적 지원 및 상담
- 일상활동 유지를 위한 활동지원서비스
- 무학의 장애인을 위한 직업 및 직업훈련 형태의 지원서비스
- 장애인과 장시간 함께하는 장애인의 가족이나 주위 사람들의 신체적

및 정신적인 안정을 지원하는 휴식서비스

- 혼자 자립해서 거주해야 하는 성인장애인을 위한 집단거주지원서비스

지적장애인을 위한 특별한 서비스는 기본적으로 정상화(normalization)의 개념에 기초해 시행되고 있다. 정상화란 1970년대에 북유럽 스칸디나비아 국가에서부터 시작된 개념으로서 정상화의 이념 아래 지적 및 정신적장애인이 비장애인들처럼 일상적인 학교생활, 직업생활, 사회생활을 유지하고 그러한 일반적인 생활을 장애인이 누릴 수 있도록 정부차원에서 적극적으로 지원하고 있다(Wolfensberger & Glenn, 1973).

이러한 정상화의 개념 아래에서 스웨덴에서는 장애인들도 정상적으로 취업을 하거나 노동을 하며 생활할 수 있도록 여러 형태의 서비스가 제공되며 정책이 시행되고 있다. 그러나 중증장애로 인해 노동 능력을 일부 혹은 다량 상실한 경우에는 일반적인 경쟁 노동시장으로 진입하기보다는 사회복지프로그램을 이용하여 보충적인 급여를 지원함으로써 사회자립을 지속하도록 지원하고 있다(신명숙, 2013).

③ 고용정책

스웨덴 고용정책의 핵심은 고용과 사회보장과의 관련성을 살펴봄으로써 명확히 드러난다. 즉, 전체 노동시장에서 고용정책과 전략은 수동적인 사회보장 수혜를 최소화하는 방향으로 발전하고 있다. 이러한 정책방향은 최근 장기요양 혜택과 장애연금을 축소하려는 정책으로 잘 드러나고 있다. 조기 노동시장 복귀 정책이나 전략은 스웨덴 노동정책의 핵심적인 목표이며 경제논리와도 부합하는 것으로 인식되고 있다(Westerhall, 1996). 스웨덴의 노동시장 정책은 근본적으로 모든 사람은 누구나 일할 권리와 능력이 있다는 원리에 기초하고 있다. 장애인을 위한 고용정책 역시 일반고용 정책의 한 부분으로 인식되고 있으며, 장애인을 위한 직업재활서비스는 사회서비스가 아니라 노동시장 정책의 한 영역으로 인식되고 있다. 특히 노동시장에서는 특별한 프로그램이나 특별조치 등을 통해 청년 노동자, 다문화 소수인종, 장애인, 장기 실업자들의 노동참여를 위해 여러 형태의 고용전략을 추진하

고 있다. 이와 더불어, 사회적으로 소외받거나 취약한 특정집단을 보호고용 체계 내에 고용함으로써 고용기회를 높이는 데 주력하고 있다(Thornton & Lunt, 2006).

㉠ 비할당고용

장애인 고용과 관련해 스웨덴은 장애인 비할당고용제도를 채택하여 모든 국민의 완전한 사회참여와 평등한 급여정책을 실시하고 있다. 정상화의 이념과 사회통합의 목표 아래에서 장애인 역시 고용활동에 통합하려는 노력을 기울이고 있으며, 장애인과 관련한 사회접근성을 높이고 가능한 한 비장애인과 동등하게 사회에 통합되도록 참여의 기회를 제공하는 것을 공식적인 정책목표로 설정하고 있다. 즉, 스웨덴의 장애인을 대상으로 하는 노동정책의 기본목표는 완전고용(full employment)이며, 비장애인과 마찬가지로 고용활동을 통해 사회자립과 사회통합을 이루는 데 그 주요 방향을 두고 있다(신명숙, 2013; European Union Disability Strategy, 2015; Thornton & Lunt, 2006).

이와 더불어 장애로 인한 노동능력의 부족이나 다양한 사회적 장애로 인해 경제적인 소득이나 수입이 없거나 부족한 경우에는 사회보장제도에 의해 소득재분배를 실시하여 비장애인 혹은 일반사회 집단들과의 격차를 최소로 줄이는 방법을 모색하고 있으며 장애인에게는 노동시장에서 충분히 일할 수 있도록 고용기회를 확대하기 위한 노력이 적극적으로 시도되고 있다(신명숙, 2013; Samhall, 2015).

스웨덴에서는 비할당고용을 촉진하기 위해서 1974년에 고용촉진법을 제정하였으며, 본 법에서는 장애인의 취업과 고용유지 기회를 증진시키기 위한 여러 제도들이 제시되어 있다. 또한 고용촉진법에서는 장애노동자의 보호와 장애인의 고용촉진을 위하여 노동시장을 관리하는 당국이 사업주 및 노동조합과 합의하여 장애인 고용과 관련해 자발적인 협력을 통해 필요한 조치를 취하는 것을 목적으로 하고 있다(신명숙, 2013).

이뿐만 아니라, 고용안정법은 모든 노동자에 대해 직업상의 보호를 보다 더 강화하는 것을 규정하고 있으며, 노동환경법은 사용자가 노동자 한 사람의 신체적 조건과 정신적 조건에 맞추어서 물리적 환경과 노동조건을 개선하도록 의무화하고 있다(신명숙, 2013).

스웨덴의 장애인 고용정책 중 주목할 만한 것은 1974년의 고용촉진법에 의해 일정 규모 이상의 공공부문과 민간부문에 설치가 의무화된 조정그룹제도를 들 수 있다. 스웨덴의 고용 조정그룹은 사용자·노동조합·지역공공직업 안정소 대표 등으로 구성되어 있으며 경우에 따라서는 장애인대표·촉탁의사·간호사·안전관리원 등도 구성원으로 참여할 수 있다. 조정그룹의 주된 임무는 장애인의 고용유지, 장애인을 위한 적당한 직종 개발, 장애인을 적절한 장소에 배치하는 문제, 신규채용문제 등을 조정하고 관리하는 것이다. 조정그룹을 통해서는 장애인의 고용확대를 향상시키는 것보다는 장애인의 지속적인 고용을 유지하는 데 긍정적인 결과를 보여주고 있다(신명숙, 2013).

㉡ 보호고용

스웨덴의 장애인을 위한 보호고용 정책은 일반고용 정책의 하나로 인식되고 있다. 보호고용 정책 역시 일반적인 노동시장 정책으로서 취업을 희망하는 장애인 가운데 일반직장에 취업할 수 없는 장애인에 대해서는 보호고용 시설을 확대하여 노동의 기회를 보장하고 있으며, 보호고용하에서의 노동 활동을 통해 일반적인 노동현장으로 진출이 가능한 경우에는 일반시장으로 연계될 수 있도록 적극적으로 지원하고 있다(신명숙, 2013; Samhall, 2015; Thornton & Lunt, 2006). 노동시장청에서는 전체적으로 보호고용 정책을 관리하고 있으며, 특히 노동시장청 산하에 장애인의 직업지도와 직업재활을 담당하는 특별노동시장기관이 설치되었다. 타 국가에서는 일반적으로 일상적인 노동활동을 하기 어려운 중증의 장애인들을 대상으로 보호고용 정책이나 보호작업장에서 재활훈련을 실시하고 있으나 스웨덴의 경우에는 장애의 정도가 심각하지 않은 장애인, 환경에 의해서 취업이 어려운 장애인, 지리적 혹은 개별적인 사정에 의한 일시적으로 실업상태에 있는 사람들에게까지 보호고용 정책이 실시되고 있다(신명숙, 2013).
스웨덴의 보호고용의 또 다른 특징으로는 보호고용의 성격에 따라 여러 형태의 보호고용 정책이 실시되고 있다는 점이다. 스웨덴에서 제공되고 있는 보호고용의 주요 분류는 다음과 같다(신명숙, 2013).

- 중증장애인을 위한 보호공장
- 보호공장의 하나로 운영되는 재가고용
- 특정 장애인들을 대상으로 공공기관이나 시설 등에서 문서 보관과 관련된 보호고용
- 노동 작업이 가능한 장애인들을 대상으로 옥외 작업을 주로 하는 특별 실업대책사업

즉, 일반적으로 여러 국가에서는 보호고용 장애인의 대부분이 구별된 보호공장에서 일하고 있으나 스웨덴에서는 보호공장 이외에도 여러 작업 현장에 종사하여 일하고 있다. 보호고용에 참여하고 있는 장애인의 임금은 원칙적으로 스웨덴 정부 지방공무원의 표준보수를 기초로 결정된다. 보호고용에 참여하고 있는 장애인이 장애연금을 받고 있는 경우에는 임금이 연금을 포함하여 표준액에 맞도록 조정한다. 보호고용 장애인의 노동시간이나 유급휴가 등과 같은 기타 근로조건이나 혜택은 일반노동자의 기준을 준용한다. 스웨덴 정부는 보호고용을 보장하고 지원하기 위해서 보호고용제도의 운영과 집행을 담당하고 있는 지자체에 운영비를 보조하고 있으며 보호공장을 운영하는 스웨덴공동산업재단에 대한 보호고용 장애인과 직원의 인건비 보조, 건물과 기계설비 등에 대한 보조 등을 실시하고 있다(신명숙, 2013).

스웨덴의 보호고용 정책 중에 대표적인 것은 보호고용공장이며, Samhall이 대표적인 보호고용공장으로서 약 2만 명이 넘는 장애인들이 Samhall에 소속되어 일하고 있다(Samhall, 2015). Samhall은 1980년에 창립되어 스웨덴 정부 통제 아래 전국 보호작업장을 통합하였다. Samhall이 운영하고 있는 작업장의 전체 근로자 가운데 90%가 장애인으로서 많은 수의 장애인들에게 고용활동의 기회와 일반 노동시장으로의 진출의 기회를 제공하고 있다(Samhall, 2015). Samhall은 스웨덴의 여러 대기업 혹은 중소기업과 계약을 맺고 있는 일종의 하청기업으로서 제조하는 제품이나 제공하는 서비스의 수준과 질이 우수한 것으로 알려져 있다. 구체적으로 Samhall에 대한 스웨덴 국민들의 여론을 보면 84%는 장애인 고용과 관련해 Samhall의 역할을 매우 긍정적으로 평가하고 있으며, 스웨덴 경제계 지도자들의 89% 정도가 Samhall에서 생산하는 제품과 서비스 품질에 대해 긍정적인 반응을 보이고 있다. 또한 스웨덴 기업체 CEO의 50% 정도가 Samhall에서 추천하는 숙련된 장애노동자를 자신의 기업에 채용할 의사가 있음을 밝히고 있다. 즉, Samhall은 스웨덴 사회에서 장애인에게 여러 형태의 고용기회를 제공하고 있을 뿐만 아니라 전반적으로 스웨덴 사회에서 Samhall은 대단히 긍정적으로 평가받고 있다(변용찬 외, 2002; 신명숙, 2013).

(2) 우수 사례별 현황

① Samhall

㉠ 개요

스웨덴의 Samhall(과거에는 Samhällsföretag라고 칭했음)은 1980년에 스웨덴 정부가 운영하는 단체로 설립되었으며, 당시 장애인을 대상으로 운영되던 370개의 보호작업장을 포함하여 시나 기타 공공기관이 관리하던 작업장을 통합하여 창립되었다. Samhall 설립의 주요한 목적은 이전까지 분절되었던 장애인작업장을 조정하고 작업장 운영을 전반적으로 개선하는 데 초점을 두었다. 1980년부터 1992년 사이에 Samhall은 중앙센터를 포함하여 총 24개의 지역센터로 운영되었으며 그 규모가 확대되었다. 1992년에 Samhall은 정부가 전적으로 운영하는 주식회사 형태인 Samhall AB로 개편되었으며 Samhall AB는 모회사로서 여러 지역에 회사를 관리하게 되었다. 1992년 이후부터, 일부 지역에 위치한 Samhall의 지부회사는 합병을 통해 그 수가 감소하였으며 2002년 이후부터는 Samhall 중앙의 한 회사에 의해 운영되었다(Samhall, 2015).

Samhall은 창립 이후부터 기본적으로 사업영역에는 큰 변화가 없었으나 시대의 변화에 따라서 운영방법과 사업추진 방향은 개선되고 변모하였다. 구체적으로, 1980년대에 Samhall은 자체 생산시설을 갖춘 독립적인 제조회사였다. 당시 Samhall은 계약된 제조업체였으며 가구, 목신발, 작업복 등과 같은 핵심적이며 주요한 상품을 생산하는 업체이기도 했다. 하지만 1990년대에는 통신 분야에서 핵심적인 하도급 업체로 영역을 확장했으며, 이후 통신 서비스 분야를 포함해 여러 서비스 업종으로 사업영역을 확대하고 회사를 발전시켰다. 이러한 Samhall의 사업변화는 당시에 많은 제조업이 해외업체에 의해서 제조되고 있는 구조적인 경제변화에 적극적으로 반응하기 위해서였다. 2000년도에 Samhall의 운영방식은 물품을 주문하는 Samhall 고객들 위주의 운영방식으로 다시 복귀하게 되었다. 현재에는 Samhall 직원의 약 85% 정도가 작업장에서 근무를 하고 있다(Samhall, 2015).

㉡ 운영방식

Samhall은 스웨덴 정부 주도의 노동시장 정책 및 서비스 프로그램의 하나로써 장애인들이 고용시장에서 배제되는 것을 최소화하는 데 그 주요한 가치를 두고 있다.

Samhall은 상품을 주문하는 고객들의 요구를 충족시킴으로써

Samhall 직원들이 또 다른 업체로 채용되거나 발전적인 곳에 채용되어 진출하도록 적극적으로 지원하고 있다. Samhall의 기본적인 운영방식은 경쟁고용 체계에서 다른 회사와 경쟁하는 것이다.

현재 Samhall은 스웨덴 전역에서 운영되고 있으며 23,000명 이상의 장애인들이 Samhall에서 일하고 있다. Samhall이 주로 제조하거나 제공하는 서비스의 예는 다음과 같다(Samhall, 2015).

- 청소 및 세탁업종
- 창고업
- 물류업
- 제조업
- 자산서비스
- 관리서비스
- 소매업

Samhall은 이러한 사업들을 하청을 받아 제공하며 Samhall 직원이나 Samhall에 소속된 제조시설을 이용해 생산하고 있다. 이러한 Samhall의 주요한 사업영역뿐 아니라, Samhall은 노동시장과 서비스 체계 안에서 장애인들을 대상으로 재활에 초점을 맞춘 노동활동 및 작업훈련과 프로그램 역시 제공하고 있다. 즉, Samhall은 직업훈련이나 작업훈련에 중점을 둔 장애인 역시 채용하며 장애인들이 직업활동을 경험하고 유지할 수 있는 기회를 갖도록 지원하고 있다(Samhall, 2015).

㉢ 주요 운영목표

스웨덴 정부는 Samhall의 운영주로서 매년 다음과 같은 세부적인 운영 목표를 수립하여 추구하고 있다(Samhall, 2015).

- 장애근로자 수 : Samhall에서 고용하는 장애근로자의 총수는 최소한 2천 9백 4십만 급여시간과 일치하도록 노력하고 있다.

- **경쟁고용으로의 장애인 전이목표** : 매년 최소 1,100명의 Samhall 직원들이 Samhall 이외의 다른 경쟁고용 작업장이나 회사로 전이하도록 지원하고 있다. 전이과정 중에 Samhall의 근로자는 상황에 따라서 12개월 내에 다시 Samhall로 복귀하거나 복귀 프로그램에 참여할 수 있다.
- **특정 사회계층의 취업기회 제공** : 최소한 신규 채용인원의 40% 정도는 스웨덴 정부와 Samhall에서 정한 특정 사회계층 출신의 응시자를 채용하고 있다. Samhall에서 제시하고 있는 특정 사회계층으로는 직업활동과 일상활동을 하는 데 현저하게 제약이 있는 지적장애인, 정신장애인, 신경장애인, 중복장애인 등을 포함한다.

Samhall의 주요한 기본적인 운영 목표와 더불어 스웨덴 정부는 Samhall 근로자의 최소 25% 정도 근로자에게는 75% 근무혜택이 보장된 시간제 업무 역시 제공하도록 하고 있다. 게다가 Samhall은 1,000여 명의 젊은 청년들을 대상으로 시간제 업무를 제공함으로써 청년들에게 고용기회와 사회생활을 할 수 있는 기회를 제공하기도 한다.

- 재정적 목표 : Samhall은 의무적으로 Samhall의 주주들에게 7%의 주식 지분을 상환하며 최소 30%의 지분을 유지하고 있다. 이러한 재정적 목표는 사업회기 연도 동안 달성하도록 하고 있다. 이러한 발전적이고 역동적인 운영목표 아래서 Samhall은 중증장애인 위주의 보호작업장이나 보호공장의 개념을 넘어서 스웨덴에서 중요한 기업으로 성장하고 있다. Samhall은 성공적인 사업과 인력개발을 조화시키기 위해서 시대의 변화와 세계 경제 동향에 맞는 다양한 일자리를 창출했으며, 동시에 스웨덴 전역에 작업장이 분포하고 있어서 각 지역사회에서 거주하고 있는 장애인의 취업을 용이하게 하였다. 즉, Samhall은 기업의 경영효율화 측면에서 지리적 특성과 사업 분야를 조화시키면서 발전하였으며 궁극적으로 장애

인에게 여러 형태의 취업기회를 제공하고 있다. 결국 Samhall은 경쟁 노동시장에서 고용되기 어려운 중증장애인을 고용하여 장애노동자들이 직업기회를 갖도록 적극적인 보호정책을 실시하며, 장애노동자들에 대한 지속적인 훈련과 작업방식 등의 개선을 병행함으로써 장애인을 위한 폭넓은 고용경험을 제공하고 있다 (Samhall, 2015; 신명숙, 2013).

13

CHAPTER

장애인의 차별

1. 장애인의 차별 개념
2. 차별의 종류
3. 차별의 발생 원인
4. 차별의 영역

CHAPTER

13 장애인의 차별

1. 장애인의 차별 개념

차별(discrimination)이라는 용어는 웹스터 사전에 의하면 "둘 이상의 대상에 특정 기준에 따라 우월을 따져 구별하는 행위"라고 정의되어 있다. 즉, 차별은 종교, 장애, 나이, 신분, 학력, 성별, 성적 취향, 인종, 생김새, 국적, 나이, 출신, 사상 등의 이유로 특정한 사람을 우대하거나 배제 또는 불리하게 대우하고, 정치적, 사회적, 경제적으로 평등권을 침해하는 행위이다. 미국에서는 1960년대에 공민권 운동이 활발하게 일기 전까지 흑인에 대한 법적인 차별이 있었고, 남아프리카공화국에도 인종차별이 정책으로서 실행되었다. 사회적 차별은 1948년의 세계인권선언이나 국제인권규약, 여성차별철폐조약 등으로 사라지게 되었지만 여전히 각종 차별은 다양한 사회에 남아 있으며 많은 문제를 야기하고 있다.

일반적으로 차별은 차별받는 사람들의 실제 행동과는 대체로 무관하거나 전혀 관계없는 생각에 근거하여 열등성을 부여하는 제도화된 관행을 통하여 이루어진다. 장애인에 대한 차별은 장애인의 태생적 기초에 근거한 자연적인 범주와 장애인이 처한 사회적 범주의 전반에서 개별적으로 또는 상호작용하여 더욱 심화되고 중층적으로 발생하는 특성을 갖는다.

사회적 차별의 문제는 이상의 차이들(differences) 그 자체가 아니라 선지배적인 요소에 의해 규정되는 집단 내의 배제와 통합의 기준이 무차별적 · 보편적으로 적용되어 전체적으로 예외 없이 타당성을 갖고 있는지의 여부에 따라 차별의 여부를 판단한다. 따라서 차이가 차별이 되는지의 여부는 그 차이로 인하여 사회적으로 계층구분이 되는지의 여부에 의해 판단된다. 이를 장애인에게 적용하면, 장애인차별은 장애집단에 대해 분명하고 타당한 기준이 없이 부당하게 장애인의 실제 행동과는 무관하게 집단적인 열등성을 부여하여 장애인을 교육 · 고용 등 일반적인 사회생활에서 배제하거나 제한하는 경우라고 말할 수 있다. 「장애인차별금지 및 권리구제 등에 관한 법률」 제4조에는 장애인에 대한 차별행위가 구체적으로 정의되고 기술되어 있다. 이 조항에 따르면 직접차별, 간접차별, 정당한 편의제공 거부에 의한 차별, 광고에 의한 차별로 네 가지 유형을 제시하고 있다.

"과도한 부담이나 현저한 곤란과 차별행위와 직무수행의 밀접한 관련이라는 정당한 사유가 없는데도 장애를 사유로 제한, 배제, 분리, 거부하거나 장애를 고려하지 않은 기준을 적용하는 것, 정당한 편의제공을 거부하는 것, 이러한 내용을 담은 광고를 찍거나 허용하는 것, 장애인의 대리자, 동행자, 보조기구, 보조견 등을 차별하거나 금지하는 것이 차별"이 된다는 것이다(위계출, 2012, 이정희, 2018 재인용).

2. 차별의 종류

차별에는 직접적 차별(direct discrimination)과 간접적 차별(indirect discrimination), 정당한 편의제공 거부에 의한 차별, 광고에 의한 차별이 있으므로 이 모든 차별이 포함되도록 명확히 규정하는 것이 필요하다. 직접적 차별은 정치적 · 경제적 · 사회적 · 문화적 생활의 모든 영역에서 인간으로서의 기본적 자유를 인식 · 향유하거나 권리를 행사함에 있어서 합리적인 이유 없이 장애를 이유로 구별 · 배제 또는 제한이 행하여지는 경우에 해당되는 것이다. 간접적 차별은 비장애인에게 적용할 조건을 장애인에게 적용함에 있어, 그 조건에 부합되는 장애인의 비율이 그 조건에 부합되는 비장애인의 비율보다 상당한 정도로 적거나, 그 조건이 정당한 것임을 입증할 수 없거나, 장애인이 그 조건에 부합될 수 없기 때문에 그 사람에게 손해가 되는 경우, 장애인과 함께 있는 관련자에 대해 합리적인 이유 없이 장애를 이유로 비장애인을 대하거나 대하려 할 때보다 불리하게 대하는 경우, 차별 또는 차별의사를 표시 및 암시하거나, 타인으로 하여금 차별행위를 부추기도록 계산된 모든 공고, 신호, 기호, 엠블럼(시각적 도안 등의 상징) 또는 기타 표시를 대중 앞에 게재 또는 전시하거나 그렇게 되도록 하는 경우 등을 포함한다.

차별을 분류하는 데 있어서 가장 대표적으로 사용되는 것이 UN 인권위원회의 '장애인 인권보고서'의 차별유형 분류이다. UN 인권위원회의 '장애인 인권보고서'는 경제적·사회적·문화적 권리 규약과 시민적·정체적 권리 규약으로 구분하고 경제적·사회적·문화적 권리 규약 안에 노동권, 여성장애인의 권리, 생존권, 건강권, 교육권, 문화향유권으로 대분류하였고, 시민적·정치적 권리 규약 안에 장애의 이유로 차별금지, 장애인 지원서비스, 형사상의 권리, 시설장애인의 권리, 가족생활권, 참정권으로 대분류하여 장애인의 생활영역을 거의 대부분 포함하고 있다(정무성 외, 2010).

〈표 13-1〉 UN 인권위원회 '장애인인권 보고서'의 장애차별 분류

인권규약	대분류	중분류
경제적·사회적·문화적 권리 규약	노동권	노동의 기회, 노동환경, 적절한 보수 보장
	여성장애인 권리	산전·후 특별보호, 임신 중 보호
	생존권	생계유지
	건강권	영양실조 조치, 적절한 치료, 재활서비스 제공, 건강한 생활환경, 장애 예방, 불결한 시설 개선
	교육권	공립학교 취학, 공립학교 편의의설, 필요시 특수교육 제공
	문화향유권	문화공간 편의시설, 참여능력 편견해소

<table>
<tr><td rowspan="6">시민적 · 정치적
권리 규약</td><td>장애이유로
차별금지</td><td>장애이유로 차별하는 것을 금지</td></tr>
<tr><td>장애인 지원서비스</td><td>인권침해 대응 지원 특별 조치</td></tr>
<tr><td>형사상의 권리</td><td>일방적이고 불필요한 체포 방지, 체포시 사유를 알 권리,
의사소통의 문제로 체포 방지</td></tr>
<tr><td>시설장애인 권리</td><td>시설장애인의 사생활권</td></tr>
<tr><td>가족생활권</td><td>정신(지체)장애인의 결혼권, 결혼,
가정형평성의 권리, 강제불임 방지</td></tr>
<tr><td>참정권</td><td>정신(지체)장애인 투표권, 시각장애인 투표권,
투표소 접근권, 대민봉사직 기회제한</td></tr>
</table>

1) 직접차별

장애인을 정당한 이유없이 배제 · 거부하거나 불리하게 대우하는 경우를 말한다.

예 업무와 관계없이 장애를 이유로 입사를 거부할 수 없다.

2) 간접차별

형식상으로 공정한 기준을 적용했더라도 장애인에게 불리한 결과가 발생하였다면 이는 간접차별에 해당한다.

예 손이 불편한 장애인에게 비장애인과 동일한 시험시간은 부당하다.

3) 정당한 편의제공 거부에 의한 차별

과도한 부담이나 현저히 곤란한 사정과 같은 정당한 이유 없이 장애인에게 편의시설이나 서비스 등의 제공을 거부하는 경우를 말한다.

예 관공서에 점자보도를 설치해 주어야 한다.

4) 광고에 의한 차별

광고의 내용이 장애인에 대한 배제 거부 등 불리한 대우를 나타내는 경우 이는 광고에 의한 차별에 해당한다.

3. 차별의 발생 원인

이런 차별적 사회기제는 장애(인)에 대한 전통적 편견의 잔여물로부터 발생한다. 19세기 말부터 20세기 초반까지 유럽과 미국의 사회적 진화론에 의하면, 장애인은 사회적 질환의 주요 원천이라고 규정되었다. 사회사업가들이나 다른 사람들은 우생학의 뛰어난 점을 교육받았고, 다양한 장애인들을 영원히 격리시키는 것이 장려되었다. 당시의 상식은 장애인은 성적으로 부도덕하고 사회의 나머지 사람들로부터 격리될 필요성이 있는 사람들로 묘사되었다. 강요된 불임은 일반적이고 시설로 수용되는 것이 강요되었다. 우리의 경우도 마찬가지로 장애인은 불결하고 부도덕하며 사회로부터 격리시켜야 하며, 사회발전을 위해서는 불임이 강요되는 존재였다. 이와 같은 장애에 대한 우생학적, 의료적 관점에 따라 일반 국민은 장애인을 사회에 적응하기 힘든 존재로 인식하게 되었으며, 장애집단에 대한 집단적인 열등성을 부여하게 되었으며, 차별이 보편성을 갖게 되었다.

따라서 장애(인) 차별은 장애집단에 대해 뚜렷한 기준이 없이, 또 장애인의 실제행동과는 관계없이 집단적인 열등성을 부여하여 고용, 교육 등 일반적인 사회생활에서 격리시키는 것을 말한다고 볼 수 있다(이동석 · 안선영, 2002).

4. 차별의 영역

우리나라의 경우 헌법에서 각종 인권을 보장하고 있으며, 헌법 제37조 제1항에서는 "국민의 자유와 권리는 헌법에 열거되지 아니한 이유로 경시되지 아니한다."라고 규정함으로써 광범위한 권리를 인정하고 있다. 그럼에도 헌법에 명시된 권리는 추상적 권리로만 인정을 받을 뿐, 국민의 인권을 담보해내지 못하는 한계가 있었다. 특히 장애인, 여성 등 소수자의 사회적 권리는 예산의 범위 내에서, 또 근시안적인 경제발전에 저해가 되지 않는 선에서 인정을 받을 뿐 구체적인 권리로 인정을 받지 못하고 있다. 따라서 우리 사회에는 소수자에 대한 차별이 광범위하게 존재하고 있다. 더구나 차별이 일상화되다 보니 차별하는 사람이나 차별받는 사람이나 차별에 대해 인식을 하지 못하는 경우도 많다. 결국 장애로 인한 차별 사례에 대한 축적 과정 및 양(量)이 작게 되었고, 차별의 종류에 대한 사례수집 및 연구가 활발해진 것도 얼마 되지 않았다.

현재까지 나타난 차별 및 권리를 분류하면 다음과 같다(이동석 · 안선영, 2002).

1) 지역생활의 권리 및 차별

지역생활의 범위는 광범위하다. 사실 모든 일상생활 및 사회생활이 포함된다. 그러나 고용, 교육 등의 차별은 차별의 강도가 강하기 때문에 하나의 장으로 묶고 나머지 일상생활과 관련된 차별을 규정한다.

- 출생에 있어서의 차별 금지
- 성, 혼인, 출산에 있어서의 차별 금지
- 수화와 점자에 관한 권리
- 의사소통에 있어서의 차별 금지
- 지역생활 권리 및 차별금지

- 선거 및 참정권 및 차별 금지
- 형사사법에 대한 차별 금지
- 명예훼손 금지
- 학대, 유기, 금전적 착취의 금지
- 시설설치반대의 금지
- 재활보조기기 등의 착용과 관련된 차별 금지
- 돌보는 자 등 동반과 관련된 차별 금지

2) 고용에서의 차별

고용차별이란 합리적 사유 없이 고용관계의 성립, 내용 및 종료 등에 관하여 사회통념상 허용되는 한도를 넘어 차별적 대우를 하는 것으로서, 고용에서 장애차별 금지는 모집, 채용, 임금, 승진, 배치, 퇴직, 직장내 교육 분야이다. 고용은 정규직만이 아니라 임시직 등을 포함하여 모든 형태의 근로계약관계를 말하며 근로계약 개시 이전단계(모집, 채용 등), 근로 관계의 종료 등 파생절차를 포함하는 것이다. 또한 단지 장애인을 모집, 채용, 모집, 임금, 승진, 배치, 퇴직 등에서 차별을 하지 않은 것만으로 장애인의 고용효과가 극대화될 수는 없다. 따라서 고용주는 합리적 배려의 의무를 가질 수밖에 없다. 합리적 배려에 대한 예시를 살펴보면 시설 개조, 장애인이 담당하는 임무의 일부를 타인에게 할당, 현존하는 결원을 보충하기 위한 이동, 근무시간의 변경, 다른 작업장으로 변경, 재활·기능평가 또는 치료을 위한 근무시간, 훈련 제공 또는 훈련 제공에 있어서의 배려, 비품·설비의 취득 또는 개조, 지도 매뉴얼 또는 참고자료의 변경, 경험 또는 평가과정의 개선, 낭독자 또는 수화 통역자 등의 배치, 지도·감독의 충실 등이 있다.

또한 특별히 신체적 조건에 대한 의학적 검사가 많고, 이에 따른 차별이 심한 상황에서 의학적 검사를 금지하는 것이 필요하며, 고용주와의 불평등하고 불이익한 계약에 의하여 차별을 받는 경우가 있으므로 이를 원천 무효화하는 규정이 필요하다. 또한 고용에서의 차별을 상세히 제시함으로서 장애인, 고용주, 일반 국민에 대한 교육의 효과를 높이며 법률 판단의 명확성을 높이도록 한다.

3) 교육에서의 차별

일반 원칙으로 통합교육을 내세우고, 교육에 있어서 교육기회 · 조건 · 방법 등에서 장애인 차별을 금지하며, 학생의 요구에 맞게 교육을 할 수 있도록 개별적 요구 보장을 제시하고 이를 위반하는 것도 차별로 간주한다. 교육에서의 차별을 상세히 제시함으로써 장애인, 교육기관, 일반 국민에 대한 교육의 효과를 높이며 법률 판단의 명확성을 높일 필요가 있다.

4) 이동, 건축물에의 접근 등에서의 차별

장애인의 이동권 및 정보접근권이 보장되지 않는다면 원활하고, 사회 통합적인 사회생활을 영위할 수 없다. 따라서 장애인의 이동권 및 정보접근권에 대한 구체적 권리 및 차별을 명시할 필요가 있다. 이동, 건축물, 각종 정보매체에 대한 권리를 명시하고, 각각의 영역에 대한 차별을 금지하여야 한다.

5) 재화 · 시설 · 용역 등의 제공 및 이용에서의 차별

공공기관 및 사용자가 복지증진, 재산형성 등을 위하여 제공하는 금품, 건축물 등의 설비, 노무의 제공 등 각종 사회복지 서비스 및 일반 생활에서의 재화, 시설, 용역 등을 이용할 때 장애인은 각종 차별을 받고 있다. 따라서 이를 금지하고 장애인 차별행위의 유형을 구체화할 필요가 있다.

6) 사법절차 부분의 차별

지적장애인이나, 청각장애인, 정신장애인에게 진술 과정을 강요하거나,

법적절차를 무시한 채 인신을 구속하는 행위, 의사소통의 제한이 있는 장애인의 진술을 무조건 배척하는 행위 등이 사법절차에 있어서의 차별행위로 간주한다.

7) 생활시설에서의 차별금지

생활시설 장애인은 원칙적으로 지역사회 장애인과 동등한 권리를 갖는다. 그러나 장애인의 의사에 반하여 시설에 강제로 입소하게 하거나 퇴소를 거부하는 행위, 시설 내에서 외부와의 소통을 과도하게 제한하고 억압하는 행위는 중대한 차별에 해당한다.

8) 문화향유권 부분의 차별 행위

편의시설이 설치되지 않아 문화시설 접근 자체가 불가능하게 되거나, 장애인임을 이유로 출입을 거부하는 일도 차별이라고 볼 수 있다.

9) 의료부분의 차별 행위

장애인임을 이유로 진료를 거부하거나, 과다한 신체노출을 요구하고 당사자의 동의 없이 장애 상태를 공개하는 행위 등은 의료에 있어서의 차별이다.

부 록 : 장애인 먼저 실천 100대 에티켓

2019년 3차 개정판

001. 장애인 인권에 관심을 가집니다.
002. 장애인도 다양한 사람 중 한 명입니다.
003. 자기 결정권은 존중되어야 합니다.
004. '장애를 앓다'가 아닌 '장애를 갖다'가 바른 표현입니다.
005. 주춤하거나, 힐끗거리며 바라보지 않습니다.
006. 동정 어린 격려나 호기심 어린 질문은 하지 않습니다.
007. 지나친 관심은 오히려 부담을 줄 수 있습니다.
008. 무조건 칭찬하는 것도 편견일 수 있습니다. 정당하고 합리적인 시각으로 봐야 합니다.
009. 장애인에 관련된 용어는 정확하게 사용합니다.
010. 장애인의 반대말은 비장애인입니다.
011. 우리나라는 장애인복지법에 장애 유형을 15가지로 규정하고 있습니다.
012. 장애는 유형마다, 개인마다 특성이 다르므로 동일시하지 않습니다.
013. 장애를 갖게 된 경위는 먼저 물어보지 않습니다.
014. 비하 발언은 무의식중에 나오므로 항상 주의합니다.
015. 장애 상태를 부각하는 농담은 장애 비하로 보일 수 있으므로 주의합니다.
016. 무조건적 도움보다 필요한 부분에 지원하며, "제가 어떻게 해드리면 될까요?" 하고 먼저 물어봅니다.
017. 부모가 장애인이라고 그 자녀도 장애인일 것이라는 편견을 갖지 않습니다.
018. 장애인이 있는 가족은 장애인이 없는 가족과 다를 것이라는 편견을 갖지 않습니다.
019. 미(美)에 관심을 두는 것은 자연스러운 현상입니다.
020. 성적인 농담을 하지 않습니다.
021. 도와줄 때 신체적 접촉은 줄이고 피치 못할 신체적 접촉 시 미리 양해를 구합니다.

022. 출산과 육아가 불가능하다는 생각은 편견입니다.
023. 행사 진행 시 장애인과 비장애인이 함께 할 수 있는 내용으로 구성합니다.
024. 자원 활동을 할 때는 기본적인 에티켓을 숙지하고, 지시적인 용어를 사용하지 않습니다.
025. 고용주는 모든 직원에게 장애인 인식개선교육을 해야 합니다.
026. 음식점에 갈 때는 출입구, 화장실 등의 이동 동선과 좌석 배치를 생각하여 선택합니다.
027. 무인시스템 이용에 어려움을 겪는 장애인이 있으면, '제가 해드릴까요?'라며 물어봅니다.
028. 건물의 현관문(회전문, 여닫이문)을 이용할 때는 주변을 살피고 장애인이 있다면 안전하게 이용할 수 있도록 문을 잡아줍니다.
029. 지하철, 저상버스의 휠체어 전용공간은 비워둡니다.
030. 휠체어 사용자가 저상버스 이용 시 시간이 오래 걸리더라도 재촉하지 않고 여유있게 기다립니다.
031. 승강기 사용 시 휠체어 사용자에게 먼저 양보하며 타고 내리는 동안 열림 버튼을 눌러 안전한 이용을 돕습니다.
032. 휠체어 사용자와 대화를 나눌 때는 눈높이를 맞춥니다.
033. 휠체어 사용자와 함께 근무할 때는 적절한 근무환경을 조성합니다.
034. 길거리에서 휠체어 사용자나 목발(클러치) 사용자를 만나면, 먼저 지나갈 수 있도록 옆으로 비켜줍니다.
035. 횡단보도를 건널 때는 보행자는 함께 속도를 맞춰 건너고, 안전하게 건널 때까지 차량은 정차합니다.
036. 화재나 지진 등의 재난이 발생하였을 경우, 안전한 대피가 어려우므로 현장에 장애인이 있는지를 먼저 확인합니다.
037. 복지시책이나 시설이용 등 장애인 생활 전반에 상담이 필요한 경우 보건복지상담센터 129, 장애인 차별상담전화 1577-1330, 장애인 인권침해 상담전화 1577-5364, 장애인 학대신고 및 피해자 지원 상담 1644-8295에 문의합니다.

[편의시설]

038. 편리하게 이용할 수 있도록 건물 내 편의시설이 잘 안내되어 있어야 합니다.
039. 장애인의 참여를 위한 의사소통 편의는 어디서든 필수적으로 제공합니다.

040. 장애인용 화장실에 물건을 쌓아두거나 잠가두지 않고 언제든지 사용할 수 있도록 합니다.
041. 장애인전용 주차구역에 불법 주차했을 경우 비우도록 적극적으로 안내합니다.
042. 경사로나 보행공간에 물건을 놓으면 이용에 제한이 있을 수 있으니 항상 보행공간을 확보합니다.

[보조기구]

043. 보조기구를 사용하는 장애인에게 보조기구는 신체와 같습니다. 목발(클러)이나 흰 지팡이를 가져가서 다른 곳에 보관하지 않습니다.
044. 보행 보조기구를 사용하는 장애인은 쉽게 미끄러질 수 있습니다. 바닥에 물이 떨어져 있지 않도록 합니다.
045. 전동휠체어 뒤에 매달리거나, 사용자 위에 올라타서 함께 운행하지 않습니다.
046. 휠체어를 말없이 붙잡거나 기대지 말고 당사자의 동의 없이 휠체어를 밀지 않습니다.
047. 보조기구를 사용하는 장애인과 함께 걸을 때는 보폭을 맞춥니다.

[장애유형별]

048. 청각장애인은 듣는 것에 어려움이 있는 장애인으로 시각적(표정, 동작 등)으로 정보를 파악하기 때문에 비언어적 표현에 유의합니다.
049. 구화가 가능한 청각장애인과 대화할 때는 얼굴과 눈을 바라보며 중간중간 고개를 끄덕여 경청하고 있음을 알립니다. 말하는 것이 힘들어보여도 끝까지 듣고 내용을 함부로 추측하지 않습니다.
050. 구화가 가능한 청각장애인과 대화할 때는 마주보고 약간 느린 속도로 입모양을 또박또박 말하며 짧은 문장을 사용합니다. 어려울 경우에는 필담으로 대화합니다.
051. 청각장애인을 힐끗힐끗 쳐다보면서 속삭이는 것은 오해를 불러일으킬 수 있습니다.
052. 청각장애인이 대화에서 소외되지 않도록 필담으로 중간중간 내용을 전해주고 대화에 참여할 수 있는 분위기를 만듭니다.
053. 청각장애인과 함께 일할 때에는, 시각적으로 알아볼 수 있도록 시범을 보이고 명확히 설명합니다.
054. 직장동료 중 청각장애인이 있는 경우 파티션의 높이를 낮추고, 회의일정 및

주요 공유 내용은 눈에 잘 띄는 게시판에 게시합니다.

055. 청각장애인은 위급한 상황을 문자로 신고하게 되므로 문자 신고에 유의합니다.
056. 청각장애인 가정을 방문할 때에는 반드시 시간 약속을 정하고 변동사항이 있을 시 문자로 안내합니다.
057. 차량 뒷면유리에 청각장애인 알림표지가 붙어있으면 경음기를 울리는 대신 전조등을 깜빡거립니다.
058. 청각장애인을 부르거나 주의를 환기시킬 때에는 어깨나 손, 팔을 살짝 두드립니다.
059. 청각장애인과 통화를 원할 경우 수어통역센터, 통신중계서비스 등을 이용합니다.
060. 수어는 나라마다 다르며, 국어와 같이 각 지역마다 사투리도 있습니다.
061. 간단한 수어를 익힌다면 더욱 친밀하게 의사소통을 할 수 있습니다.
062. 한국수어는 국어와 더불어 대한민국에서 사용되는 농인의 공용 언어이며, 점자는 한글과 더불어 대한민국에서 사용되는 시각장애인의 문자입니다.
063. 시각장애인과 만났을 때에는 자기소개를 하면서 악수를 합니다.
064. 시각장애인과 대화를 시작할 때는 이름을 부르거나 팔을 가볍게 건드려 줍니다.
065. 시각장애인과 함께 걸을 때 턱이나 계단이 있을 경우 미리 알려줍니다.
066. 시각장애인이 길을 물으면 전후좌우와 주변상황을 정확히 알려줍니다.
067. 시각장애인이 횡단보도를 건널 때는 신호등의 색깔을 알려주며 함께 건넙니다.
068. 시각장애인과 음식점에 가면 메뉴와 가격을 함께 설명하며, 음식의 위치는 시각장애인 기준에서 시계방향으로 설명합니다.
069. 시각장애인에게 위험한 물건은 가까이 놓지 말고, 그런 물건이 있다면 꼭 알립니다. 물건을 살 때 물건에 대한 위치와 용도를 설명합니다.
070. 시각장애인과 함께 있다가 자리를 비울 때는 미리 양해를 구합니다.
071. 시각장애인의 가정을 방문했을 때는 물건의 위치를 함부로 바꾸지 않습니다.
072. 시각장애인이 의자에 앉을 때에는 의자 등받이에 손을 갖다 대고 확인시켜 줍니다.
073. 시각장애인에게 돈을 건네 줄 때에는 화폐단위를 설명합니다.

074. 시각장애인과 함께 걸을 때는 흰 지팡이를 사용하는 손의 반대편에서 팔을 잡게 하고, 반보 앞에서 걷습니다. 흰 지팡이 없이 걸을 때는 안내자의 오른 팔을 잡을 수 있도록 한 후 반보 앞에서 인도합니다.

075. 시각장애인이 보행하고 있을 때에 흰 지팡이나 옷소매를 잡지 않습니다. 흰 지팡이는 시각장애인의 안전 지킴이입니다.

076. 시각장애인 안내견은 어디든지 동반 출입이 가능합니다. 주인의 허락 없이 안내견을 만지거나 음식을 주지 않습니다.

077. 시각장애인이 대기표를 받고 기다릴 때 자기 순서를 놓칠 때가 있으니 옆에서 차례가 되었을 때 알려줍니다.

078. 시각장애인의 서명이 필요할 때 시각장애인이 손을 잡아 안내해달라고 요청하면 상황에 맞게 지원합니다.

079. 시각장애인과 문자를 주고받을 때는 초성을 많이 사용하거나 이모티콘 사용을 자제합니다.

080. 음식을 먹을 때 뇌병변장애인에게 무엇이 필요한지 물어봅니다.

081. 뇌병변장애인은 불안하거나 긴장하면 경직이 더 심하게 나타납니다. 긴장하지 않도록 배려합니다.

082. 발달장애인(지적, 자폐성장애인)과 대화할 때는 쉬운 말로 된 짧은 문장을 사용하며 천천히 말하고, 말을 끝까지 들어줍니다.

083. 발달장애인(지적, 자폐성장애인)에게 특정 음악, 소음, 냄새, 공간 등이 고통스러울 수 있습니다.

084. 발달장애인(지적, 자폐성장애인)이 연상일 경우 존칭어를 사용하며, '–씨'를 붙여줍니다.

085. 발달장애인(지적, 자폐성장애인)이 식당에서 메뉴를 선택하기 어려울 때 음식 사진 등으로 설명하여 먹고 싶은 것을 선택하게 합니다.

086. 자폐성장애인은 특별한 목적없이 규칙적으로 반복되는 행동(상동행동)을 보이기도 합니다. 이러한 반복적 행동을 비난하거나 흉내 내지 않습니다.

087. 자폐성장애인이 언어적 표현이 안 될 경우 그림, 행동 등 비언어적 의사표현에 집중합니다.

088. 자폐성장애인은 위험한 순간의 대처능력이 현저히 떨어집니다. 뜨거운 물, 전기, 자동차 등 위험할 수 있는 상황에서는 항상 주의를 기울이고, 언어적 주의만이 아닌 직접적인 행동으로 도움을 줍니다.

089. 다운증후군을 가진 사람은 생김새가 비슷한 것이 특징인데 "누구랑 똑같이 생겼네" 라고 말하는 것은 실례입니다.

090. 정신장애인은 일부 활동 및 생활영역에 제한이 있을 뿐 지능이 낮은 것은 아닙니다.

091. 혈액 투석중인 신장장애인에게 갑작스럽게 힘을 주어 투석을 받는 팔목이나 복강부분을 밀치면 위험합니다.

092. 언어장애는 청각장애와는 달리 소리는 듣지만, 언어적 표현이 힘든 장애입니다.

093. 언어장애가 있어 의사소통이 원활하지 않은 사람은 지적능력까지 낮을 것이라는 생각은 편견입니다.

094. 언어장애가 있는 사람과 자연스럽게 대화하기 위해서는 서두르거나 끼어들지 않고 이해가 어려울 경우 필담을 활용하여 끝까지 관심을 보이며 들어줍니다.

095. 언어장애인이 느리게 쉬어가면서 말을 하는 경우가 있는데 이럴 때는 고개를 끄덕이거나 대답을 하여 경청하고 있음을 알립니다.

096. 내부기관 장애인은 식단조절을 하는 경우도 있으니 음식을 강요하지 않습니다.

097. 장루 · 요루장애인은 복부에 힘이 들어가면 탈장 가능성이 있으니, 무거운 짐을 들거나 오래 서 있지 않도록 합니다.

098. 호흡기장애인을 만날 때 향수나 스프레이 등 호흡기를 자극할 수 있는 화학물질 사용을 자제합니다.

099. 호흡기장애인과 함께 걸을 때는 천천히 걷고, 계단보다는 경사로를 이용합니다.

100. 뇌전증장애인이 경련을 일으킬 때 당황하지 말고 위험한 물건을 치우며, 경련이 지속될 경우 적극적인 구호 활동을 하는 등 필요한 조치를 취합니다.

출처 : 장애인먼저실천운동본부 www.wefirst.or.kr

참고문헌

강위영 외(2009). 직업재활개론. 나눔의 집.

개정 장애인등에 대한 특수교육법신구조문대비표, 2019.12.10

국가인권위원회. 인권위원법.

국립특수교육원(2007). 장애인편의시설 학교 평가지표 개발연구.

고근예(2002). 국가인권위원회 들여다보기 - 조사업무에서 입증책임 전환, 왜 필요한가?. 인권하루소식.

고명석 · 박준범 · 김선이 · 박경미(2015). 장애인복지론. 동문사.

고용노동부(2019) 연도별 인증 사회적 기업현황.

교육부(2021). 2021년도 특수교육연차보고서

권도용(1998). 현대장애인복지개론. 홍익재.

권선진(2005). 장애인복지론. 청목출판사.

경기도(2013). 경기도 차별금지 및 인권보장에 관한 기본계획.

김경희(2000). 남녀고용평등과 적극적 조치의 정치 : 미국 AT&T사를 중심으로. 이화여자대학교 대학원 박사학위논문.

김정열 외(2002). 장애인차별 실태 자료 분석을 통한 인권의식 개선방안에 관한 연구. 국가인권위원회 2002년도 인권상황 실태 조사. 국가인권위원회.

김현훈 역(2003). 행복으로 가는 재활. 인간과복지.

남상만 외(2004). 장애인복지개론. 홍익재.

박숙경(2003). 인권확보 활동방식과 차별감수성. 장애우권익문제연구소. 일상에서 인권 찾기.

변용찬 외(2002). 장애인 자립을 위한 장애인 복지정책의 현황과 중장기 발전방안.

보건복지부(2018). 나에게 힘이 되는 복지서비스.

_________(2018). 제5차장애인정책종합계획[안](2018~2022).

_________(2019). 제20차 장애인정책조정위원회. '19년 장애인정책 시행계획 확정' 보도자료.

_________(2019). '장애인등급제 단계적 폐지' 시행을 위한 장애인복지사업.

_________(2021). 2020년 등록장애인현황

_________(2021). 2022 여성장애인지원 사업안내

_________(2021). 2022 장애아동가족지원 사업안내

_________(2021). 2022 장애인연금사업안내

_________(2021). 장애인과 함께하는 활동지원사 양성 교육과정

_________(2021). 장애인복지시설사업안내.

서강훈(2013). **사회복지용어사전**. 아담북스.

서울복지재단(2008). 차별의 의의. 2008년 6월호 웹진.

서울특별시(2017). 폭력피해여성 지원기관의 장애여성 지원 실태 및 지원 방안.

신현석(2017). **장애인복지론**. 공동체.

손광훈(2013). **장애인복지론**. 정민사.

오상진(2000). 장애인의 사회활동에 영향을 미치는 요인에 관한 연구. 한남대학교 행정대학원 석사학위논문.

오혜경 · 김정애(2000). **여성장애인과 이중차별**. 학지사.

유동철(2018). **인권관점에서 보는 장애인복지**. 학지사.

이동석(2003). 장애인차별금지법의 필요성과 제정방향. 장애우권익문제연구소, 일상에서 인권 찾기.

이동석 · 안선영(2002). 장애차별금지법 법안 설명. 장애차별금지법 제정을 위한 공청회 자료집, 장애우권익문제연구소.

이승기 · 윤상용 · 서동명(2016). **장애인복지론**. 신정.

이익섭(1990). 장애인복지론. 장애인 직업재활상담. 한국장애인고용촉진공단.

이정희(2018). 차별경험과 돌봄지원이 장애인의 삶의 만족에 미치는 영향. 중앙대학교 행정대학원 석사학위논문.

이종운 · 박정희 · 김민주 · 조성욱 · 김유진(2013). **장애인복지론**. 공동체.

임종호 · 이영미 · 이은미(2017). **장애인복지론**. 학지사.

장애인먼저실천운동본부(2019). 장애인먼저실천 100대 에티켓 3차 개정판. 장애인먼저실천운동본부.

장애인복지시설_사업안내_3권_4장_장애인직업재활시설, 2001

장애인복지법 시행규칙 [별표5] <개정 2021. 6. 30) 장애인복지시설의 종류별 사업 및 설치 · 운영기준(제41조 및 제42조 관련)

정무성 · 양희택 · 노승현 · 정진옥(2017). **장애인복지론**. 정민사.

정영숙 · 이현지(2003). **장애인복지론**. 학현사.

정진모(2002). **장애인복지이론과 실제**. 서울장애인종합복지관.

정하선 · 김녹현 · 박선하 · 이은희 · 이태희 · 조현정(2018). **장애인복지론**. 공동체.

조은영(2002). 국가별 장애차별금지법에서 규정하는 대상자 비교. 장애차별금지법 제정을 위한 공청회 자료집. 장애우권익문제연구소.

지능정보화기본법(2020년 12월 전부 개정)

질병백과

통계청(2020). 2020년 가계금융복지조사.

한국보건사회연구원(2021). 2020년 장애인 실태조사.

한국보건사회연구원(2015). 장애인구의 고령화 : 실태 및 시사점.

한국사회적기업가이드북(2015). 한국사회적기업진흥원.

한국장애인개발원(2015). 장애인고용 사회적기업 사례연구.

황정은 · 정무성(2011). 사회적기업 장애인근로자의 직무만족에 영향을 미치는 요인에 관한 연구. *Disablity & Employment, 21*(2), 247-271.

Bogdan, R.c., & Biklin, S. K. (1982). **교육연구의 새 접근**. 신옥순 역. 서울 : 교학사. 1991.

Mcgowan, J. F., & Poter, T. L.(1967). *An Introduction to the vocational rehabilition.* Washington. D. C. : Superintendenr of Documents, Govement Printing Office.

Nirjie, B.(1969). The normalization principle and its human management implication. In T. Kugel & W. Wolfensberger(Eds.), *Changing Pattterns in Residential Services for the Retarded.* Washington. D. C. : U. S. Gov. Printing Office.

Parker. R. M., & Szymanski. E. M.(1992). *Rehabilition Counseling*(2nd. ed.). Texas : Pro-ED Inc.

Wolfensberger, W.(1983). Social role valorization : A proposed new term for the principle of normalization. *Mental Retardation, 21*, 234-239.

Wright, G.(1980). *Total Rehabilition.* Boston, MA : Little Brown and company.

고용노동부. www.moel.or.kr

경기도특수교육지원센터. www.edup.goe.or.kr

사단법인 한국여성장애인연합. www.kdawu.org

사회서비스전자바우처. www.socialservice.or.kr

장애여성 공감. www.wde.or.kr

한국사회적기업진흥원. www. socialenterprise.or.kr

한국장애인고용공단. www.kead.or.kr

저/자/약/력

■ **이정숙**

명지대학교 사회복지대학원 석사
평택대학교 일반대학원 사회복지학 박사
명지전문대학 청소년복지학과 겸임교수
명지전문대학 사회교육원 객원교수
한양대학교 사회교육원 외래교수
사단법인 한국장애인멘토링협회 사무국장
시소아동발달센터 센터장
용인시 장애아동재활치료교육센터 센터장

현) 명지대학교 사회교육원 외래교수
수원과학대학교 사회복지학과 초빙교수
은평구 가정폭력피해자 쉼터 운영위원
은평구 시니어클럽 자문위원
이천시 건강가정 다문화 가족지원센터 운영위원

장애인복지론

|저자| 이정숙

|1판 1쇄| 발행 2022년 3월 2일
|1판 2쇄| 발행 2023년 1월 30일

|발행인| 김동훈
|발행처| **공동체**

|주소| 경기도 고양시 일산동구 호수로 358-39, 동문타워 1차 905호(백석동)
|전화| 031)814 - 3000(대표)
|팩스| 031)814 - 3100
|홈페이지| http://www.compub.co.kr
|전자우편| compub@naver.com
|출판등록| 2005년 10월 6일
|등록번호| 제396-2005-36호

|ISBN| 979-11-6725-126-8
정가 19,000**원**